Bruno und Louise Huber

Die Lebensuhr

Alterspunkt und Lebensphasen im Horoskop

Struktur, Wirkungsweise, Technik,
Anwendungsregeln

Schicksalsveränderung durch Selbsterkenntnis

API-Verlag, Adliswil/Zürich

Dieses Buch ist Teil eines fortlaufenden Lehrganges über
Astrologische Psychologie

2. Auflage 1997

Zusammenfassung aus den Auflagen:
Lebensuhr Band 1 + 2 (1980/83)
Bearbeitet von Ilse Conrad, Michael-A. Huber, Udo Bender.

© 1990 Verlag Astrologisch-Psychologisches Institut
Adliswil/Zürich

Umschlag: Bruno Huber
Graphik: Michael-A. Huber
Textline Layout: ARPA Data GmbH, 8135 Langnau a.A.
Druck: CARO-Druck, Frankfurt a. Main

ISBN 3-85523-010-2

Planeten-Symbole

Sonne	☉	♂	Mars
Mond	☽	♃	Jupiter
Saturn	♄	♅	Uranus
Merkur	☿	♆	Neptun
Venus	♀	♇	Pluto

aufsteigender Mondknoten ☊

Zeichen-Symbole

Widder	♈	♎	Waage
Stier	♉	♏	Skorpion
Zwillinge	♊	♐	Schütze
Krebs	♋	♑	Steinbock
Löwe	♌	♒	Wassermann
Jungfrau	♍	♓	Fische

Inhalt

Anhang

Abkürzungen

AC	= Aszendent	AP	= Alterspunkt
IC	= Immum Coeli	Sp	= Hausspitze
DC	= Deszendent	TP	= Talpunkt
MC	= Medium Coeli	IP	= Invertpunkt

Synonyme: Altersprogression, Zeiger auf der Lebensuhr, Alterspunkt (AP) bedeuten immer dasselbe.

Zahlen in Klammern im Text, zum Beispiel *(2)*, beziehen sich auf Bücher im Literaturverzeichnis, Seite 401.

11

Die Zeit vergeht, und die Weisheit bleibt.
Sie wechselt ihre Formen und Riten, aber sie beruht
zu allen Zeiten auf demselben Fundament: auf
der Einordnung des Menschen in die Natur,
in den kosmischen Rhythmus.

Hermann Hesse

Liebe Leser,

Die Altersprogression ist eine relativ neue und einfache Methode, den eigenen Lebensweg und auch den anderer zu untersuchen. Sie wurde zuerst in zwei Bänden beschrieben. Als diese nach einiger Zeit vergriffen waren, haben wir uns entschieden, bei der Neuauflage den Lehrstoff in einem Band zusammenzufassen.

Wir haben diesen Band so zusammengestellt, dass im ersten Teil alle strukturellen und qualitativen Elemente der Altersprogressions-Methode behandelt werden, einschliesslich Technik und Berechnungsweisen der einzelnen Lebensabschnitte. Dabei haben wir den Planeten und den Aspekten einen besonderen Platz eingeräumt. Als praktisches Beispiel wählten wir das Horoskop von Carl Gustav Jung, wobei die exemplarische Lebensbeschreibung von C.G. Jung für sich selbst spricht.

Wenn Sie nun das Buch zur Hand nehmen, um die Anwendung der Altersprogression zu studieren, können Sie bereits beim Lesen die Wanderung des Alterspunktes (AP) in Ihrem eigenen Horoskop verfolgen und überprüfen. Mit einem Blick in Ihr Horoskop erkennen Sie sofort, wo Sie mit dem Alterspunkt momentan stehen. Ihr Horoskop mit Ihren persönlichen Altersprogressions-Daten errechnet und zeichnet Ihnen der Computer (4). Falls Ihre astrologischen Kenntnisse noch ungenügend sind, finden Sie im Anhang dieses Buches eine kurzgefasste Einführung in die wichtigsten Grundbegriffe der Astrologischen Psychologie. Wir wünschen Ihnen viel Vergnügen beim Studium.

Im Mai 1990   Bruno und Louise Huber

Grundlegende Betrachtungen

In der heutigen Zeit suchen viele, die mit psychologischer Beratung befasst sind, nach kreativen neuen Wegen zur Lösung bestehender Probleme. Die alten Methoden genügen nicht mehr, man erforscht neue Möglichkeiten, die menschliche Psyche besser zu verstehen und hilfesuchenden Menschen eine wirksamere Hilfe zu bieten. Viele wenden sich wieder der Astrologie und ihrem alten Weisheitsgut zu und versuchen, das astrologische Wissen in ihrer Praxis einzusetzen. Immer häufiger wird von Ärzten, Psychologen, Soziologen und Erziehern ein Horoskop als zusätzliche Hilfe beim Diagnostizieren verwendet. Umgekehrt sind die Astrologen mehr und mehr bereit, gültige psychologische Einsichten in ihr astrologisches Denken zu integrieren.

Es hat sich in den letzten Jahrzehnten erwiesen, dass eine Synthese von Astrologie und Psychologie für beide Seiten von Vorteil ist. Erst diese kombinierte Sichtweise führt zu einem vollständigen und ganzheitlichen Bild des Menschen. Mit Hilfe moderner psychologischer Erkenntnisse entstand ein klares Konzept vom Menschen und seiner psychologischen und geistigen Struktur. Während die überlieferte Astrologie ihre Aussagen auf Beobachtungen von Ereignissen stützte und ihre Regeln von Symptomdeutungen ableitete, dringt die moderne Astrologie immer tiefer in die Ebene der Ursachen ein. Die meisten Menschen mögen es nicht, anhand von Symptomen oder aufgrund ihrer Handlungsweise beurteilt zu werden. Sie möchten in ihrem innersten Wesen erkannt werden und sich verstanden fühlen. Sie wollen wissen, warum sie so sind und warum sie da oder dort Probleme haben. Es ist nicht länger haltbar, von »guten« oder »schlechten« Aspekten und Horoskopen zu sprechen. Der Determinationsglaube von ehedem ist überholt.

Mit Hilfe neuer Deutungsmethoden können wir die psychologischen und geistigen Zusammenhänge, die Schattierungen, Nuancen und tieferen Ursachen einer Problematik wie auch den Sinn und Zweck einer »guten« oder »schlechten« Konstellation erkennen. Die Astrologische Psychologie beurteilt den Menschen nach seiner inneren Grundhaltung, nach seiner aus dem Horoskop ersichtlichen individuellen Bauart und wird dadurch seinem Wesen gerecht. Sie möchte den Menschen zu sich selber führen, auf dass er die Fähigkeit erringe, sein Schicksal zu meistern, Herr über sich selbst und »seine Sterne« zu werden.

Die Astrologische Psychologie nähert sich immer mehr der Individual- und Entwicklungspsychologie unserer Zeit und schliesst auch die Erkenntnisse und Ziele der Transpersonalen Psychologie mit ein. Ihr ist es möglich, dem Menschen neue Richtlinien und ethische Grundsätze für eine natürliche Lebensordnung zu geben und ihm einen Massstab für ein sinnvolles Leben anzubieten. Dadurch wird neben der differenzierten Erfassung der Persönlichkeit auch eine Integration und Umformung des Menschen, eine Psychosynthese, möglich.

Diese neuen Erkenntnisse beruhen nach wie vor auf der überlieferten Symbollehre von Planeten, Aspekten, Tierkreiszeichen und Häusern. Diese können nach den neuesten Forschungsergebnissen relativ leicht in die psychologische Denkweise übertragen werden. Das Horoskop, das für die exakte individuelle Geburtsminute berechnet wird, ist ein symbolisches Bild des Menschen und seiner subjektiven Welt, aus dem man mit psychologischen Deutungsmethoden die charakterliche Eigenart und die individuelle Entwicklung des Menschen ableiten kann.

Der Zusammenhang Himmelsmechanik - Menschencharakter ist auch heute noch nicht naturwissenschaftlich erklärbar. Jedoch lässt er sich mit diagnostischen Mitteln der Psychologie pragmatisch belegen. Wir können nicht sagen, warum die Astrologie funktioniert. Diese Tatsache macht sie zu einer umstrittenen Wissenschaft. Aber dass sie eine Wissenschaft ist, ist kaum zu bezweifeln, denn sie arbeitet mit exakten Messmethoden und mit bekannten Kriterien; sie kann klare und eindeutige Aussagen von psychologischem Wert machen, die von jedermann nachvollziehbar sind.

So wie ein Voltmeter die elektrische Spannung anzeigt, sind die kosmischen Konstellationen, mit denen wir es zu tun haben, nur Anzeigegeräte. Das Voltmeter produziert nicht die Elektrizität, es zeigt sie lediglich an. Mit unserem Horoskop haben wir ein ähnliches Instrument zur Hand.

Das Horoskop mit seinen Elementen macht nicht unseren Charakter, es determiniert uns nicht in unserem Handeln, sondern es ist eine Art »Messuhr«, die im biologischen, psychologischen und geistigen Haushalt eines Menschen ganz präzise die vorhandenen Energieströme misst und aufzeigt. In der psychologischen Praxis ist das Wissen um das Horoskop als Messuhr oder Diagnoseinstrument von unschätzbarem Wert. Das geschulte Auge kann mit einem Blick auf das Horoskop die gegenwärtige Problematik erfassen und Möglichkeiten zur Lösung derselben erkennen. Dadurch wird nicht nur viel Zeit gespart, sondern auch mit Hilfe der Altersprogression eine gezielte Hilfe möglich.

Die Altersprogression ist relativ neu in der Astrologie. Sie wurde von Bruno Huber im Laufe langjähriger Forschungsarbeiten entwickelt und in zwanzigjähriger Berater- und Schulungspraxis erprobt und erfolgreich eingesetzt. Sie ist keine konstruierte Methode, sondern pragmatisch entstanden und wird bereits von vielen Astrologen und Psychologen in ihrer Praxis mit Erfolg angewandt.

Die Altersprogression ist eine dem Horoskop selbst innewohnende Zeitmechanik - eine Art individuelle Lebensuhr. Auf ihr können wir erkennen, wo wir zur Zeit stehen, was wir in unserer gegenwärtigen Situation am besten machen können, welche Probleme uns jetzt und früher belastet haben und was noch auf uns zukommen wird. Aber nicht an Ereignissen, sondern an psychologischen Entwicklungsprozessen im zyklischen Verlauf unseres Lebens.

Wenn wir uns in diesem Buch mit einer neuen Progressionsmethode befassen, dann geht es also nicht darum, zu lernen, wie wir irgendwelche Ereignisse voraussagen können. Es geht vielmehr darum, die psychologische und geistige Grundhaltung einer Lebensperiode verständlich zu machen, damit sie im Leben richtig eingesetzt werden kann.

Die Umwandlung vom formalistischen zum psychologischen Denken ist ein wichtiges Kriterium und eine Forderung unserer heutigen Zeit. Wenn wir progressive Astrologie gefahrlos betreiben wollen, dürfen wir uns nicht auf zukünftige Ereignisse fixieren. Wir müssen lernen, nicht nur formalistisch-materiell zu denken, sondern in psychologischen Qualitäten, Energien und Bewusstseinszuständen. In unserer Zeit findet überall eine Psychologisierung des Denkens, bis in das alltägliche Leben hinein, statt. Auch in der Astrologie ist es eine dringende Notwendigkeit, die psychologische Dimension mit einzubeziehen. Ohne das psychologische Denken ist die heutige Astrologie unglaubwürdig.

1. Funktionsweise der Altersprogression

Die Entdeckung des Alterspunktes ● Unterschied zu anderen Prognosemethoden ● Die Technik ● Der zyklische Verlauf des AP durch die zwölf Häuser ● Entwicklungsdynamik ● Die Wirkungsweise der Altersprogression ● Koch-Häuser ● Ähnliche Methoden ● Sechs-Jahres- und Sieben-Jahres-Rhythmus ● Die kosmische Zahl Zweiundsiebzig ● Die Zahl Sechs: Schlüsselzahl der Altersprogression ● Altersprogression und kosmische Zeitläufe ● Die Fünfgrad-Einteilung ● Zeichendurchgänge ● Kleine und grosse Häuser ● Zeichenwechsel ● Kreuze und Temperamente ● Übergang von Wasser- zu Feuerzeichen ● Übergang von Feuer- zu Erdzeichen ● Übergang von Erd- zu Luftzeichen ● Übergang von Luft- zu Wasserzeichen ● Der Alterspunkt in den Kreuzen ●

Die Entdeckung des Alterspunktes

Man könnte die Entdeckung des Alterspunktes Ende der fünfziger Jahre im »Institut für Psychosynthese« in Florenz bei Prof. Roberto Assagioli einen Zufall nennen. In einer sehr intensiven Forschungsphase (Häusersystem, Entdeckung des Talpunktes usw.) untersuchte Bruno Huber damals viele einzelne Geburtshoroskope. Eines Tages stiess er bei einer Anzahl von Klienten auf eine markante Häufung von Berufswechseln. Obwohl die individuellen Gründe für solche geplanten oder bereits vollzogenen Veränderungen sich stark unterschieden - ein Phänomen war allen Horoskopen gemeinsam: Etwa in der Mitte des sechsten Hauses jener Horoskope lag jeweils eine Zeichengrenze.

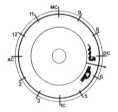

Vom zehnten Haus mit seiner Berufungs-Thematik abgesehen, war es augenfällig, mit welcher Regelmässigkeit im sechsten Haus der betreffenden Horoskope die Zeichen wechselten. Beispielsweise von Waage in der ersten zu Skorpion in der zweiten Hälfte. Als weitere Tatsache kam hinzu, dass alle diese Menschen in den Dreissigerjahren waren, also etwa in der Mitte ihres Lebens standen. Eine doppelte Hälftung (Hausmitte = Lebensmitte) war also feststellbar, und es war naheliegend, das Wirken einer Zeitmechanik anzunehmen. Damit begann die eigentliche Arbeit am Problem. Es galt herauszufinden, welche mathematische Grösse, welche Zeiteinheit dieser Mechanik zugrunde liegen könnte. Umfangreiche rechnerische Forschungen führten zu folgendem Ergebnis: Beim Unterteilen des sechsten Hauses in zweiundsiebzig Teile, entsprechend einer angenommenen Lebenslänge von zweiundsiebzig Jahren, fiel die oben erwähnte Zeichengrenze immer zusammen mit der Zahl von Lebensjahren, dem Alter, in welchem der jeweilige Horoskopeigner den Beruf tatsächlich gewechselt oder sich zumindest intensiv mit diesem Thema auseinandergesetzt hatte.

Diese wichtige und folgenreiche Entdeckung konnte Bruno Huber beim Untersuchen anderer, nicht berufsspezifischer Lebenssituationen weiter erhärten (z.b. familiäre Veränderungen im 4. Haus, Wohnungswechsel und Auswanderung im 3. und 9. Haus, Veränderungen der Besitzverhältnisse im 2. und 8. Haus). Immer fand er bei Veränderungen im Verlauf eines Lebens im thematisch entsprechenden Haus eine Zeichengrenze, und zwar bei der »richtigen« Zahl auf der Zweiundsiebziger-Skala, dem Alter nämlich, in welchem der Wechsel wirklich erfolgt war. Diese »richtige« Stelle im Haus taufte er »Alterspunkt«.

Wenn zum Beispiel zwei Zeichen in einem Haus sind (wie in nebenstehender Abbildung im 6. Haus) und ihre Grenze etwa drei Viertel nach der Häuserspitze liegt, dann entspricht das ungefähr dem Alter von 52 Jahren, in dem ein entsprechender Wandel auf dem Lebensgebiet, das dem Haus entspricht, auftreten wird. Wir haben festgestellt, dass der Wechsel in der Jugend stattfand, wenn die Zeichengrenze am Anfang des Hauses lag - im nachfolgenden Beispiel im 3. und 9. Haus. In gewissen Fällen fanden zwei solcher Wechsel statt, wie auf der Abbildung S. 22 im 4. und 10. Haus: einer in der Kindheit und der zweite im Alter.

Der kleine Alterspunkt durch jedes einzelne Haus

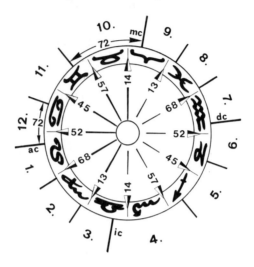

Der kleine Alterspunkt kann übrigens auch in der *AP-TP-IP-Tabelle (2)* abgelesen werden: Der in der zweiten Kolonne ablesbare Monatsschritt entspricht einem Jahresschritt des kleinen AP. Weil 6 Jahre à 12 Monate = 72 Teile ergibt. (Genaueres lesen Sie bitte ein paar Seiten weiter unten unter »Technik des AP«.)

Der Sprung vom »kleinen Alterspunkt« in einem Haus zum »grossen AP« im Häuserganzen war dann nur noch ein (typisch astrologischer) Analogieschluss, der sich auch in der Praxis vollständig bestätigte.

Die in zahllosen Fallstudien mit dieser Mechanik gemachten Entdeckungen waren atemberaubend. Dabei waren längst nicht nur die Zeichengrenzen relevant, sondern auch die Übergänge (Konjunktionen) des AP über die Planeten. Auch andere Aspekte (Oppositionen, Trigone usw.) des Alterspunktes mit Planeten erwiesen sich als bedeutsam. So wurde der Alterspunkt vergleichbar mit dem Zeiger einer Uhr, der, mit seinem Lauf an der Spitze des ersten Hauses (am Aszendenten) beginnend, in 72 Jahren immer wieder neue Aspekte mit allen markanten Punkten des Horoskopes bildet (132 Aspekte zu den Planeten innerhalb eines vollen Umlaufs von 72 Jahren).

Unterschied zu anderen Prognosemethoden

Die Altersprogression beruht auf einer dem Horoskop selbst innewohnenden Zeitmechanik, die auf dem Häusersystem basiert (nicht auf dem Zodiak!). Ein Horoskop ist nicht nur ein Bild unseres Selbstes, das durch den Zeitpunkt unserer Geburt festgelegt ist, sondern es ist auch eine Art »Lebensuhr«, die uns anzeigt, wo wir momentan in unserer Entwicklung stehen. Die Altersprogression, die wir auch den »Alterspunkt« (AP) nennen, ist nichts anderes als der Zeiger auf dieser Lebensuhr, der während des Lebens durch die zwölf Häuser unseres Horoskopes wandert. Mit seiner Hilfe können wir unseren Lebenslauf verfolgen, überblicken und detailliert betrachten.

Alle anderen Prognosemethoden konzentrieren sich auf einzelne Zeitabschnitte. Es geht um Tage, an denen exakte Aspekte fällig sind, die einen Reiz hervorrufen oder Ereignisse auslösen können. Die Altersprogression unterscheidet sich völlig von diesen Methoden. Die Betrachtung einzelner transitärer Elemente als losgelöste Zeitpunkte ist an sich fragwürdig, weil dabei der Zusammenhang verlorengeht. Einen Ansatz, dieses Problem zu überwinden, finden wir erstmals bei Dane Rudhyar. Aufgenommen und konsequent durchgeführt hat diese Gedanken *Alex Ruperti*. In seinem Buch *»Kosmische Zyklen«* *(29)* werden die Bewegungen sämtlicher Planeten im Sonnensystem in ihrem Zusammenhang sichtbar.

Den allgemeinen Prognosemethoden gegenüber hat die Altersprogression den Vorteil, dass sie rein technisch gesprochen nur ein Element ist und zudem ein ganz persönliches, dem Charakter innewohnendes. Um sie zu verstehen, müssen wir umdenken. Sie ist eine psychologische, mehr ganzheitliche Betrachtungsweise des Menschen und seines Lebens und spekuliert nicht auf Detailwirkungen, die von isolierten Stellungen und Positionen abgeleitet werden. Sie zeigt uns auch **keine Ereignisse an,** sondern unsere psychischen Grundstimmungen, die im Leben aktive und passive Phasen verursachen und gleich Grundwellen unser Leben in Höhe- und Tiefpunkte hinauf- und hinabtragen. Bei der Altersprogression gibt es immer eine Entwicklungslinie, eine Bewegung in der Zeit. Die Details, die einzelnen Punkte sind nur Glieder im ganzen Entwicklungsgeschehen und ergeben erst in ihrer Summe den Lebensweg eines Menschen. Mit der Altersprogression können wir dennoch diese Entwicklungsbewegung jederzeit »anhalten« und erkennen, welche psychologische Grundthematik für einen bestimmten Zeitpunkt vorhanden ist. Dieser sind alle anderen Einflüsse untergeordnet.

Die Technik

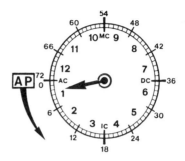

Die Technik des Alterspunktes ist einfach und kann sofort nachvollzogen werden. Beim Aszendenten fängt das Leben an. Der Zeiger auf der Lebensuhr beginnt sich im Gegenuhrzeigersinn, also in der Reihenfolge der Häuser eins bis zwölf, zu bewegen. Wir fangen am AC mit Null an zu zählen und gehen durch alle zwölf Häuser. Bei der zweiten Hausspitze sind wir sechs Jahre alt, bei der dritten zwölf, bei der vierten, am IC, achtzehn usw., ungeachtet dessen, wie gross oder klein ein Haus ist. Mit zweiundsiebzig Jahren kommen wir zum Aszendenten zurück; im Alter von achtundsiebzig Jahren erreichen wir wieder die Spitze des zweiten Hauses usw. Um einzelne Jahresschritte festzustellen, zählen wir einfach die Gradzahlen des jeweiligen Hauses und teilen diese durch sechs. Der Durchgang des Alterspunktes durch ein Haus dauert sechs Jahre.

Um die Bewegung für ein Jahr zu ermitteln, können Sie folgendermassen vorgehen:

1. Zählen Sie die einzelnen Grade eines Hauses ab.
2. Teilen Sie die ermittelte Gradzahl durch sechs.
3. Zeichnen Sie am Rand des Horoskopes mit einem feinen Strich die Jahresschritte ein.

Oder: Nachdem Sie die Hausgrösse ermittelt haben (diese kann 20 bis 50 Grad oder noch grösser sein), suchen

Sie in der *AP-TP-IP-Tabelle (30)* die entsprechende Hausgrösse im mittleren Balken auf, und lesen Sie auf der linken Seite die AP-Wanderung pro Jahr oder pro Monat ab. Den abgelesenen Jahresschritt (in Grad) zählen sie nun zur Hausspitze dazu und erhalten so die Position im Tierkreiszeichen. Dann zählen Sie den Jahresschritt noch einmal dazu und erhalten den zweiten Jahresschritt. Dies müssen Sie fünfmal machen, um alle Jahresschritte eines Hauses einzeichnen zu können. Mit Hilfe dieser Tabelle können Sie die Jahresschritte für alle sechs Häuser berechnen und dann am äusseren Rand des Tierkreises einzeichnen. Die sechs gegenüberliegenden Häuser müssen Sie nicht berechnen, da jeder Jahresschritt genau 180° gegenüberliegt bzw. 36 Jahre weiter.

Hinweis: Die vom API-Computer CORTEX in Adliswil/Zürich gezeichneten Horoskope enthalten die aktuellen Jahresschritte +/- fünf Jahre; man kann auch auf Wunsch alle 72 einzeichnen lassen!

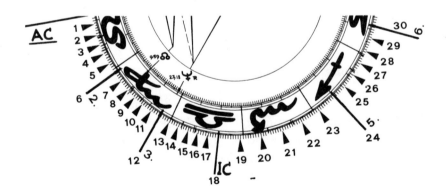

Der zyklische Verlauf des AP durch die zwölf Häuser

Der Alterspunkt wandert alle sechs Jahre durch ein anderes Haus; ob das Haus gross oder klein ist, spielt dabei keine Rolle. Alle sechs Jahre ändert sich deshalb auch die psychologische Grundhaltung und das Interesse dem Leben gegenüber. Natürlich nicht abrupt, sondern in fliessenden Übergängen mit ca. ein bis zwei Jahren Dauer.

Im Durchlauf durch die zwölf Häuser zeigt die Altersprogression auf einen gleichmässigen Lebensplan. Im Unterschied zu den anfallenden Aspekten, zu den Zeichenwechseln innerhalb von Häusern, die ganz individuell sind, ist der Sechs-Jahres-Rhythmus uns allen gemeinsam. Er ordnet unser Leben in zwölf wesentliche Themen, die gleichzeitig einen natürlichen Ordnungs- und Entfaltungsprozess darstellen. Sie stellen immer neue Lebensaufgaben für uns bereit, an denen wir uns orientieren und uns weiterentwickeln können.

Für die Auswirkung der Sechs-Jahres-Stufen können wir die Bedeutung der einzelnen Häuser, so wie wir sie kennen, direkt übernehmen.

Das erste Haus zum Beispiel hat mit der Ich-Bildung zu tun, im zweiten Haus von sechs bis zwölf Jahren schafft sich das Kind seinen Lebensraum (Besitz); im dritten Haus erweitert und festigt es sein Wissen; im vierten Haus setzt der Mensch sich mit der Familie auseinander, er will flügge werden, und im fünften Haus geht er hinaus in die Welt, um sich selbst zu erproben; im sechsten Haus geht es um die Suche nach der richtigen Arbeit, um seine Existenz zu bewältigen.

Im siebten Haus strebt der Mensch nach echter Partnerschaft; im achten Haus nach einem Status, um eine anerkannte Persönlichkeit zu sein; im neunten Haus bildet sich die eigene Lebensphilosophie heraus; im zehnten Haus hat er alles erreicht und wird eine Autorität; im elften Haus beschränkt er sich auf einen kleinen Kreis von Menschen, seine Freunde; im zwölften Haus geht er zu sich selbst zurück, nachdem er sein Lebenswerk vollbracht hat.

Entwicklungsdynamik

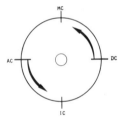

Wir erkennen eine gewisse Entwicklungsdynamik, wenn wir vom Aszendenten aus zur Himmelstiefe (IC), weiter zur rechten Seite (DC) und hinauf zum höchsten Punkt im Horoskop (MC) und dann wieder zurück zum AC gehen. Am Aszendenten wird der Mensch geboren; es ist das zur Minute der Geburt im Osten aufsteigende Zeichen. Am IC wird er erwachsen und verlässt meistens das Elternhaus. Am Deszendenten, dem DU-Raum, setzt er sich mit der Umwelt oder einem Partner auseinander. Am MC reift er zur vollen Individualität aus und geht schliesslich wieder zum AC, zu sich selbst, zurück.

In dieser Wanderung können wir die einzelnen Stationen des Lebens entsprechend der Einteilung des Horoskopes in zwei, drei, vier, sechs und zwölf und später auch noch in sechsunddreissig Teile genauestens beschreiben. Dadurch erhalten wir ein generelles Bild der Lebensphasen des Menschen. Seine ganz speziellen Entwicklungsmöglichkeiten ergeben sich dann aus der Zeichen- und Planeten-Besetzung im individuellen Horoskop.

Nehmen wir an, dass das Leben des Menschen am Aszendenten beginnt und die Achse AC-DC den Horizont oder die Erdoberfläche darstellt, so müssen wir zuerst einmal ins materielle Leben hineintauchen. Wir steigen nach der Geburt mit dem Alterspunkt unter den Horizont, in den unbewussten Raum des Horoskopes. Wir tauchen stufenweise ins reale Leben ein. Vom IC an streben wir wieder an die Oberfläche, um am DC ans Tageslicht, in den bewussten Raum zu treten.

Wenn wir uns aus dem Gedränge im Kollektivraum, in das wir verwickelt wurden, emporgehoben und befreit haben, tauchen wir am DC über die Horizontlinie auf. Und da fängt das Leben erst an, interessant zu werden. Daraus lässt sich folgern, dass die ersten achtzehn Lebensjahre im wesentlichen Formungsjahre sind. Der Mensch ist in dieser Phase passiv dem Leben gegenüber; er sinkt hinab in die Welt, um sich formen zu lassen.

Am IC - dem Gegenpol des MC! - erhält er einen wesentlichen Impuls, der ihn veranlasst, seine eigene Individualität zu suchen. An einem Eck-Punkt angelangt, streben wir immer zum Gegenpol. Der Lebensimpuls des Geborenwerdens treibt uns am AC unweigerlich mit der Zielthematik des DC ins Leben hinaus. Vom IC zum DC kann man wohl immer noch den Schwung des Geburtsstosses nutzen, jedoch muss uns die Kraft des Geistes weiter nach oben tragen. Manche Menschen, die für ein extravertiertes Erfolgsleben erzogen wurden, meinen, wenn sie den DC erreicht haben, dass sie schon fertig wären. Sie können mit den Dimensionen, die nach dem DC auf sie zukommen, gar nichts anfangen. Wenn sie weiterhin lediglich den Erfolg im äusseren Leben suchen, brechen sie meistens im Bereich des achten oder neunten Hauses zusammen.

Beginnen wir uns aber rechtzeitig auf die höheren Bereiche des Lebens einzustellen, dann können wir ungeschoren den MC erreichen und glücklich weiterleben. Am MC sollte die Individualität voll zur Blüte und Reife kommen, damit wir den Weg zurück zum Aszendenten vollbewusst erleben können.

Die Wirkungsweise der Altersprogression

Aus dieser Sicht betrachtet, wandern wir sozusagen im Laufe unseres Lebens durch unser eigenes Horoskop, durch unseren eigenen Charakter, ähnlich einem Bühnenscheinwerfer, der am Anfang des Stückes den Hauptdarsteller in seinen Lichtkegel nimmt und diesen durch das ganze Stück in den verschiedenen Szenen ständig begleitet. Wie der Schauspieler durch das Stück geht, so wandert unser Bewusstsein durch die Zeit und trifft auf die einzelnen Faktoren unseres Charakters und unserer Umwelt, die im Horoskop in den Stellungen der Planeten in den Zeichen und Häusern angezeigt sind.

Beim Übergang des AP über einen Planeten wird diese bestimmte Fähigkeit, die der Planet darstellt, ins Bewusstsein oder ins Scheinwerferlicht gerückt.

Ein Planet, eine Grundfähigkeit, wird beleuchtet. Das heisst, man wird in dem Zeitraum, wo der Übergang wirksam ist, immer in Situationen kommen, in denen man sich besonders mit den Qualitäten und Eigenschaften dieses Planeten beschäftigen wird. Man muss und kann sie jetzt bewusster erleben und einsetzen.

Eine andere Wirkung ist die, dass der AP beim Durchgang durch ein Haus dessen Qualität in unserem Leben aktiviert.

Dadurch entstehen im Verlauf der Altersprogression immerzu neue, in uns selbst vorhandene, psychische Grundwellen. Sie verursachen eine ganz bestimmte Haltung gegenüber der Umwelt, gegenüber Freunden und Bekannten, die einmal positiv oder aktiv, einmal passiv, abwartend oder gar ablehnend sein kann. Dabei spielen auch noch die Zeichenqualitäten in den Häusern eine Rolle. Wir werden später noch näher darauf eingehen.

Koch-Häuser

In der Astrologie gibt es verschiedene Häusersysteme. Deshalb sollten Sie sich vor Anwendung der Altersprogression überzeugen, nach welchem Häusersystem Ihr Horoskop berechnet ist. Die gebräuchlichsten sind heute die nach Dr. Koch, Placidus, Campanus und die äqualen Häuser. Wir verwenden die Geburts-Ort-Häuser (GOH) nach Dr. Walter Koch, weil die Altersprogression nur damit psychologisch richtige Ergebnisse erbringt. Die Raumeinteilung als solche funktioniert auch bei den anderen Häusersystemen. Die Hauptachsen AC, IC, DC, MC sind bei allen Systemen gleich; lediglich die Zwischenhäuser ändern sich. Präzise und detaillierte Aussagen können jedoch nur mit den »Koch-Häusern« gemacht werden.

Ähnliche Methoden

Im vorigen Jahrhundert soll bereits eine Methode existiert haben, die nicht mit dem Sechs-Jahres-Rhythmus wie die Altersprogression, sondern mit fünf Jahren pro Haus arbeitete. Ein französischer Geistlicher, *Pater Yves*, beschrieb 1654 in seinem Buch »Nova Methodus« einen Umlauf durch die Placidus-Häuser von sechzig Lebensjahren. In unserem Jahrhundert versuchte der deutsche Astrologe *A. Frank Glahn* aus Hamburg, allerdings mit wenig praktischem Erfolg, einen Lebensumlauf von hundert Jahren im Uhrzeigersinn (also entgegen dem normalen Häuserablauf) in die Astrologie einzuführen.

Seit ungefähr 1956 lehrt der Münchner Astrologe *Wolfgang Döbereiner* eine ähnliche Methode, doch statt hundert Jahre nimmt er einen Lebensumlauf von vierundachtzig Jahren an, ebenfalls im Uhrzeigersinn. Im Jahre 1932 veröffentlichte *C.C. Schneider (31)* in einer astrologischen Zeitschrift einen Artikel über den Lebenslauf, der sich in zweiundsiebzig Jahren mit Sechs-Jahres-Schritten durch die Felder des Horoskopes bewegt. Er machte aber keine individuellen Aussagen.

Wilhelmine und Arnold Keyserling aus Wien entwickelten eine Methode, die der Altersprogression am nächsten kommt. Sie gehen in einem Sieben-Jahres-Rhythmus von einem Haus zum anderen und betonen, dass beim Zeichenwechsel und bei Planetenübergängen wesentliche Veränderungen in der Haltung des Menschen zu beobachten seien.

Sechs-Jahres-Rhythmus und Sieben-Jahres-Rhythmus

Wir werden immer wieder gefragt, warum wir in der Altersprogression den Sechs-Jahres-Rhythmus und nicht den viel bekannteren Sieben-Jahres-Rhythmus verwenden. Die Zahl Sechs haben wir pragmatisch gefunden, nachdem wir verschiedene Möglichkeiten durchprobiert hatten. Nur der Sechser-Rhythmus ergab richtige Resultate durch das ganze Leben hindurch! Wie wir nachher beweisen werden, ist die Zahl Sechs mit der kosmischen Zahl Zweiundsiebzig eng verbunden. Die Zahl Sechs erlaubt sowohl eine Zwei-, eine Drei-, eine Vier-, eine Sechs- wie auch eine Zwölfteilung des Kreises. Hingegen kann ein Kreis von 360 Grad nicht ganzzahlig durch sieben geteilt werden.

Die Zahl Sieben oder die Zahl Vierundachtzig sind sekundäre, astronomische Zyklenzahlen. Sie lassen sich nur von der Bewegung des Planeten Uranus ableiten, der in ca. vierundachtzig Jahren die Sonne umkreist. Manche Astrologen nehmen auch noch die Bewegung von Saturn und Mond hinzu. Der Mond braucht aber neunundzwanzig Tage, um einmal die Erde zu umkreisen, und Saturn umkreist die Sonne in neunundzwanzig Jahren. Die Zahl Neunundzwanzig kann man aber nicht durch sieben teilen.

Der Siebener-Rhythmus ist nur das Bewegungselement eines einzigen Planeten und kann keine raum- oder zeiteinteilende Funktion für das ganze Menschenleben haben. Deshalb verwenden wir die Zahl Sieben auch nicht als Progressionselement des Lebensrades. Sie wurde wiederholt als biologische Rhythmenzahl angewandt, die Zahl Sechs könnte man im Vergleich dazu als die psychologische Rhythmenzahl ansehen.

Die kosmische Zahl Zweiundsiebzig

Bei der Altersprogressions-Methode spielt die Zahl Zweiundsiebzig eine bedeutsame Rolle. Ein Umlauf des Alterspunktes durch das Häusersystem entspricht zweiundsiebzig Jahren. Das heisst natürlich nicht, dass mit zweiundsiebzig Jahren das Leben zu Ende wäre. Wenn dieses Alter erreicht ist, fängt der Kreislauf von vorne an (Spirale).

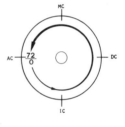

Im 360-Grad-Kreis des Horoskopes ist die Zahl Zwölf auf das engste mit der Zahl Sechs und der Zahl Zweiundsiebzig verbunden (12 x 6 = 72). Die Zahl Zwölf stellt den Kosmos als einheitliches Ganzes dar. Bei seiner Teilung in zwölf Einzelbezirke entstehen sechs Polaritätspaare (Achsen). Teilt man die Zahl Zweiundsiebzig durch

34

zwölf (die Anzahl der Häuser), so erhält man die Zahl
Sechs. Daraus folgt:

ein Haus im Horoskop	72 :12 = 6 Jahre
ein Quadrant (= 3 Häuser)	72 : 4 = 18 Jahre
ein Drittel (= 4 Häuser)	72 : 3 = 24 Jahre
eine Hälfte (= 6 Häuser)	72 : 2 = 36 Jahre

Die Zahl Sechs: Schlüsselzahl der Altersprogression

Bei Pythagoras hatte die Zahl Sechs die
Bedeutung »Welt«. Die Welt wurde
schon seit jeher durch einen Kreis symbolisiert. Der Kreis wird durch seinen
Radius bestimmt. Dieser beträgt die
Hälfte seines Durchmessers (Strecke vom Mittelpunkt bis
zum Umfang). Wenn wir ein Sechseck in den Kreis zeichnen, dann misst die Strecke von einer Ecke zur anderen
genausoviel wie sein Radius. Die Zahl Sechs misst also
den Kreis, der als die Ureinheit des Lebens gilt. Das Wasser gefriert in sechseckigen Formen (Schneeflocken); viele Beispiele aus Physik, Chemie und Biologie könnten
noch angeführt werden. So wird die Sechs zur Norm des
Zahlensystems, zur Masszahl der Natur und des Alls und
zur Schlüsselzahl der Altersprogression.

Altersprogression und kosmische Zeitläufe

Auch in der Astronomie ist die Zahl Zweiundsiebzig eine
wichtige Zahl. Die Präzession (rückläufige Bewegung des

Frühlingspunktes) läuft in 71,7 Jahren ein Grad im Tierkreis zurück. Zweiundsiebzig Jahre stellen fast genau 1/360 eines vollen Rücklaufs des Frühlingspunktes dar.

Anders ausgedrückt: Innerhalb von 72 x 360 Jahren = 25920 Jahre (genau 25816 Jahre) wird null Grad Widder am selben Punkt angelangt sein, an dem er jetzt steht.

Dieser Zeitraum wird als kosmisches oder ptolemäisches Jahr bezeichnet. Entsprechend wird der Zeitraum von 2160 Jahren (genau: 2151 Jahre, das sind 30 Grad der Präzessionsbewegung) als kosmischer Monat und die Spanne von zweiundsiebzig Jahren als kosmischer Tag bezeichnet. Um diese astronomischen Tatsachen zu veranschaulichen, ergeben sich folgende aufgerundete Zeiteinheiten:

$$72 \text{ J.} \times 360° = 25920 \text{ J.} = \text{ein kosmisches Jahr}$$
$$72 \text{ J.} \times 30° = 2160 \text{ J.} = \text{ein kosmischer Monat}$$
$$2160 \text{ J.} : 30° = 72 \text{ J.} = \text{ein kosmischer Tag}$$

Die 72 Jahre, in denen der Frühlingspunkt um 1 Grad fortschreitet, machen genau 25920 Tage aus, das Jahr zu 360 Tagen (= 72 x 5) gerechnet. Sie stellen also ein makro-mikrokosmisches Verhältnis von aussergewöhnlicher Ausdruckskraft dar. Die mittlere Lebenserwartung des heutigen Mittel- und West-Europäers beträgt im Durchschnitt zweiundsiebzig Jahre. Der Mensch ist - kosmisch gesehen - eine »Eintagsfliege«!

Die Bewegung der Sonne ist auch noch auf andere Weise durch die kosmische Zahl Zweiundsiebzig gekennzeichnet. Eine dieser Entsprechungen betrifft das menschliche Herz. Ein gesundes Herz schlägt bei normaler Tätigkeit in einer Minute durchschnittlich zweiundsiebzig Mal. In einer Minute pumpen zweiundsiebzig Herzschläge die gesamte Blutmenge einmal durch den Körper. Der Mensch atmet vierundzwanzig Mal pro Minute ein und aus = 72 : 3. Es gibt noch viele solcher Entsprechungen, die uns immer wieder über die Harmonie unseres Kosmos in Erstaunen versetzen.

Die Fünfgrad-Einteilung

Die Zahl Zweiundsiebzig hängt auch mit dem Pentagramm, dem Fünfstern oder dem Symbol der Ischtar-Venus zusammen. Zeichnet man das Fünfeck in einen Kreis, so schneidet jede Seite zweiundsiebzig Grad im Kreisbogen aus. Das sich daraus ergebende Linienteilungs-Verhältnis ist auch die Grundlage für das Mass des Goldenen Schnittes. Wenn wir die 360 Grad durch zweiundsiebzig teilen, erhalten wir fünf Grad. Diese fünf Grad sind gewissermassen das Schrittmass des AP am Häusersystem gemessen.

Wir sehen, dass Fünf und Sechs Schlüsselzahlen sind, die auch in Beziehung zu den Harmonics und zur Numerologie stehen. Bei den *»Harmonics« (1)* hat der Fünfgrad-Winkel mit der individuellen Entwicklung zu tun, mit einer intelligenten, machtvollen Persönlichkeit, die mittels einer entwickelten Unterscheidungsfähigkeit frei wählen kann. Auch die Altersprogression, die auf den Zahlen Fünf und Sechs basiert, zeigt in ihrem Lauf durch die zwölf Häuser Möglichkeiten zur Selbstverwirklichung, zur Entfaltung latenter Fähigkeiten und zur geistigen Entwicklung auf.

37

Die Fünfgrad-Einteilung

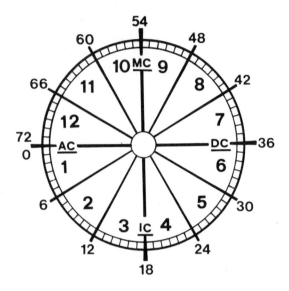

Aus dem Kreisdiagramm lassen sich folgende Beziehungen ableiten:

1 Haus = 72 Jahre : 12 = 6 Jahre
1 Jahr = 30° : 6 = 5°
1 Häusergrad = 72 Jahre : 360° = 0,2 Jahre = 73 Tage

oder anders ausgedrückt:

360° : 72 Jahre ergibt (bei 30°-Häusern) einen Laufwert von 5° pro Jahr. Die AP-Bewegung durch einen Häusergrad (72 Jahre : 360°) dauert ein Fünftel eines Jahres, das sind 73 Tage!

Zeichendurchgänge

In jedem individuellen Horoskop wandert der AP nicht nur durch die Häuser, sondern auch durch die in diesen Häusern stehenden Zeichen. Der Zodiak ist immer unsere fixe Grösse, an dem wir in der Astrologie alles zählen und rechnen. Wenn Sie Ihr Horoskop betrachten, dann erkennen Sie ausgehend vom Aszendentenzeichen alle zwölf Tierkreiszeichen, die der Reihe nach in die zwölf Häuser zu liegen kommen. Mit Hilfe der Alterspunkt-Methode können Sie errechnen, wann Sie in eines der zwölf Zeichen eintreten.

Durch die ungleiche Grösse der Häuser entsteht eine zeitliche Ungleichmässigkeit des Alterspunkt-Durchlaufes durch die einzelnen Tierkreiszeichen. **Ein Zeichendurchgang kann drei bis zwölf Jahre** dauern, je nach Hausgrösse. Obwohl eine gleichbleibende Abfolge der Aspekte da ist, die wir vorausberechnen können, so ist die Rhythmik, das heisst die Zeitmetrik völlig ungleich von Haus zu Haus. Das kommt daher, dass der AP in einem Jahr - am Zodiak gemessen - in einem kleinen Haus kleinere, in einem grösseren Haus grössere Strecken zurücklegt.

Die Regel lautet: Der AP läuft über die Zodiakgrade in einem kleinen Haus langsam und in einem grossen Haus schnell.

Die Kombination von Zeichen und Haus ergibt eine interessante Variation im individuellen Horoskop, eine verschiedenartige Rhythmik von Haus- und Zeichenwechsel.

Kleine und grosse Häuser

Der AP wandert in sechs Jahren durch ein Haus, und zwar unabhängig davon, ob es gross oder klein ist. Folglich braucht er in einem kleinen Haus länger, um durch ein Tierkreiszeichen, über einen Aspekt oder einen Planeten zu laufen, als in einem grossen Haus. Dort »huscht« er vergleichsweise vorbei. Deshalb erlebt man in einem kleinen Haus, in dem der AP - relativ gesehen - langsam läuft, eine grössere Wirkungsintensität, während man in einem grossen Haus mehr oberflächliche Wirkungen verspürt.

Eine alte astrologische Regel lautet: **Je langsamer ein Bewegungselement läuft, um so tiefer prägt sich dessen Wirkung ein.** Die Berührung mit den Elementen des Horoskops dauert länger und gräbt sich deshalb tiefer ein. Geht jemand mit seinem AP durch ein **grosses Haus,** kann man beobachten, dass sich die Entwicklungen oder Ereignisse oft geradezu überstürzen. Die Geschehnisse kommen und gehen, ohne einen zu sehr zu belasten.

Unterschiedliche Zeichendurchgänge

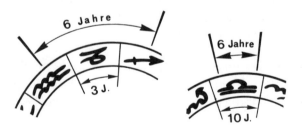

Zeichenwechsel

Wenn der Alterspunkt innerhalb irgendeines Hauses über eine Zeichengrenze geht, dann ändert sich die Grundhaltung manchmal drastisch und einschneidend entsprechend der Zeichenqualität. Wie markant diese Veränderung hervortritt, hängt von verschiedenen Faktoren ab. Einer dieser Faktoren betrifft die Verteilung der einzelnen Zeichen in unserem individuellen Horoskop. Wir stellen uns dann die Frage, ob die Qualität des Zeichens mit der Qualität des Hauses übereinstimmt.

Wenn zum Beispiel ein kardinales Haus von einem kardinalen Zeichen besetzt ist, dann ist die Veränderung nicht so stark. Wenn jedoch eine Zeichengrenze mitten im Haus steht, wie zum Beispiel der Wechsel von Stier (fix) zu Zwillinge (veränderlich) im dritten Haus, so spüren wir den Zeichenwechsel schon deutlicher.

Deshalb müssen wir etwas von den Kreuzen und den Temperamenten wissen, die ja eine Grundeinteilung astrologischen Denkens darstellen. Mit der gründlichen Kenntnis der drei Kreuze und der vier Temperamente können wir die Qualität des ganzen Horoskopes vom Prinzipiellen her erfassen und verstehen.

Generell ist zu sagen, dass bei **jedem Zeichenwechsel** eine Sinnes- oder Temperaments-Änderung zu bemerken ist, die nicht gezielt und gewollt ist, sondern unbewusst geschieht.

Die Zeichenqualitäten liegen als Anlagepotenz sehr tief in uns. Die Wandlung kommt daher aus unseren tiefsten Schichten und bewirkt eine neue Grundhaltung zum

Leben. Wir haben eine neue Kraft zur Verfügung, die vorher noch nicht da war. Als Zeichenqualität war sie zwar bereits in uns, aber jetzt kommt sie intensiver zum Vorschein, vor allem dann, wenn Planeten in diesem Zeichen stehen. Aber auch wenn das Zeichen leer ist, werden uns beim Durchgang des AP diese Qualitäten bewusster. Sie machen sich nicht so sehr als eigentliche Charaktereigenschaften bemerkbar, sondern sie schlagen sich vorwiegend in einer veränderten Grundhaltung zum Leben und in neuen Interessen nieder.

Zum Beispiel ist beim Zeichenwechsel von Fische zu Widder meist ein ganz erheblicher Unterschied spürbar. Beim Durchgang durch das Zeichen Fische fühlen wir uns oft recht unsicher dem Leben gegenüber, doch wenn dann dem Alterspunkt die Widderqualität zur Verfügung steht, können wir uns plötzlich viel leichter im Leben verwirklichen und durchsetzen.

Die zwölf Tierkreiszeichen in ihrer Kombination Kreuz/Temperament

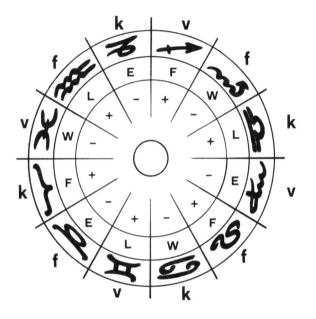

F	= Feuer	k	= kardinal
E	= Erde	f	= fix
L	= Luft	v	= veränderlich
W	= Wasser	+	= männlich / = weiblich

Kreuze und Temperamente

Alle Zeichen des Tierkreises gehören zu einem Temperament und zu einem Kreuz, und sie haben ausserdem noch einen Planetenherrscher. Bei der Unterscheidung nach Temperamenten ordnen wir je drei Zeichen einem der Elemente der Alten zu:

FEUER	(Widder, Löwe, Schütze)
ERDE	(Stier, Jungfrau, Steinbock)
LUFT	(Zwillinge, Waage, Wassermann)
WASSER	(Krebs, Skorpion, Fische)

Der Übergang des Alterspunktes aus einem in das folgende Temperament ist bisweilen recht abrupt spürbar, weil die aufeinanderfolgenden Zeichen entgegengesetzte Polaritäten haben. **Männliche** (positive, aktive) **Zeichen sind:** Widder, Zwillinge, Löwe, Waage, Schütze und Wassermann, also alle Feuer- und Luftzeichen. **Weibliche** (negative, passive) **Zeichen sind:** Stier, Krebs, Jungfrau, Skorpion, Steinbock und Fische, also alle Erd- und Wasserzeichen.

Eine dritte Unterscheidung ist die nach der Dynamik oder Bewegungsform (Anordnung im Kreuz). **Kardinale Zeichen sind:** Widder, Krebs, Waage, Steinbock. **Fixe Zeichen sind:** Stier, Löwe, Skorpion, Wassermann. **Veränderliche Zeichen sind:** Zwillinge, Jungfrau, Schütze und Fische. Wir können für kardinal, fix und veränderlich auch die Schlüsselwörter: Impuls, Beharrung und Rhythmus verwenden.

Zu diesen Eigenschaften kommt noch die Qualität der Planeten, die den Zeichen zugeordnet werden. Nach Tradition und Erfahrung ist der Widder das Marszeichen, das heisst, die Mars-Qualitäten kommen in diesem Zeichen am stärksten zum Ausdruck. Marsische Qualität hat das Zeichen Widder auch dann, wenn der Mars nicht in diesem Zeichen steht. Dasselbe gilt auch für die anderen Zeichen.

Für die Altersprogression genügt es, wenn wir uns auf die Kreuz- und Temperamentsqualität beim Durchgang durch ein Zeichen einstellen. Wir können dann die typische Qualität dieses Zeichens bei uns selbst beobachten, wie wir zum Beispiel aktiver werden, wenn wir durch ein kardinales Zeichen gehen und passiver, wenn es sich um ein Wasserzeichen handelt. Wir können nach einiger Übung selbst die verschiedenen Qualitätsunterschiede feststellen und unser Leben danach ausrichten. Jedenfalls haben wir die Möglichkeiten zur praktischen Nutzung dieser Qualität, wenn der AP das betreffende Zeichen durchläuft. Wir können dann die besondere Zeichenqualität erfahren, wenn wir wollen, und uns im Sinne dieser Qualität wandeln bzw. diese Qualität, wenn sie uns fehlt, aktivieren.

Übergang von Wasser- zu Feuerzeichen

Fische/Widder, Krebs/Löwe, Skorpion/Schütze

Wechselt der AP aus der blauen in die rote Farbe, also aus einem Wasser- in ein Feuerzeichen, zum Beispiel vom Krebs in den Löwen, dann können wir uns diesen Übergang in seinen Auswirkungen bildlich so vorstellen, dass Wasser in Feuer gegossen wird. Das passive Wasser wird durch das Feuer in einem thermo-chemischen Prozess mit lautem Zischen in aufsteigenden Dampf verwandelt, das heisst zu einer aktiven Leistung motiviert.

Beim Feuer des Löwen wird diese Leistung sogar imponierend sein, zumindest will sie so gesehen werden. Der

Übergang des Alterspunktes aus einem Wasser- in ein Feuerzeichen ist auch deswegen so abrupt, weil Wasser die Form, den Behälter sucht, dem es sich mit jedem Molekül anpasst, in dem es sicher aufbewahrt wird. Das Feuer bietet dem Wasser diesen sicheren Ort nicht. Hier wird Wasser verändert, oder - um beim obigen Bild zu bleiben - zu einer aktiven Leistung geradezu gezwungen. Im übrigen ist ganz allgemein die Stiländerung im bewussten Verhalten beim Zeichenwechsel des AP dadurch bedingt, dass im Tierkreis positive und negative oder männliche und weibliche oder aktive und passive Zeichen im Wechsel aufeinander folgen. Das Zeichen muss nicht besetzt sein, um beim Eintritt des AP entsprechend seiner Qualität zu wirken. Das Sonne-Zeichen Löwe ist - wie Widder und Schütze - immer tatorientiert, auch wenn dort kein Planet vorzufinden ist, der auf den Charakter der Tat schliessen lässt. Der AP im Feuerzeichen macht uns grundsätzlich tatkräftig; die Art der Tat und ihre Zielrichtung hängt vom Haus ab, in dem sich Zeichen und Alterspunkt befinden - und von den Aspekten, die den Alterspunkt mit den Tatwerkzeugen verbinden.

Mit dem AP im Feuerzeichen werden wir jedoch nicht nur allgemein aktiver oder produktiver; dem Charakter der Feuerzeichen entsprechend werden wir **neue Ziele** ansteuern, wir werden **kreativ** sein. Und bevor der letzte Funke verglimmt, wird aus der Asche, dem Produkt des Feuers, der Phönix aufsteigen. Es kann also fast nichts schiefgehen, wenn der AP durchs Feuer geht: Wir befinden uns in einer Lebensphase voller Optimismus mit guten Chancen zur Selbstverwirklichung.

Übergang von Feuer- zu Erdzeichen

Widder/Stier, Löwe/Jungfrau, Schütze/Steinbock

Wenn der AP das Feuerzeichen verlässt und in ein Erdzeichen eintritt, dann folgt der vorangegangenen optimistischen eine Lebensphase, in der wir das vorher angepeilte Ziel verwirklichen sollen. Es folgt eine Phase der Stabilisierung, der Festigung. Wenn uns die Umstellung, die Anpassung, die Neuorientierung nicht gelingen will, erleben wir einen schockartigen Bremseffekt. Wir setzen sozusagen nach einem Höhenflug zur Landung auf der Erde an. Wir stehen wieder auf dem Boden der Wirklichkeit, wir stehen mit beiden Beinen wieder auf dem Teppich.

Jetzt treibt uns keine feurige Rakete mehr an. Das Schlüsselwort in der Phase der Erdzeichen heisst nicht Antrieb, sondern Planung. Langfristige Ziele treten an die Stelle spontaner Realisierung. Jede Einzelheit wird kritisch durchdacht, exakt berechnet, gewogen und oft zu leicht befunden. Eine allzu kritische Haltung in dieser Phase kann zu Depressionen führen: Nichts geht mehr. Das ist die negative Seite der Erdzeichen. Positiv eingestellt, erleben wir das schrittweise Reifen unseres langfristigen Planes, dessen Details, hundertmal verworfen, schliesslich jeder harten Kritik standhalten. Wir denken hierbei vor allem an das Zeichen Jungfrau, in dem die eiserne Qualitätskontrolle keinerlei gedankliche Schlamperei zulässt. Geduldige Planung, Stabilisierung und Langzeitwirkung sind die Schlüsselwörter, wenn der Alterspunkt durch die Erdzeichen läuft.

Übergang von Erd- zu Luftzeichen

Stier/Zwillinge, Jungfrau/Waage, Steinbock/Wassermann

Bereits im Erdzeichen begannen wir zu denken, denn Planen setzt Denken voraus. Das Denken war hier aber auf konkrete, langfristige Ziele gerichtet. In den Luftzeichen bewegen wir uns losgelöst vom materiellen Hintergrund in der rein geistigen Atmosphäre: Unser Denken hat theoretische Zielsetzungen.

Hier bedeutet Denken nicht mehr Planung, sondern Lernen. Wir können eher ein theoretisches Problem lösen, etwa eine wissenschaftliche Formel finden, als einen Plan durchdenken, der die Grundlage für ein ganz bestimmtes Zukunftsprojekt abgibt.

Der Durchgang des AP durch ein Luftzeichen ist immer eine gute Zeit, etwas dazuzulernen, sich weiterzubilden oder beruflich umzuschulen. Jetzt fällt einem das Lernen leicht, denn man ist intellektuell eingestellt. Lernen kann sogar zum Selbstzweck werden. Man wird informationssüchtig und will alles wissen. Meistens wird das Schicksal auch neue Kontakte bringen, von denen man viel lernen kann. Es gibt schulische Möglichkeiten, die man vorher nicht gesehen hat.

Wir werden beweglicher in unserer Einstellung und passen uns leichter den gegebenen Umständen an. Vor allem, wenn wir beim Durchgang durch das vorangegangene Erdzeichen zu hartnäckig an etwas festgehalten haben, können wir jetzt unsere sture Haltung ändern.

Wenn wir den Bedeutungsgehalt der Zeichen im Tier-kreis, hier den inneren Zusammenhang von Lernen in den Luftzeichen und Planen in den Erdzeichen, so lebensbezogen sehen, erkennen wir die grosse Hilfe, die uns das Voranschreiten des Alterspunktes durch die Zei-chen bieten kann, wenn wir diese Bewegung sinnbezo-gen beobachten.

Übergang von Luft- zu Wasserzeichen

Zwillinge/Krebs, Waage/Skorpion, Wassermann/Fische

Der vierte mögliche Übergang des AP im Bereich der Temperamente ist der von Luft- zu Wasserzeichen. Was-ser, das wissen wir, umfasst den Gefühlsbereich. Hier dringen wir in die tieferen seelischen Dimensionen vor. Dieser Übergang von Luft zu Wasser ist zwar kein so abrupter wie von Wasser zu Feuer, aber wir haben es auch hier mit Zeichen zu tun, die einen Polwechsel bedeuten. Wir wechseln vom positiven (aktiven, männli-chen) Luftzeichen zum negativen (passiven, weiblichen) Wasserzeichen.

Es ist das beste, bei diesem Übergang den Verstand erst einmal ganz abzuschalten, um keine Konflikte mit dem Gefühl zu provozieren. Stark verstandesmässig orientier-te Menschen (Betonung der Luftzeichen) können bei diesem Übergang in eine kritische, depressive Phase geraten. Wir müssen damit rechnen und darauf achten, dass unser Denken auf einmal von Gefühlen kontrol-liert und bewertet wird. Und wir wissen, dass Gefühle (weibliche Zeichen) nicht immer objektiv sind. »Rein gefühlsmässig würde ich sagen . . .«, so leiten wir in dieser Phase oft die Bewertung einer Sache ein, die wir geistig entweder nicht ganz bewältigt haben oder bei starker vorübergehender Gefühlslastigkeit mit dem Verstand gar nicht erfassen wollen.

Wir werden in dieser Phase ichhafter und launischer und gegenüber Kritikern empfindlicher reagieren. Aber wir können in dieser Phase, in der es uns schwerfällt, objektiv zu sein, lernen, im positiven Sinne subjektiv zu sein. Über das Erkennen und den Abbau unserer im Wasserzeichen betonten Introversion wird es uns möglich, unser Ich (das Subjekt) offen dem Du gegenüberzustellen und unsere Kontakte ohne die Ich-Verletzlichkeit des Introvertierten zu pflegen.

Auch im Fühlbereich wird ein Lernprozess zumeist dann ausgelöst, wenn wir eine vorhandene Überbetonung erkennen. Jeder Zeichenübergang kann in diesem Sinne einen heilsamen Schock bedeuten, der zu neuen Erkenntnissen auf allen Seinsebenen führt und letztlich der Selbsterkenntnis dient.

Der Alterspunkt in den Kreuzen

kardinal, fix, veränderlich

Beim Lauf des Alterspunktes durch die Temperamente haben wir erkannt, wie unterschiedlich wir je nach dem Aggregatzustand der dem jeweiligen Temperament entsprechenden Zeichengruppe auf Umweltreize reagieren. Die Temperamente zeigen immer die Art und Weise unseres Tuns. Die Kreuze hingegen bringen unsere tiefsten Motivationskräfte in Gang. Bei den Zeichenübergängen reagieren wir demnach sowohl auf die Temperaments- wie auf die Kreuzqualitäten. Diese Kombination von Temperament und Kreuz bewirkt auch jeweils Veränderungen in der Antriebs-Dynamik, im Lebens-Grundgefühl, in der geistig-seelischen Haltung und im Umweltbezug schlechthin.

Haben wir es bei den Temperamenten mit einer Vierheit zu tun, stossen wir bei den Kreuzen auf die Dreiheit: kardinal, fix und veränderlich. Diesen drei Bewegungs-Tendenzen oder -Rhythmen können wir drei Grundkräfte zuordnen: Impuls (kardinal), Beharrung (fix), Rhythmus (beweglich).

Durchläuft der AP ein kardinales Zeichen (Widder, Krebs, Waage, Steinbock), wird zumeist Anstoss gegeben in einem Schaffensprozess. Es wird Bahn gebrochen. Die Bewegungsrichtung ist eindeutig vorwärts. Wir fühlen unsere Kräfte deutlich angespornt und sind den auf produktive Leistung zielenden Kräftespannungen spürbar ausgesetzt.

Beim Übergang des AP in ein fixes Zeichen (Stier, Löwe, Skorpion, Wassermann) verspüren wir eine deutliche Tendenz zur Festigung und Beharrung. Wir wehren uns jetzt gegen Bedrohung des Geschaffenen von aussen und versuchen, alles in geregelte Bahnen zu bringen. Die Bewegungsform entspricht hier dem Kreis.

In den beweglichen Zeichen (Zwillinge, Jungfrau, Schütze, Fische) regt sich Kritik am Zuständlichen. Man trägt veränderten Umständen Rechnung und ist bereit, die Richtung zu wechseln, man pendelt hin und her. Man fluktuiert zwischen gegebenen Möglichkeiten und zwischen kurz- und langfristigen Zielsetzungen.

Hat der AP diese drei möglichen Bewegungsformen des Kreuzes durchlaufen, wird bei dessen Übergang aus dem beweglichen in das nun wieder folgende kardinale Zeichen ein neuer Impuls ausgelöst, es wird der Anstoss gegeben zu einem weiteren schöpferischen Prozess, der im fixen Zeichen wieder Form und Masse ausbildet, die im veränderlichen Zeichen angepasst und modifiziert werden. Deutlich erkennen wir beim Lauf des Alterspunktes durch die Kreuze den Wechsel der Grundform des Wirk- und Werdeprozesses, der auf das Hervorbringen von Dingen im weitesten Sinne gerichtet ist, was wir im Grunde als eine Äusserung des natürlichen Dranges nach Selbstgestaltung sehen müssen.

Der Lauf des AP durch die Kreuze kann uns anzeigen, wann es passender ist zu verharren, wann wir nach kritischer Prüfung die Richtung (den Gegenstand) ändern sollten und wann es angebracht ist, wieder vorwärtszustürmen.

2. Deutungsgrundlagen der Altersprogression

Raum und Zeit: Lebensrhythmus • Lebenszyklen •
Zeitabschnitte • Erlebnisse, nicht Ereignisse
zählen • Bestimmung eines Lebensalters •
Worüber der Alterspunkt Klarheit gibt •

Raum und Zeit: Lebensrhythmus

Von der Horoskopdeutung her sind wir gewöhnt, in räumlichen Begriffen zu denken. Einen Mond zum Beispiel, der links im 4. Quadranten steht, bezeichnen wir als introvertiert und spezifisch anders als einen Mond auf der rechten, extravertierten Seite. Oder wir nehmen an, dass ein Mensch mit betonter Untenlagerung des Aspektbildes sich seiner Aktionen weniger bewusst ist als jemand, dessen Planeten alle oben liegen. Auch die Häuser sind für uns räumliche Bereiche: zwölf verschiedene Lebens-Räume mit bestimmter Thematik und ohne wertmässige Hierarchie. Beim Thema »Berufswechsel« »befragen« wir das sechste Haus und allenfalls noch das zehnte (Thema »Karriere«); es käme uns kaum in den Sinn, im Raum der Abgeschiedenheit und kosmischen All-Verbundenheit, im zwölften Haus, nach beruflichen Möglichkeiten zu suchen. Dieser Betrachtungsweise liegt eine eigentliche Raum-Mechanik zugrunde, ein Raum-Rhythmus.

Die Dimension der Zeit wurde bisher in die Astrologie mit den Planeten-Transiten und Progressionsmethoden eingebracht. Diese arbeiten in mehr oder weniger komplizierter Weise mit ausserhalb des Horoskops liegenden Elementen und projizieren deren Wirkkräfte ins Horoskop hinein. Im Unterschied dazu ist der Sechs-Jahres-Rhythmus des Alterspunktes eine Zeitmechanik, die dem Horoskop selbst innewohnt und wie die Planeten, Aspekte, Zeichen und Häuser einen natürlichen Teil des Horoskopes darstellt.

Häufig sind wir im alltäglichen Leben dem Faktor Zeit gegenüber negativ eingestellt. Wir erleben, dass wir zur falschen Zeit etwas unternehmen, dass wir überhaupt zuwenig Zeit haben, dass wir zu schnell alt werden. So ist die Zeit ein Lebensumstand, den wir meistens nur dann wahrnehmen, wenn er sich uns als unangenehm, als Negativum, aufdrängt. »Punktueller Hader« mit dem Faktor Zeit ist an der Tagesordnung.

Viel weniger aber sind wir uns bewusst, dass die Zeit ständig in Bewegung ist, unaufhörlich aus der Vergangenheit in die Zukunft fliesst, und dass die Gegenwart »mittendrin« keine isolierte Einheit darstellt. Zwar erleben wir die Gegenwart in jedem Augenblick; wir sind auch fähig, diesen Augenblick durch Vergangenheits-Erinnerung oder Zukunfts-Spekulation zu bereichern und ihn in seiner räumlichen, geographischen Dimension wahrzunehmen, aus ihm als einer »Gesamt-Assoziation« zu lernen. Aber bedeutend schwerer fällt es uns, dieses raumbezogene Hier-und-Jetzt-Erleben aufzusprengen und als Teil des Zeit-Flusses zu sehen.

Die Zeit fängt nie an, hört nie auf, und sie ist in dieser Kontinuität schwer zu »fassen«. Wir können lediglich einzelne Gegenwartspunkte aus der endlosen Kette herausgreifen und als Erinnerung festhalten. Zeit ist aber mehr. Sie hat als Lebensdimension, symbolisiert im Horoskop als in sich zurückkehrendes Rund, einen Sinn, der tiefer ist als das Aneinanderreihen von isolierbaren Zeit-Punkten: Zeit will Entwicklung!

Wenn es uns gelingt, das Gesamt von Entwicklungsmöglichkeiten zu erfassen, das die Zeit uns in ihrem stetigen Fluss beschafft, werden wir frei von der »Diktatur des Augenblicks«. Wir überwinden die Starrheit aller Determination und sehen uns immer neuen Gelegenheiten gegenüber, frei zu erkennen und zu entscheiden. Unsere Zukunft wird, aus der in allen Dimensionen bewusst gelebten Gegenwart heraus, veränderbar.

Diese Art des Denkens, in der wir die Zeit als räumliche Gegebenheit erleben, gibt uns die Möglichkeit, die Altersprogression schöpferisch einzusetzen und in der Polarität von Freiheit und Determination den Menschen ganzheitlicher zu erfassen.

Äussere Ereignisse, innere Erlebnisse werden beim Studium des Alterspunkt-Verlaufs nachvollziehbar im Gesamtzusammenhang eines Lebens. Wege tiefer, bewusster Verarbeitung können besser erschlossen werden. Auch Konstellationen, die an Alterspunktstellungen in der Zukunft ablesbar sind, werden in ihrer Zeit- und Raumdimension, in ihrer Bezogenheit auf Gegenwart und Vergangenheit, verstehbar als Tendenzen der Entwicklung, die uns Möglichkeiten freier Entscheidung aufzeigen können.

Wir werden so anhand des Horoskops fähig, aus räumlich-zeitlichen Zusammenhängen im Gesamtschicksal und -charakter die»Kausalität unseres Karmas« zu verstehen, und es wird uns gelingen,»Dharma« zu erarbeiten, das heisst Kräfte zur schöpferischen Entwicklung der Zukunft.

Dabei sind wir natürlich in die Gegebenheiten unseres Charakters eingebunden, in die Determiniertheit des individuellen Horoskops. Eine Pflanze, die in ihrem Samenkorn zur Margerite ausersehen ist, wird niemals zur Pappel werden. Im Annehmen dieser Grenze gelangt sie aber zur vollen Wahrnehmung der für sie sinnvollen Lebensprozesse und zur Fähigkeit, durch Veränderung sich langsam zu wandeln. Veränderung ist Mutation, ist Wachstum, Ausbildung neuer Lebensformen und -qualitäten.

Die Voreinstellung des Bewusstseins, die Erwartungen an das Schicksal gestalten jeden Augenblick des Lebens mit, entscheiden, ob und wie Wandlung sich im Fliessen der Zeit ereignen soll. Stunden, Tage, Jahre werden so vorweggenommen, werden als Zukunft im Jetzt gestaltet.

Bewusst verarbeitete Vergangenheit mag als Erfahrung in diesen Prozess einfliessen und uns zeigen, wie die lineare Kette einzelner Lebensaugenblicke sich ausweitet in ganze Lebensabschnitte und sich im Gesamtrund des Horoskops schliesst.

Lebenszyklen

In der Entwicklung des Menschen wirkt eine grundlegende Ordnung der Zeitabfolge. Alle Menschen werden in der Kindheit und in der Jugend durch gemeinsame Entwicklungsprinzipien gelenkt und durchlaufen eine gemeinsame Folge von Entwicklungsphasen. Gleichzeitig hat aber jedes einzelne Leben seinen einmaligen, besonderen Charakter und nimmt seinen eigenen, besonderen Weg.

Der Lebensablauf ist einer Reise vergleichbar vom Ausgangspunkt Geburt zum Endpunkt Tod. Es ist ein allgemeingültiges Muster, dem niemand entgehen kann, von dem es aber unendlich viele kulturell, sozial und individuell bedingte Abweichungen gibt. Viele Einflüsse bestimmen unterwegs die Eigenart dieser Reise. Es kann zum Kurswechsel und zu Umwegen kommen. Der Zeitplan kann innerhalb gewisser Grenzen beschleunigt oder verlangsamt werden, und in extremen Fällen kann die Reise völlig zum Stillstand kommen. Der Entwicklungsprozess ist kein einfaches, fortlaufendes, gleichbleibendes Dahinfliessen. Es gibt verschiedene Zeiten, gute oder schlechte, mit glücklichen oder weniger glücklichen Stunden. Jeder Mensch hat eine Vorstellung von Zeiteinteilung, von Lebensabschnitten, von Phasen oder Stufen innerhalb des Lebenszyklus.

Diese Zeiteinteilung finden wir im individuellen Horoskop wieder: Die Methode der Altersprogression teilt das Häusersystem in zwölf grössere und die einzelnen Häuser in drei kleinere Zeitabschnitte, wie wir später noch sehen werden.

Dadurch ergeben sich sechsunddreissig verschiedene Zeitqualitäten, denn jeder dieser Abschnitte hat seine ganz spezifischen Merkmale und unterscheidet sich vom vorausgehenden und vom nachfolgenden.

Die Vorstellung von Zeit hat viele Formen. Es gibt Jahreszeiten: Der Frühling ist eine Zeit des Erwachens, der Blüte - der Wiedergeburt; er steht am Beginn eines neuen Zyklus. Es gibt Tageszeiten: Tagesanbruch, Mittag, die Abenddämmerung, die stille Dunkelheit der Nacht - und jede hat ihre besonderen, täglich wiederkehrenden, atmosphärischen und psychologischen Merkmale. Schon die Frühmenschen hatten in der bildlichen Vorstellung ein Verständnis vom Zusammenhang zwischen den Jahreszeiten und den Zeitabschnitten im menschlichen Lebenszyklus. Die Griechen teilten das Horoskop bereits in die vier Jahreszeiten ein.

Zeitabschnitte

Wenn wir von Zeitabschnitten sprechen, dann heisst das, dass der Lauf des Lebens eine bestimmte Struktur hat und einem Grundmuster folgt. Die Entwicklung kann als eine Reihe von bestimmbaren Zeitfaktoren verstanden werden, entsprechend den Themen der zwölf astrologischen Häuser. Ein Zeitabschnitt ist ein relativ stabiler Teil im gesamten Lebenszyklus, ebenso ein Haus im ganzen Häusersystem; trotzdem kommt es in jedem Abschnitt, in jedem Haus zu einer Veränderung, die ihre eigene Bedeutung hat und aus sich selbst heraus verstanden werden muss. Man kann auch nicht behaupten, ein Zeitabschnitt sei besser oder wichtiger als ein anderer. Jeder trägt zum besonderen Charakter des Lebensablaufes bei, ist ein organischer Teil des gesamten Zyklus. Er verbindet die Vergangenheit mit der Zukunft, und beide sind in ihm enthalten. Die Aufeinanderfolge von Abschnitten bildet die »Makro-Struktur« des ganzen Lebenszyklus, das Gesamtrund des Häusersystems. Dieses bildet den Rahmen, in dem die Entwicklungsprozesse im täglichen Leben ablaufen.

Erlebnisse, nicht Ereignisse zählen

Aus dem bisher Gesagten wird klar, dass der Alterspunkt nicht nur ein sehr wichtiges Zeitelement des Horoskops ist, sondern dass seine Bedeutung in Räume tieferen Erkennens reicht. Er ermöglicht uns, das fortschreitende Leben eines Menschen mit allen Erfahrungen zu erfassen und nachzuvollziehen. Und dabei entdecken wir sehr schnell, dass nicht einzelne, abgegrenzte Ereignisse, sondern die Erlebnisse ausschlaggebend sind.

Diese Begriffsunterscheidung ist sehr wichtig. Gewisse Progressionsmethoden arbeiten eindeutig mit dem Ziel, gegenwarts- oder gar zukunftsbezogen aus der Deutung von markanten Ereignissen Lebenshilfe zu geben. Beim Alterspunkt ist die Fragestellung psychologisch: Sie ist ausgerichtet auf die Erlebnisse, das psychische Geschehen im Menschen, das ihn in irgendeiner Weise verändert.

Ein sensationelles Ereignis kann vorbeigehen, ohne wirklich erlebt worden zu sein, und ein tiefes, seelisches Erleben oder Leiden zieht sich möglicherweise über Monate hin, bar jeglicher sichtbaren, äusseren Vorgänge. Allerdings finden wir zwischen solchen Extremen in jedem Menschenleben Ereignisse, die begleitet sind von intensiven inneren Erlebnissen.

Erst die bewusste Erkenntnis der Prozesse erlaubt uns, ihren Sinn in einem grösseren Lebenszusammenhang zu sehen. Nicht das physische Ereignis allein zählt dann, sondern was wir daraus gelernt haben. Oder anders gesagt: Die aus äusserem Geschehen sich ergebende Aufgabe soll angenommen, die Auseinandersetzung mit einer plötzlich aktuellen, psychischen Konstellation gewagt werden. Dies geschieht, indem wir uns um das Warum, den hintergründigen Sinn bemühen. Es gilt, die inneren Kräfte zu erkennen, die aus der individuellen Konstitution heraus in einer spezifischen Situation wirksam werden.

Genau da können wir nun die Altersprogression zu Hilfe nehmen. Geprägt von der Stellung des AP in Zeichen und Haus, aktiviert durch Aspekte zu bestimmten Planeten, werden wir Erlebens- und Verhaltensweisen haben, die sich im Rahmen einer an räumliche Kategorien gebundenen, allgemeinen Charakterdeutung nicht erklären lassen. Hier kommt eben die Zeit hinzu, genauer die Qualität eines Zeit- oder Lebensabschnittes, die anhand des AP aus sich heraus verstanden werden muss.

Bestimmung eines Lebensalters

Mit der Alterspunkt-Methode können wir jederzeit ein bestimmtes Lebensalter untersuchen. Wenn wir irgendwann zeitlich einen Schnitt ins Horoskop machen, zum Beispiel bei vierzig Jahren, erkennen wir gleich, welche Probleme sich in diesem Alter stellen.
Mit vierzig Jahren befindet sich der AP im siebten Haus, wenige Monate nach dem Talpunkt. Wir sehen sofort, ob dort Planeten stehen, die eine wichtige Aussagekraft für die psychologische Situation haben oder ob Aspekte zu irgendwelchen Planeten im Horoskop gebildet werden.

Entsprechend der Bedeutung des siebten Hauses, das mit der Beziehung zum DU, mit Partnerschaften zusammenhängt, können wir die notwendigen Verhaltens- und Bewusstseinsänderungen zur Lösung auftauchender Probleme vorschlagen.

Unsere Reaktionsweise auf gegenwärtige Lebenssituationen mag auf verschiedenste Weise analysiert werden, aber immer ist unsere persönliche Reaktion abhängig von bewältigten oder unbewältigten psychischen Faktoren aus unserer Vergangenheit, von unserer geistigen Einstellung und von der individuellen Freiheit des Bewusstseins.

Es wird in diesem Zusammenhang vielleicht interessant sein festzustellen, warum wir mit zwanzig Jahren irgendeinen Fehler gemacht haben, der erst zu einem späteren Zeitpunkt, den wir mit der Altersprogression ermitteln können, unangenehme Ereignisse auslöste. Deshalb ist es gut, auch unsere vergangenen Verhaltensweisen zu betrachten, um die Gegenwart zu verstehen und die Zukunft besser gestalten zu können.

Worüber der Alterspunkt Klarheit gibt

Es ist aufschlussreich, die momentan wirkenden Grundthemen der einzelnen Häuser zu studieren. Dabei erkennen wir den jeweiligen Blickwinkel auf unser Leben. Zugleich können wir die Wirkung von Transiten oder progressiven Aspekten viel besser beurteilen. Je nachdem, durch welches Haus oder Zeichen der Alterspunkt eben wandert, werden folgende Dinge klar:

1. Wir erkennen, wie einseitig wir die Welt betrachten, in welchem Grade wir selektieren und nur das tun oder annehmen wollen, was uns gerade interessiert; andere Dinge vernachlässigen wir.

2. Mit einem Blick in unser Horoskop sehen wir sofort, in welchem Raum, Zeichen oder Haus wir uns gerade befinden, welche Probleme wir gegenwärtig haben und welche Lösungsmöglichkeiten sich anbieten:
   a) Laufen wir auf einen Planeten zu, dann spüren wir eine Entwicklungsintensität, auf die wir uns vorher schon (gemäss der Planetenqualität) einstellen können.
   b) Geht der Alterspunkt über eine Häuserspitze oder über einen der beiden sensitiven Punkte (Tal- oder Invertpunkt), dann bedeutet das für uns eine erhöh-

te Einsatzbereitschaft an der Spitze eines Hauses, Langzeitplanungen am Invertpunkt und am Talpunkt Stillhalten und Neuorientierung.

c) Wechselt der Alterspunkt von einem Tierkreiszeichen in ein anderes, dann ändert sich unser Temperament, unsere Einstellung und die Art und Weise unseres Tuns entsprechend der Zeichenqualität. Wir wissen, wann im Leben wir in das eine oder andere Zeichen kommen und können unsere Pläne und Vorhaben danach einrichten.

3. Mit dem Alterspunkt können wir auch die Gegenwart, die Vergangenheit und die Zukunft überblicken. Wir verstehen, welche Haltung und Aktionen aus der Vergangenheit unsere jetzige Situation verursacht haben und was wir tun müssen, um Schwierigkeiten abzuwenden und das zur Entfaltung zu bringen, was bis jetzt noch schwach entwickelt war.

4. Wir können sogar zurückblicken in unsere Kindheit, dort die traumatischen Erlebnisse in ihrer prägenden Wirkung feststellen und die Fehlhaltungen in unserem Charakter erkennen, die sie verursacht haben. Dies erlaubt uns, fortan bewusst an ihre Verarbeitung zu gehen.

Die sieben Hauptaspekte im Horoskop

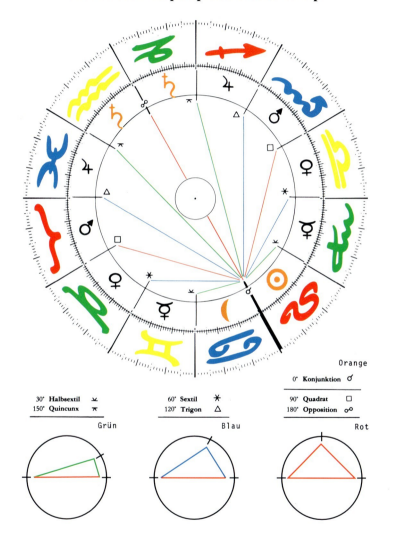

3. Deutungsregeln und Aspekte des Alterspunktes

Wirkung und Bewertung der AP-Aspekte ● Farbige Aspekttafel (Bild) ● Regel für die Aspektwirkung ● Regeln zur Auffindung der AP-Aspekte ● Liste der Aspektabfolge ● Wirkungsdauer der AP-Aspekte ● Vorwirken der Planeten beim Zeicheneintritt ● Wirkungsgrad der AP-Aspekte ● Überlagerung der progressiven Elemente ● Zeitpunkte und Zeitspannen ● Bewusstheits-Intensität ● Aspektart ● Hausgrösse ● Ereignisauslösung ● Planetenübergänge ● Planetenhäufungen ● Dynamische Zielrichtung des Aspektbildes ●

Die Planetenkräfte ●
1. Weibliche, männliche und neutrale Planeten ●
2. Harte und weiche Planeten ● Aspektwirkung nach Farben ● »Anzünden« einer Aspektfigur ● Unaspektierte Planeten ● Durchlaufen von leeren Räumen ● Lücken im Aspektbild ● Überwechseln von einer Aspektfigur in eine andere ● Aspektdeutung in drei Schritten ● Ganzheitsbetrachtung ● Farbige Planetentafel (Bild) ●

Die Aspekt-Zyklen des AP •

Primär-Aspekte des Alterspunktes • Konjunktion des AP • Opposition des AP • Beginn des Gesamtumlaufs • Die zwei Halbzyklen • Erster Halbzyklus • Zweiter Halbzyklus • Allgemeine Regeln für den Aspektablauf • Primär-Aspekte in der Kindheit • Beginn des AP-Zyklus in den vier Quadranten •

Drei Aspektarten •

Rote Aspekte: Konjunktion, Opposition und Quadrat • Blaue Aspekte: Sextil und Trigon • Grüne Aspekte: Halbsextil und Quincunx • Drei Entwicklungsstufen des AP-Quincunx-Aspektes •

Wirkung und Bewertung der Alterspunkt-Aspekte

In der Altersprogression verwenden wir nur die sieben klassischen Aspektarten, das heisst, alle Aspekte von 30 Grad oder einem Vielfachen davon, sowie natürlich den Nullgrad-Winkel (0°, 30°, 60°, 90°, 120°, 150°, 180°), wobei die Konjunktion (0°) und die Opposition (180°) die wirksamsten Aspekte sind; wir nennen sie deshalb Primär-Aspekte. Alle anderen Winkelbeziehungen wie Halbquadrate, Anderthalbquadrate, Quintile etc. werden nicht berücksichtigt. Die Unterscheidung von guten und schlechten Aspekten, wie sie leider heute noch vorkommt, findet keine Anwendung. Auch die Ausweichformulierungen hart/weich und gespannt/entspannt sind nicht tauglich. Beim Alterspunkt verwenden wir die Wertung von »gut« und »schlecht« auch deshalb nicht, weil diese

1. vom psychologischen Standpunkt aus untauglich ist;
2. dem Menschen in seinem Entwicklungsgeschehen nicht gerecht wird;
3. weil die Aspekte in der Altersprogression andere Wirkungen haben als die in der klassischen Astrologie bekannten;
4. weil Aspekte keine Ereignisse anzeigen, sondern innere Erfahrungen.

In der Astrologischen Psychologie befassen wir uns mit der Entfaltung des inneren Menschen und nicht damit, was nächstens passiert. Deshalb muss die Bewertung eine andere sein als bei der sogenannten Ereignis-Astrologie, die wissen will, ob ein Mensch Glück oder Unglück habe. Sowohl die Methode der Deutung wie auch die Wirkung der Aspekte hängt von der Fragestellung ab, die hier eine andere ist als bei den traditionellen Prognosemethoden.

Des weiteren ist die Altersprogression eine im Horoskop und damit im Menschen selbst wirkende Zeitordnung, die wenig mit von aussen kommenden Einflüssen zu tun hat, wie sie beispielsweise durch die transitären Planeten angezeigt werden. Sie ist einer »inneren Uhr« vergleichbar, die psychische und geistige Prozesse anzeigt und nicht etwa äussere Ereignisse, obschon diese natürlich in funktionaler Beziehung zu jenen stehen. Das »Warum« und »Wozu« ist hier wichtiger als das »Was«. So gesehen haben die Alterspunkt-Aspekte eine wesentliche Bedeutung für die Selbsterkenntnis des Menschen.

Da es sich beim Alterspunkt um den »Fokus unseres Bewusstseins« handelt, ist die Wirkung der Aspekte weitgehend von unserem eigenen Bewusstseinszustand abhängig. Es kommt entscheidend darauf an, wie wir selbst auf die durch den Alterspunkt und seine Aspekte hervorgerufenen Anreize reagieren: ob wir bereit sind, uns mit dem auseinanderzusetzen, was aufgrund der inneren Selektivität von aussen auf uns zukommt, oder ob wir uns weigern, eine solche Herausforderung anzunehmen.

Letztlich bestimmen wir selbst, ob ein AP-Aspekt positive oder negative Wirkungen hat. Oft erleben wir, dass die sogenannten . »guten«, »weichen« oder »entspannten« Aspekte grössere Schwierigkeiten bereiten als die sogenannten »schlechten«, »harten« oder »gespannten«. Letztere können in unserer seelisch-geistigen Entwicklung und Reifung sogar ausserordentlich positive Resultate bringen.

Regel für die Aspektwirkung
(Erlebnisse, nicht Ereignisse zählen)

Ein weiterer wesentlicher Unterschied zu traditionellen Prognosemethoden ist der, dass bei der Altersprogression nur solche Ereignisse durch Aspekte angezeigt sind, die mit subjektiven Erlebnissen verbunden sind, also den Menschen innerlich berühren und einen tiefen Eindruck hinterlassen. Dies geschieht, indem der dem jeweiligen Planeten entsprechende Archetypus in unserer Psyche aktiviert wird und die schöpferische Kraft unseres Selbst eine für unsere Entwicklung benötigte Erfahrung provoziert bzw. selektiert. Der Alterspunkt stellt unser permanent gegenwärtiges Bewusstsein dar, das die Zeit durchwandert und in jedem Augenblick eine Verbindung vom inneren zum äusseren Leben herstellt.

In der Astrologie symbolisiert jeder Planet eine der zehn Grundfähigkeiten des Menschen. Diese werden im Verlauf des Lebens durch die AP-Aspekte stimuliert, aktiviert und ins Bewusstsein gehoben. Wenn der Alterspunkt auf einen Planeten im Grundhoroskop einen der obengenannten Aspekte wirft, so erleben wir ein intensives Bewusstwerden der entsprechenden Planetenqualität. Wir müssen uns mit ihr auseinandersetzen, um zu lernen, wie wir das »Organ«, das der Planet darstellt, im Leben optimal einsetzen können. Es ist aber immer ein persönliches Erleben, das der Alterspunkt hervorruft. Wir reagieren auf die Aspekte ganz individuell und subjektiv, aus dem eigenen Gesichtswinkel heraus. Deshalb ist es schwierig, wenn nicht unmöglich, für die Aspektwirkungen allgemeine Regeln aufzustellen.

Empfehlenswert ist es, sich zu fragen: »Ist das Ereignis, das ich mit dem Alterspunkt im Horoskop suche, ein für mich wichtiges, mich betreffendes und herausforderndes gewesen, oder war es bloss ein Ereignis, das ich mit meinem Wissen und Können problemlos bewältigen konnte?« Wie oft erleben wir sensationelle Dinge, die keine Spuren in uns hinterlassen; und es gibt scheinbar belanglose, die uns aus unserer Bahn werfen. Immer ist es unser inneres Betroffensein, unsere subjektive Wertung, die bei der Beurteilung von Alterspunkt-Aspekten den Ausschlag gibt. Es kommt also darauf an, welche Bedeutung wir selbst den Ereignissen geben. Es ist eine psychologische Binsenwahrheit, dass der Mensch fast alles subjektiv interpretiert, was mit ihm geschieht. Deshalb graben sich nur solche Erlebnisse in unsere Psyche ein, die uns innerlich berühren. Nur diese werden vom Alterspunkt registriert. Rein objektive Ereignisse können also spurlos an uns vorübergehen. Wir wollen das an den folgenden Beispielen erläutern:

Wenn eine Mutter nach mehreren Jahren Krankheit stirbt, müsste der Alterspunkt im Horoskop des Kindes den genauen Zeitpunkt des Todes anzeigen. Dem ist aber nicht immer so. Wenn beispielsweise wegen der absehbaren Schwere der Krankheit die innere Ablösung von der Mutter schon ein oder zwei Jahre früher erfolgt, dann wird in der Psyche des betreffenden Menschen dieser Zeitpunkt markiert und nicht das tatsächliche Ereignis des Todes. Auch bei Scheidungen oder Eheschliessungen ist häufig der ganze Vorgang schon vorher angezeigt, mag er ein oder zwei Jahre oder noch länger dauern. Es kann aber auch umgekehrt sein, meistens dann, wenn uns die Entscheidungen aufgezwungen werden. Das genaue

Datum des Vollzugs ist für die menschliche Psyche also nicht so wichtig. Es kommt vielmehr darauf an, wann die inneren Prozesse, Kämpfe oder seelischen Leiden stattfinden. Manchmal merken wir gar nicht, dass ein neuer Zyklus, ein innerer Wandlungsprozess bereits in uns wirksam ist und unsere Handlungen und Reaktionsweisen bestimmt. Dann werden wir durch äussere Ereignisse »mit der Nase darauf gestossen«. Aber auch das können wir eventuell noch verdrängen, indem wir die Ereignisse im Gedächtnis bewusst oder unbewusst blockieren oder einfach vergessen. Also hat es bei der Altersprogression wenig Sinn, eine Ereignisliste aufzustellen, weil nur tief erlebte Dinge durch Aspekte angezeigt sind. »Der Alterspunkt zeigt nur an, was uns nicht unverändert lässt.«

Regeln zur Auffindung der AP-Aspekte

Wie bekannt, bezeichnet man in der Astrologie bestimmte Winkelabstände, welche die einzelnen Planeten zueinander haben, als Aspekte. Finden wir in einem Horoskop zwei oder mehrere Planeten nahe beisammen, so nennen wir das eine **Konjunktion** (0°-Winkel). Läuft der Alterspunkt im Grundhoroskop über einen Planeten, dann ist das ebenfalls eine Konjunktion. Wir sprechen dann von einem »Übergang des AP über einen Planeten«. Steht der AP einem Planeten im Grundhoroskop genau gegenüber, dann sind das am 360-Gradkreis (Tierkreis) gemessen 180°, was einer **Opposition** entspricht. Diese zwei Aspekte sind die wichtigsten oder **Primär-Aspekte** bei der Anwendung des Alterspunktes. Zwischen Konjunktion und Opposition werden fünf weitere Aspekte gebildet: 30° (Halbsextil), 60° (Sextil), 90° (Quadrat), 120° (Trigon)

71

und 150° (Quincunx). Das sind die sieben klassischen Aspekte, wie sie Ptolemäus schon erwähnte, mit denen wir in der Altersprogression arbeiten.

Beispiel

Um die Auffindung der Aspekte zu üben, suchen wir im farbigen Beispielhoroskop auf Seite 384A den Alterspunkt für 1983. Der Horoskopeigner ist dann einundvierzig Jahre alt. Der AP hat 27 1/2° Wassermann erreicht und bildet ein exaktes Quincunx zum Neptun, der auf 27°18' Jungfrau steht. Mit achtundvierzig Jahren ist er auf der neunten Häuserspitze und kommt in Konjunktion mit dem Mond (24°09' Fische) und damit fast gleichzeitig in Opposition zum Neptun.

Für Anfänger ist es vorteilhaft, die Aspekte sowohl im Grundhoroskop wie auch für den Alterspunkt mit dem *»API-Aspektfinder« (3)* zu ermitteln. Wir legen diesen mit der Null-Marke auf den Alterspunkt und können die Aspekte direkt ablesen. Dabei müssen wir bei jedem Planeten wie auch beim AP einen entsprechenden 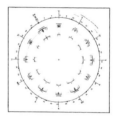 Wirkungsbereich (Orbis) berücksichtigen. Fortgeschrittene können die Aspekte des AP auch von Auge leicht feststellen.

Liste der Aspektabfolge

Hilfreich ist das Ordnen der Planeten (unabhängig vom Zeichen) nach ihrer **Gradzahl** in einer kleinen Tabelle.

Wir wollen dies anhand des Beispielhoroskops verdeutlichen.

Aspektabfolge (Beispielhoroskop)			
♄	0.12	♒
♈	3.34	♌
♀	4.41	♎
♂	8.38	♋
☿	8.44	♒
☊	9.59	♐
☉	19.05	♑
♃	23.12	♒
☾	24.09	♓
♆	27.18	♐
⚷	29.44	♑

Der AP berührt, während er durch ein Zeichen läuft, über die verschiedenen Aspekte die Planeten immer wieder in derselben Reihenfolge, und zwar jeden Planeten einmal.

Ein Zeichendurchlauf dauert für den Alterspunkt, je nach Hausgrösse, in den gemässigten Zonen etwa drei bis zwölf Jahre. Und so lange braucht er dann auch, um auf jeden Planeten einen Aspekt zu werfen.

Hier zeigt sich ein individuelles zeitliches Muster der Reizbereitschaft, welches für die Persönlichkeit durch das ganze Leben hindurch gleichbleibt. Die Zeitdauer in den verschiedenen Zeichen kann jedoch sehr verschieden sein (siehe oben). Dies bewirkt, dass die Aspekte in einem grossen Haus zeitlich dicht aufeinanderfolgen (Erlebnishäufigkeit). Es können in einem sechsjährigen Hausdurchlauf ohne weiteres sämtliche Planeten zweimal aspektiert werden (20 oder mehr Aspekte in 6 Jahren, wenn ein Haus über 60° umfasst).

In einem kleinen Haus hingegen »kriecht« der AP über die Grade des dortigen Tierkreiszeichens. Es kann also sein, dass nur drei, vier oder fünf Aspekte in sechs Jahren anfallen, also eine gewisse Aspektarmut vorliegt. Die Erlebnisintensität ist in kleinen Häusern jedoch entsprechend grösser.

Dieses Phänomen ruft bei verschiedenen Menschentypen unterschiedliche Reaktionen hervor. Zum Beispiel kann eine mehr statische Persönlichkeit (starke Besetzung der fixen Zeichen und/oder Häuser; vier- oder mehreckiges Aspektbild) beim Durchlauf durch ein grosses Haus von den sich folgenden wechselnden Erlebnisqualitäten »überrannt« werden. Reizüberflutung, Verunsicherung, Sperr-, Blockierungs- und Verdrängungsreaktionen sowie Verantwortungsängste können die Folge sein.

Ein dynamischer Charakter (Betonung der kardinalen und veränderlichen Zeichen/Häuser; Aspektfiguren des Dreiecks- oder Strich-Typus) mag sich in einer »langsamen Periode«, d.h. in kleinen Häusern, »langweilen«. Gehemmtheit oder Lähmung, Erfolglosigkeit, Reiz- und Antriebsschwäche, grüblerische oder depressive Phasen sind häufig aus diesem Phänomen zu erklären, besonders, wenn solche Reaktionen charakter-atypisch sind.

Wirkungsdauer der Alterspunkt-Aspekte

Bei der Beurteilung von Alterspunkt-Aspekten ist zu
beachten, dass wir mit einer gewissen **Zeitspanne** (Zeitorbis) arbeiten (siehe Seite 79ff). Diese kann selbstverständlich auch in Graden (je nach Hausgrösse) ausgedrückt werden. Da es sich beim Alterspunkt um ein Zeitmass handelt, ist es angebracht, die Wirkungsdauer in Zeit auszu-
drücken. Die Dauer eines Aspektes ist bei Konjunktion
und Opposition, den Hauptaspekten des AP, am längsten. Oft haben sie eine Wirkungsdauer (Zeitorbis) von
einem Jahr. Wenn der Alterspunkt in Konjunktion oder
Opposition zu einem Planeten kommt, der ein ICH-Planet ist (Sonne, Mond, Saturn) oder eine andere wichtige
Stellung in der Aspektstruktur einnimmt (Spannungsherrscher oder Planetenhäufung), so sind folgende Punkte zu
beachten:

1. Die Aspektwirkung beginnt bei einer
Konjunktion und Opposition bereits
beim Eintritt in das Zeichen, in dem
ein oder mehrere Planeten stehen,
gleichgültig, ob sich die ersten Grade
des Zeichens vor oder erst hinter einer
Häuserspitze befinden.

2. Die Wirkung wird mit der Annäherung an den Planeten
stärker und erreicht, manchmal sogar taggenau, mit dem
Überschreiten der Aspektstelle ihren Höhepunkt.

3. Ein deutliches Abklingen ist meistens gleich oder zwei
bis drei Monate nach dem Übergang festzustellen.

Bei den anderen Aspektarten ist der Orbis naturgemäss kleiner. Als mittleres Mass (in einem 30°-Haus) kann jeweils 1° vor und 1° nach dem exakten Aspekt gelten. Im übrigen hängt es weitgehend von der Hausgrösse ab. Ist das Haus klein, so beträgt der Orbis weniger, manchmal nur ein halbes Grad; ist das Haus grösser, so kann der Orbis vor und nach der Aspektstelle eine Ausdehnung bis zu 2° haben.

Vorwirken der Planeten beim Zeicheneintritt

Nicht erst beim AP-Übergang über einen Planeten wird dessen Qualität oder Problematik aktuell, sondern bereits dann, wenn wir in das Zeichen eintreten, in dem sich einer oder mehrere Planeten befinden.

Häufig sind es die Zeichenübergänge, die eindeutige und wichtige Veränderungen hervorrufen. In vielen Fällen sind sie spürbarer als eine direkte Planetenberührung.

Es ist, als ob sich bereits beim Zeicheneintritt die darin enthaltenen Planetenqualitäten bemerkbar machen würden. Als Vergleich können wir uns vorstellen, dass wir in ein Zimmer eintreten, in dem sich einige Menschen aufhalten. Sofort beim Eintreten nehmen wir die sich darin befindlichen Personen wahr, erfassen mit einem Blick die ganze Runde, gehen dann von einem zum anderen, um jeden einzelnen zu begrüssen. Genauso verhält es sich beim Eintreten in ein Zeichen, in dem wichtige Planetenstellungen sind. Sofort spüren wir, dass sich hier etwas Wesentliches zur Entwicklung anbietet. Wir wissen noch nicht genau, was es sein wird oder was wir lernen müssen, erst bei der Konjunktion des AP mit den Planeten erfahren wir Einzelheiten.

Wirkungsgrad der AP-Aspekte

Wie gross, stark und in welchem Umfang die Wirkung eines AP-Aspektes zu einem Planeten ist, kann man nicht absolut erfassen, messen oder in einer allgemeingültigen Regel festlegen!

Es kommt immer auf den Mensch an, für den wir eine Berechnung der AP-Aspekte vornehmen. Ist dieser ein Mensch, der bewusst an sich arbeitet, werden sich andere Erlebnisse zeigen als bei einem Kind! Ebenso verhält es sich mit den klassischen Progressionsmethoden, die ja neben dem Alterspunkt auch noch eine Wirkung auf den Menschen ausüben. Wir leben in einem Feld sich miteinander vermengender Energien, die unser Leben unter hochkomplizierten Rhythmen in Bewegung halten. Es ist völlig undenkbar, dass ein Mensch alle beeinflussenden Kräfte in ihrem Zusammenhang erkennen oder gar beherrschen könnte!

Dies liegt nicht nur an der Vielzahl uns beeinflussender Kräfte, sondern auch am Grad der Fähigkeit, diese (manchmal sehr minimalen Wirkungen) zu beobachten und festzustellen.

Eine passende Parallele hierzu finden wir in unserem Alltag: Viele kleine Beeinflussungen durch Wort, Werbung und im persönlichen Kontakt merken wir überhaupt nicht, weil sie für unser Leben kaum von Bedeutung sind. Unser Bewusstsein beschäftigt sich lieber mit den Dingen im Leben, die für uns wirklich wichtig sind. Und welche Dinge dies sind, entscheidet das Bewusstsein jedes einzelnen durch eine spezielle Wahrnehmungsfähigkeit, die aus allen Umweltreizen eine Selektion vornimmt!

Es gibt viele Astrologen, die fähig wurden, die Wirkung von tertiären, quartären oder noch schwächeren progressiven Elementen zu spüren, indem sie ihre Wahrnehmung darauf spezialisierten. Demgegenüber sind die Wirkungen des AP für jeden psychologisch denkenden Menschen verhältnismässig leicht erkennbar. Denn die Wirkung des AP findet dort statt, wo sich das Bewusstsein betätigt!

Überlagerung der progressiven Elemente

Wie bereits öfters besprochen, ist die Wirkung des AP grundlegender Natur. Seine Wirkung zeigt sich in allen strebenden Energien der Persönlichkeit.

Die progressiven Elemente (speziell die Transite) sind Reizwirkungen, die die Schwierigkeiten oder Möglichkeiten in unserem gegenwärtigen Leben bedingen können. Die Wirkung dieser Einflüsse ist logischerweise davon abhängig, was wir im Leben gerade durchmachen bzw. wo wir mit unserem Alterspunkt gerade stehen. Deshalb sprechen wir von einer Überlagerung der progressiven Elemente durch die Altersprogression und davon, dass die Sensibilisierung durch den AP erst eine Wirkung der anderen Elemente zulässt.

Zeitpunkte und Zeitspannen

Bei den klassischen Progressionsmethoden wird meistens ein bestimmter Tag für ein Ereignis angegeben, an dem ein Aspekt zum Radix-Horoskop exakt ist. Man erwartet in der Folge ein bestimmtes Ereignis an dem genannten Tag. Manchmal tritt dies auch ein - aber vielleicht nur, weil man es erwartet hat (Erfüllungszwang)!

Bei der Altersprogression ist diese Gefahr weitgehend ausgeschlossen, weil wir grundsätzlich immer mit einer Streubreite von vier bis sechs Wochen rechnen müssen. In dieser Zeitspanne ist das Bewusstsein am intensivsten mit der aspektierten Planetenqualität verbunden.

Wenn ich die persönliche Eigenart, die in mein Bewusstsein eindringen will, verdränge, weil diese bisher keinen Platz in mir hatte, so wird sich ein Erlebnis einstellen, an dem ich zwangsläufig erkenne, wie ich eigentlich bin. Das Erlebnis kann rein innerlicher Natur sein. Es kann aber auch durch ein Ereignis ausgelöst werden. Das Ereignis wird jedoch immer als Folgeerscheinung meiner aufgestauten Bewusstseinsenergien, meiner verdrängten Wesensteile auftreten. Eine Stauung oder Verdrängung dieser dynamischen Energien ist aber nicht notwendig. Wenn ich weiss, was auf mich zukommt, indem ich mich bewusst mit dem AP-Aspekt befasse und mich darauf vorbereite, dann verliert alles seinen Schrecken. (Hinter dem Schrecken steckt die Angst, die bekanntlich zu Blockierungen führt!)

Die bewusste Arbeit an mir selbst kann jedoch bereits drei bis fünf Monate vor der oben erwähnten Zeitspanne der grössten Wirkungs-Intensität eines Alterspunkt-Aspektes beginnen. Nicht etwa plötzlich, sondern zuerst ganz sanft wird das Augenmerk des Bewusstseins auf Dinge gerichtet, die vorher unbekannt waren. Die Wirkung steigert sich gleichmässig und erreicht während der exakten Aspektzeit einen unbestimmbaren Höhepunkt. Danach hat man noch etwa zwei bis drei Monate Zeit, bis die Wirkung allmählich abgeklungen ist.

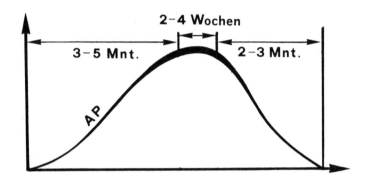

Es kann also nicht genau abgegrenzt werden, wie lange die Wirkung bei verschiedenen Menschen dauert. Es hängt von der unterschiedlichen Fähigkeit des einzelnen Menschen ab, auf etwas zu reagieren und es zu verarbeiten. Die angegebenen Zeitspannen richten sich in ihrer Länge nach drei Kriterien: der Bewusstheits-Intensität, der Aspektart und der Hausgrösse.

1. Bewusstheits-Intensität

Hier spielt die Wachheit eine Rolle, das heisst, wie klar und bewusst wir uns selber erleben. Je wacher wir leben, desto früher merken wir die Reizwirkungen eines aufkommenden Planetenaspektes, und um so schneller können wir die damit verbundenen Faktoren in den Griff bekommen und damit ungewollte Ereignisse verhindern.

2. Aspektart

Für die Altersprogression werden die sieben Ur-Aspekte in zwei Gruppen unterteilt:

a) die Konjunktion und die Opposition (0°+ 180°),
b) Halbsextil (30°), Sextil (60°), Quadrat (90°), Trigon (120°) und Quincunx (150°).

Die Dauer der Aspekt-Wirkung ist bei der Gruppe a) etwa eineinhalbmal grösser als bei der Gruppe b), für die wir die in der Graphik erwähnten Zeitspannen anwenden. Das heisst, dass bei Konjunktionen und Oppositionen des AP mit einem Planeten die Wirkungsdauer durchschnittlich acht bis zwölf Monate beträgt.

3. Hausgrösse

Der AP wandert durch jedes Haus, egal wie gross es ist, sechs Jahre lang. In grossen Häusern geht der AP schnell über eine Aspektstell hinweg, weshalb die Dauer und die Intensität geringer ist als beim Durchlauf eines kleinen Hauses. Im kleinen Haus gelten die grösseren Zeitangaben in der Graphik und im grossen Haus die kleineren.

Planetenübergänge

Die Wirkungsintensität von Planetenübergängen hängt von deren Stellung im Horoskop ab. Planeten, die an markanter Stelle stehen - etwa durch Aspekte betont, an einer Häuserspitze oder am Talpunkt eines Hauses -, sind besonders wichtig.

Solche Planeten haben im allgemeinen beim Übergang oder bei der Opposition des AP eine grössere Wirkungsintensität und meist auch zeitlich eine grössere Streubreite. Das können Problem-Planeten oder besondere Fähigkeiten sein.

Beispiel:

Läuft bei einem Mann der AP über den Mars (Konjunktion oder Opposition), so wird sich zwangsläufig das Bewusstsein auf Dinge richten, die mit der eigenen Männlichkeit zu tun haben. Es werden Gelegenheiten, die männlichen Züge in sich erleben zu können, viel leichter wahrgenommen. Und da werden natürlich Probleme, die man mit der Männlichkeit hat, erst richtig bewusst. Man hat Gelegenheit, seinen Mars besser zu verstehen und in den Griff zu bekommen.

Wenn wir dies wissen, können wir während der Planetenübergänge ein umfassenderes Bewusstsein über uns selbst erlangen. Je tiefer ein Planet erlebt und verstanden wurde, desto weniger Schwierigkeiten bereitet uns dieser im Leben!

Planetenhäufungen

Wenn wir mit dem AP durch ein von mehreren Planeten besetztes Haus gehen, bricht eine sehr aktive und
erlebnisintensive Zeit an. Diese entwicklungsfördernde
Lebensperiode beginnt mit dem Eintritt in das Haus
bzw. in das Zeichen, das stark besetzt ist, auch wenn
sich die Planeten am Ende desselben befinden.

Ist das Haus leer, dann sind sowohl die inneren, psychologischen Prozesse als auch das äussere Leben weniger
intensiv, weil lediglich Aspekte zu Planeten in anderen
Häusern fallen und damit nur die TP- und Achsen-Über-
gänge dieses Lebensabschnittes wirksam werden.

Dynamische Zielrichtung des Aspektbildes

Gehen wir durch ein Haus, in das die meisten Aspekte
hineinlaufen und das, vom Aspektbild her gesehen, die
dynamische Zielrichtung anzeigt, so erzeugt der Durchgang durch dieses Haus eine besondere Entwicklungsdynamik.

Es tritt meistens ein erhöhter Sensibilisierungsreiz aus
der Umwelt auf, auf den wir in grösserer Bewusstheit
reagieren sollten, denn dieser Reiz ist ein schicksalhafter
Bestandteil unseres Wesens und bietet eine besondere
Gelegenheit für unsere Persönlichkeitsentwicklung (siehe im Anhang: »Aspekt- oder Bewusstseinsstrukturen«,
S. 394-396.

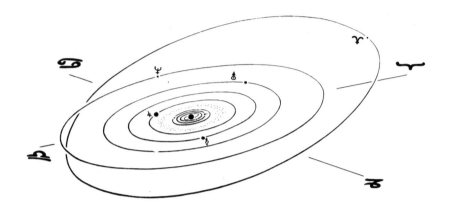

Die Planetenkräfte

Bei den Aspekten handelt es sich darum, dass die verschiedenen Planetenprinzipien sich gegenseitig beeinflussen und in eine wechselseitige Beziehung treten. Die Beurteilung der Aspekte richtet sich sowohl im Grundhoroskop als auch beim Alterspunkt nach der Qualität der Planeten, die miteinander verbunden sind. Wir wollen zunächst eine sinnvolle Gliederung der Planeten vornehmen:

1. Weibliche, männliche und neutrale Planeten

Mit dieser Einteilung können wir leicht feststellen, ob Planeten miteinander gleichschwingen oder in ihrer Qualität verschieden sind. Auf der farbigen Planetentafel (Seite 96A) sieht man drei Kolonnen von Planeten. Diese Anordnung zeigt uns, welche Planeten verwandte Qualität haben und welche nicht. Die Planeten auf der linken Seite, also Venus, Saturn und Uranus, gelten als weiblich; Mars, Sonne und Pluto auf der rechten sind männlich; Merkur, Jupiter, Mond und Neptun verhalten sich neutral. Die in den Kolonnen untereinanderstehenden Planeten sind in Qualität und Motivation verwandt und ergänzen oder unterstützen sich, obschon sie in ihrer Reaktions- und Funktionsweise recht verschieden sein können; Planeten, die aus verschiedenen Kolonnen stammen und Aspekte zueinander haben, können sich widersprechen und Probleme oder Spannungen verursachen.

2. Harte und weiche Planeten

Bei der Aspektdeutung spielt eine weitere Unterscheidung eine Rolle, nämlich die Einteilung der zehn Planeten in weiche (sensitive) und harte (leistungs- oder zweckorientierte). Auch diese Unterscheidung zeigt uns, ob Planeten in ihrer Grundqualität zusammenpassen oder nicht.

a) Weiche, sensitive Planeten:
Mond, Merkur, Venus, Jupiter und Neptun; zum Teil Saturn (je nach Zeichen- und Hausstand).

b) Harte, leistungsbetonte Planeten:

Sonne, Mars, Saturn, Uranus und Pluto; zum Teil Jupiter.

Einwirkung der AP-Aspekte auf weiche Planeten:

Weiche Planeten reagieren harmonisch auf blaue und grüne Aspekte, da diese ihrer Natur entsprechen. Durch rote Aspekte kommen sie manchmal erst richtig zum Zug, weil diese aktivierend auf sie einwirken. Aber häufiger irritieren sie, rufen Übertreibungen oder Überempfindlichkeit hervor. Natürlich ist entscheidend, ob wir uns dem Alterspunkt gemäss entwickeln oder ob wir den inneren oder äusseren Veränderungen einen Widerstand entgegensetzen. In einem solchen Fall kann sich alles umkehren.

Einwirkung der AP-Aspekte auf harte Planeten:

Harte Planeten reagieren besonders stark auf rote Aspekte, weil hier gleichfalls eine Übereinstimmung der Qualität besteht. Die dem Planeten innewohnende Kraft wird aktiviert und ruft auch in der Aussenwelt Veränderungen hervor. Grüne und blaue Aspekte können harte Planeten irritieren, rufen oftmals Gefühle des Unbehagens mit begleitenden Fehlreaktionen hervor. Manche Menschen reagieren gar nicht darauf.

Aspektwirkung nach Farben

Eine weitere Unterscheidung bei der Bewertung der Aspekte ist die Einteilung in Farben. Wir verwenden Orange, Rot, Blau und Grün nach einem farbpsychologischen Schlüssel (siehe Aspekttafel auf Seite 64A), bei dem die verschiedenen Aspektarten folgende Farben erhalten:

Konjunktion: orange = POTENZ

Zusammengeballte, schöpferische Kraft drückt sich in dieser Farbe aus. Je nach Planetenqualität kann eine Konjunktion auch »rot« oder »blau« sein. Es kommt darauf an, ob harte oder weiche Planeten miteinander verbunden sind.

Opposition und Quadrat: rot = ENERGIE

Diese Farbwahl entspricht der Energie und deren Umsetzung, welche diesen Aspekten eignet; es sind Tat-Aspekte.

Trigon und Sextil: blau = SUBSTANZ

Diese sind Substanz-Aspekte und haben eine ruhige, entspannte Qualität; es sind mehr Fühl-Aspekte.

Quincunx und Halbsextil: grün = BEWUSSTSEIN

Diese sind suchend, informativ, oft auch unentschieden; es handelt sich um Denk- oder Wahrnehmungs-Aspekte.

Später werden wir näher auf die Aspektfarben eingehen. An dieser Stelle möchten wir auf eine weitere Regel zur Beurteilung der Alterspunkt-Aspekte hinweisen: Wir stellen fest, was für Aspekte (blaue, rote oder grüne) ein Planet im Grundhoroskop (Radix) hat. Wenn er zum Beispiel nur **grünblau** bestrahlt ist, dann reagiert er auf rote AP-Aspekte sehr stark. Diese geben einen intensiven Anstoss zur Bewusstseinserweiterung, weil eine Kraft hinzukommt, die vorher nicht da war.

Dasselbe geschieht, wenn ein Planet nur **grünrot** bestrahlt ist. Wenn dann ein blauer Aspekt vom AP dazukommt, wird die Fähigkeit des Entspannens und Geniessens kultiviert, was dieser spannungsgeladenen Reizaspektierung sehr zugute kommt. Ist ein Planet **rotblau** bestrahlt und erhält einen grünen Aspekt vom AP, dann kann gelernt werden, wie die Polarität oder Ambivalenz jener Planetenprinzipien bewusster gehandhabt werden kann. Die vorherrschende Entweder-Oder-Haltung wird abgeschwächt, der Mensch wird toleranter und weiser, weil er auch die »Zwischentöne« eines anderen Menschen oder einer Situation wahrnimmt.

»Anzünden« einer Aspektfigur

Als nächste wichtige Regel für eine psychologische Deutung der Aspekte ist zu beachten, dass wir nie nur einen einzelnen Aspekt beurteilen dürfen, sondern stets das ganze Aspektbild berücksichtigen müssen. Gerade beim Alterspunkt haben wir es nur selten mit einem einzelnen Planeten oder Aspekt zu tun. Der Alterspunkt »zündet« meistens eine ganze Aspektfigur an. Deshalb sollten wir jeweils ermitteln, welche Planeten über die verschiedenen Aspekte in kurzer Abfolge in einer Figur berührt werden. Nur so erhalten wir eine genauere Vorstellung davon, welche Aufgaben der Bewältigung harren oder welche Probleme jetzt gelöst werden können.

Unaspektierte Planeten

Ein Planet, der keine Aspekte besitzt, ist eine Wesenskraft ohne feste Steuerung durch unser Bewusstsein. Er ist ein allein funktionierendes Prinzip in der Persönlichkeit, das ganz selbständig, gewissermassen automatisch auf Umweltreize reagiert.

Jeder AP-Aspekt, aber vor allem die Übergänge über solche losgelösten Planeten, bietet eine vorzügliche Gelegenheit, einer vielleicht oft an uns selbst beobachteten Eigenart bewusst zu werden, einer nie richtig verstandenen Seite unserer Persönlichkeit auf die Finger zu sehen. Das heisst, es wird oft plötzlich sehr augenscheinlich, wie wir mit dieser Fähigkeit funktionieren.

Dies ist sehr bedeutungsvoll, weil damit eine Wesensqualität, die bis dahin entweder schlummerte oder der eigenen Willenssteuerung entzogen war, durch innere oder äussere Reize bewusst wird. Wir sollten uns während dieser Zeit intensiv mit ihr befassen, Erfahrungen sammeln und eine Haltung des Experimentierens einnehmen.

Jeder Alterspunkt-Aspekt stellt eine besondere Gelegenheit dar, etwas Neues über diesen Planeten zu erfahren und den nicht integrierten Faktor in seinen Reaktionen zu beobachten und so mit ihm schrittweise vertrauter zu werden. Entspannte und ehrliche Selbstbeobachtung ist dazu die Voraussetzung. Der Alterspunkt-Übergang kann eine wesentliche Bereicherung, aber auch eine Irritation hervorrufen. Oft können die Mitmenschen nicht verstehen, dass wir plötzlich etwas tun, was vorher undenkbar gewesen wäre.

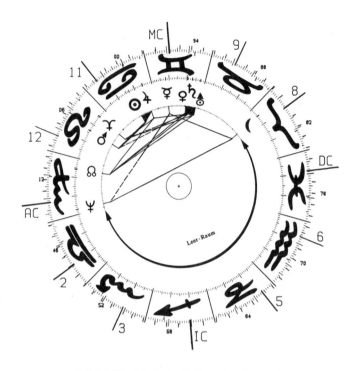

6.7.1942, 11.45h, S.Z., Bamberg D

Durchlaufen von leeren Räumen

In vielen Horoskopen gibt es leere Räume, die nicht von
Planeten besetzt sind. Schon seit 1940 kommen die sogenannten »kleinen Aspektfiguren« recht häufig vor. Diese
reichten in den vierziger Jahren noch bis zum 150°-Win-
kel, dem grünen Quincunx-Aspekt; Oppositionen ent-
hielten sie keine. 1982 bis 1985 wurden sie, vor allem in
den Herbst- und Wintermonaten, so klein, dass ihr grösster Aspekt nur noch das Sextil war. Immer wenn das
Zentrum in der Mitte freiliegt, rufen die entsprechend

grossen Leerräume Unsicherheit oder sogar Hilflosigkeit beim Betroffenen hervor. Der leere Raum erzeugt fast immer Angst vor den Inhalten der nicht besetzten Zeichen und Häuser. Er verursacht gewissermassen einen Sog, der das Fremde, Fehlende automatisch anzieht und bedrohlich hereinfliessen lässt. Einerseits bewirkt dies eine erhöhte Fähigkeit, das Fehlende anzuziehen, zu finden und zu integrieren, andererseits aber auch eine Angst, fremden Einflüssen hilflos preisgegeben zu sein. Durch die Leerräume dringen alle Einflüsse bis ins ungeschützte Zentrum vor, vor allem, wenn der Alterspunkt durch diese geht.

Wenn beispielsweise das Aspektbild im oberen Bewusstseinsraum des Horoskopes liegt, so erlebt der betreffende Mensch, wie im nebenstehenden Beispiel, bis zu seinem dreiundvierzigsten Lebensjahr keinen bewussten Planetenübergang. Die meisten Menschen wachen erst bei der ersten Planetenberührung des AP so richtig auf. Sie sagen selbst, dass sie bis dahin »geschlafen« hätten. Das Leben wurde einfach gelebt, oder besser gesagt, sie wurden gelebt und von undefinierbaren Motiven getrieben. Vielfach hatten sie keine besonderen Kindheitserlebnisse, höchstens bei den AP-Oppositionen zu ihren wichtigsten Planeten im oberen Raum.

Liegt die Aspektfigur im unteren Raum verteilt, dann tritt der Alterspunkt aus der Figur heraus, wenn er in den leeren oberen Raum kommt. Steht der letzte Planet der Aspektfigur zum Beispiel am DC, dann geschieht dies mit dem sechsunddreissigsten Lebensjahr. Der Alterspunkt hat dann schon beim Durchlauf durch die ersten beiden Quadranten alle Planeten berührt. Solche

Menschen haben meistens schon in jungen Jahren viel
erlebt und durchgemacht. Das Leben hat sie intensiv
gefordert, namentlich von seiten der Familie oder durch
berufliche oder existentielle Sorgen. Wenn sie die Figur
verlassen haben, steht ihnen eine ruhigere Zeit bevor;
sie können das, was sie sich errungen haben, fortan
geniessen. Der leere Raum bedeutet nicht, dass in
Zukunft nichts mehr geschehen wird. Aber man hat
mehr Zeit und Ruhe, das zu pflegen, was man sich bis
dahin an äusseren und inneren Werten erworben hat.

Nähere Ausführungen hierüber finden Sie im Kapitel
»Beginn des AP-Zyklus in den vier Quadranten« auf Seite 120FF.

Lücken im Aspektbild

Fast alle Aspektstrukturen weisen grössere oder kleinere
Lücken auf, die wir ebenfalls berücksichtigen müssen.
Es kann sich um zwei Planeten handeln, die durch keinen Aspekt miteinander verbunden sind, oder um grössere oder kleinere Lücken zwischen zwei Aspektfiguren.
Auch wenn die letzteren einander überlagern oder indi-
rekt miteinander verbunden sind, reagieren wir beim
Alterspunktdurchlauf mehr oder weniger empfindlich
auf solche Lücken.

Distanzhalbierung: Kippstelle

Wenn wir die Mitte einer Lücke zwischen zwei Planeten
oder von verschiedenen Aspektfiguren erreichen, befinden wir uns an der sogenannten Kippstelle verschiedener Kräftewirkungen. Wir verlassen den Einflussbereich

des einen Planeten (oder der einen Aspektfigur) und
geraten in den Wirkungsbereich des anderen. Es ist verständlich, dass ein solcher Wechsel im Leben spürbar
wird. Im Falle zweier verschiedener Aspektfiguren kann
er einschneidende Veränderungen im Schicksal des
betreffenden Menschen mit sich bringen. Wir wollen
dies anhand eines Beispielhoroskopes erläutern:

31.8.1949, 0.12h, Gurtnellen CH

Im Aspektbild dieses Menschen besteht, zum Du-Raum
hin, eine Lücke zwischen Mond und Jupiter. Die Kippstelle erreicht der betreffende Mensch kurz vor dem

93

DC, im Alter von ungefähr fünfunddreissig Jahren. Zu einer richtigen Deutung dieser AP-Stelle bedarf es der Kombination von sechs gleichzeitig stattfindenden Wirkungen des Alterspunktes:

1. die Bedeutung des offenen DU-Raumes;
2. Zeichenwechsel Schütze/Steinbock;
3. Schattenwirkung der siebten kardinalen Häuserspitze;
4. Verlassen des unbewussten Raumes und der unteren Aspektfigur;
5. Eintreten in den oberen, bewussten Horoskopraum;
6. Kippstelle zwischen den Planeten Mond und Jupiter.

Deutung

Die Öffnung im Aspektbild umschliesst das sechste und siebte Haus. Es ist der Du-Raum, der hier bis ins Zentrum hineinreicht. Für gewöhnlich, und besonders beim Alterspunkt-Durchgang, wirken Begegnungen, Kontakte und Beziehungen intensiv auf diesen Menschen ein; er kann sich ihnen schwerlich entziehen und sich auch nicht ohne weiteres schützen.

Ein offener DU-Raum kann sowohl eine intensive DU-Beziehung bedeuten als auch eine starke Verletzlichkeit oder Unsicherheit gegenüber anderen Menschen. Die Lücke zum DU bleibt immer offen - ungeschützt ist das Zentrum preisgegeben. Deshalb fühlt sich dieser Mensch in allen Beziehungen zunächst ausgeliefert. Er wird nach einem Partner suchen, der ihm den fehlenden Schutz garantiert. Der einzige wirkliche Schutz, der hier auf die Dauer Sicherheit verleiht, besteht in einer seelischen Unverwundbarkeit, wie sie durch eine geistige Entwicklung erlangt werden kann.

Die üblichen Verteidigungsmechanismen nützen da wenig, wenn auch die Opposition von Mars zum Jupiter bei Angriffen als Abwehrkraft wirksam werden kann. Die eigentliche Lösung läge darin, den tieferen Sinn dieser Lücke im Aspektbild zu verstehen und zu akzeptieren. Da es sich dabei um ein Beziehungsproblem handelt, muss dieser Mensch lernen, seine Angst zu überwinden und sich dem Du gegenüber liebevoll offen zu halten; das kann er nur aus dem Zentrum heraus, weil er dort geschützt in der Liebe steht und allmählich unverletzbar wird. Es ist die innere Stärke und Unabhängigkeit (Steinbock/Schütze) wie auch die »Harmlosigkeit der Seele« (Zentrum), die kultiviert werden sollen.

Beim **Zeichenwechsel** handelt es sich um das bewegliche Feuerzeichen Schütze und das kardinale Erdzeichen Steinbock. Es sind dies Individualzeichen, deren wesentliches Bedürfnis die Ausreifung der individuellen Persönlichkeit ist, die hier vorwiegend im Zusammenhang mit einem Du, einem Partner vor sich geht. Das Zeichen Schütze steht noch im unbewussten Raum, weshalb das Streben nach bewusster geistiger Autonomie noch unklar und mit Gefühlswerten und kollektiven Denknormen durchsetzt ist (Sonne Konjunktion Saturn am IC).

Im Zeichen Schütze geht es darum, selbständig denken zu lernen, zu eigenen Anschauungen zu gelangen und die Abhängigkeit vom Kollektiv, von der Meinung anderer zu überwinden. Im Steinbock kann dieser Mensch lernen, die gewonnene Autonomie unter Beweis zu stellen, indem er danach strebt, die Verantwortung für seine eigene Meinung, seine eigenen Handlungen zu übernehmen und sich nicht länger auf den Partner oder die Gemeinschaft abzustützen.

Der Durchgang durch den Leerraum und vor allem die Zeit der **Kippstelle** deuten auf eine intensive Lernphase, ein rasches Bewusstwerden von bisherigen Fehlhaltungen in der Beziehung zum Du. Das innere Wesenszentrum, das Wirkliche und Wahre will in dieser Zeit verwirklicht werden.

Natürlich bleiben Prüfungen nicht aus, Reaktionen des Du dringen tief ins Zentrum ein, das während dieser Zeit verletzlicher ist als zu anderen Zeiten. Vielleicht verweigert der Partner die gewohnte Unterstützung, Anerkennung oder Schutzfunktion. Dies vor allem dann, wenn der betreffende Mensch nicht dem Steinbock gemäss erwachsen und selbständig wird.

In unserem Beispiel kommt der Horoskopeigner gleichzeitig in den Schatten des DC und später in das siebte Haus, das Haus der Partnerschaft. Diese Thematik wird also aktuell und stellt Aufgaben und Lektionen bereit, die im Individuationsprozess unerlässlich sind. Mit dem Eintritt in das Zeichen Steinbock wird auch schon der Jupiter (auf der 8. Häuserspitze) aktiviert, was darauf hindeutet, dass einseitige Ansichten und Forderungen in bezug auf Besitz und festgefahrene Zustände im gemeinschaftlichen Leben in die richtigen Proportionen rücken.

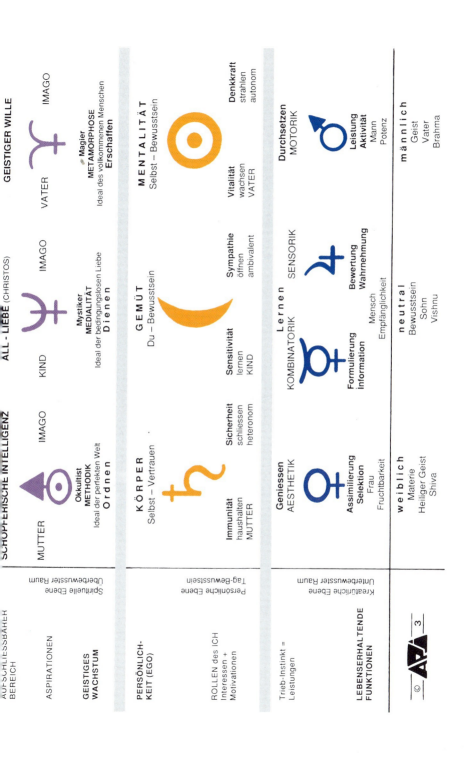

Überwechseln von einer Aspektfigur in eine andere

Im nachfolgenden Beispiel befinden sich zwei voneinander getrennte Aspektfiguren. Die grössere der beiden besteht aus der Konjunktion Sonne/Merkur/Mondknoten, Opposition Neptun und darangereihten Aspekten zu Pluto, Mond und Saturn. Die andere Figur ist eine sogenannte »Strichfigur« zwischen Uranus, Jupiter/Venus und Mars. Sie ist in die Hauptfigur hineingelagert, von ihr aber losgelöst.

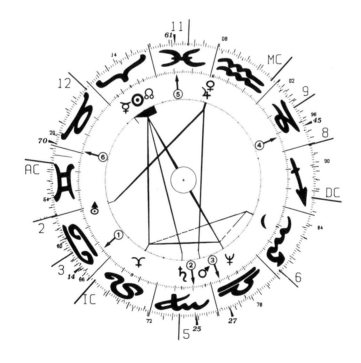

5.4.1950, 7.45h, Braunschweig D

Die Distanzhalbierungen bei allen Figurenüberschnei-
dungen nehmen wir so vor, dass wir die Grade jeweils
zwischen den zwei abgrenzenden Planeten abzählen
und durch zwei teilen. Die erhaltene Mitte zwischen den
zwei Planeten wird **Kippstelle** genannt. In unserem
Horoskop handelt es sich um sechs Kippstellen, durch
Pfeile markiert. Daneben steht das Alter, damit Sie
anhand des Horoskopes die einzelnen Lebenswenden
datieren können.

Zuerst müssen wir verstehen, was die einzelnen Aspektfiguren bedeuten. Die wesentliche Bedeutung getrennter
Figurenteile ist die, dass wir es mit zwei oder mehreren
voneinander verschiedenen Funktionen zu tun haben.
Wir diagnostizieren diese mittels der daran beteiligten
Planeten. In unserem Beispiel bezieht sich die Strichfigur wegen der Libidoplaneten Mars und Venus vorwiegend auf die geschlechtlichen Wünsche und Ziele dieses
Menschen, wegen der Häuser zwei, zehn und fünf auch
auf das Verhalten in ökonomischen und beruflichen
Belangen.

Bei der zweiten Figur handelt es sich wegen der Lagerung im Häusersystem und der Planeten Neptun, Pluto,
Mond als Basis der Figur um idealistische Neigungen,
Ziele und Motivationen. Auch die drei Hauptplaneten
Sonne, Mond und Saturn sind beteiligt. Hier geht es um
die Selbstverwirklichung und um die Verwirklichung
von ideellen Zukunftsbildern. Dies ist durch den aufsteigenden Mondknoten (Aufstiegspunkt) im 11. Haus
nicht zuletzt im Zusammenhang mit Freundschaften,
Wahlverwandtschaften und humanitärem Engagement
möglich.

Bei den Kippstellen ändert sich das Leben oftmals total, wobei die Lebensmotivationen zwischen den beiden obengenannten Funktionskreisen wechseln. Wir können deren Bedeutung am besten verstehen, wenn wir den Alterspunkt zu Hilfe nehmen. Beim Betrachten der einzelnen AP-Positionen befassen wir uns unwillkürlich auch mit den Planetenpositionen, den Aspektfiguren, und fühlen uns auf diese Weise tiefer in die Bedingungen, Hintergründe und Probleme dieses Menschen ein. In unserem Beispiel handelt es sich um eine männliche Person. Bei der 1. Kippstelle (zwischen Uranus und Pluto) im Alter von vierzehn Jahren verliebte sich der Junge während der Pubertät in ein älteres Mädchen und lief von zu Hause weg. Eine Ursache dazu wurde bereits beim Uranus-Übergang mit sechs Jahren gelegt, als der Vater mit einer anderen Frau davonging und die Kinder mit der Mutter alleine liess.

Beim Eintritt in das Zeichen Löwe, kurz vor dem IC, kam er wieder nach Hause, um eine Berufsausbildung als Maschinenzeichner zu absolvieren, die er beim Eintritt in das Zeichen Jungfrau mit etwa dreiundzwanzig Jahren abschloss. Das Zeichen Jungfrau eignete sich vorzüglich für den Beginn des Berufslebens, das wegen seiner Gewissenhaftigkeit (Saturn Jungfrau 5. Spitze) denn auch erfolgreich ausfiel. Bei der 2. Kippstelle mit fünfundzwanzig Jahren gründete er eine eigene Familie und wurde beim Mars-Übergang Vater eines Sohnes. Bei der 3. Kippstelle mit siebenundzwanzig änderte sich sein Leben abermals. Er bekam eine Auslandsstelle und ging für drei Jahre nach Südafrika. Dort beunruhigten ihn die Probleme der unterdrückten Schwarzen, er fühlte sich aber ausserstande, selbst etwas zur Lösung beizutragen.

Aber der Grundstein für eine mehr von Idealen geleitete Arbeit (Achse 5/11, Grundlage der zweiten Figur) wurde hier schon gelegt.

Die nächste grosse Veränderung ist bei der 4. Kippstelle im Alter von fünfundvierzig Jahren zu erwarten, wobei dann die Achthaus-Thematik mit dem Steinbock besetzt darauf hinweist, dass er fähig ist, die Verantwortung für eine grössere Aufgabe zu übernehmen. Eine Widder-Sonne im elften Haus braucht immer ein Ideal, dem sie den Weg bereitet und für das sie sich voll einsetzt. Die Sonne steht in einem eingeschlossenen Zeichen und auch nahe beim Talpunkt, weshalb dieser Mensch wahrscheinlich erst bei der 5. Kippstelle sein Lebensziel voll verwirklichen kann. Eine »eingeschlossene Talpunkt-Sonne« braucht immer länger zur Selbstverwirklichung als ein Sonnenstand auf einer Häuserspitze.

Aspektdeutung in drei Schritten

Die Beurteilung der Aspekte hängt von verschiedenen Faktoren ab. Am besten ist es, folgendermassen vorzugehen:

1. Zuerst stellen wir fest, in welchem Haus der Alterspunkt gerade steht. Dabei ist es für eine differenzierte Deutung notwendig, jetzt schon herauszufinden, ob er sich am Anfang, am Ende oder in der Mitte des Hauses befindet (siehe Intensitätskurve auf Seite 183).

2. Sofort sehen wir, in welchem Tierkreiszeichen er sich zur Zeit aufhält. Auch hier sollten wir ermitteln, ob er gerade in das Zeichen eingetreten ist, also am

Anfang steht, oder sich in der Mitte oder am Ende des Zeichens befindet.

3. Erst dann untersuchen wir, ob er momentan auf einen Planeten zuläuft, der in diesem Haus oder im Zeichen steht, wann er in Konjunktion dazu kommt, und schliesslich ermitteln wir, welche Aspekte er zu einem einzelnen Planeten oder zu einer ganzen Aspektfigur bildet.

Wenn wir diese drei Elemente gut kombinieren lernen, erhalten wir mit Sicherheit zutreffende Aussagen über die Aspektwirkungen.

Ganzheitsbetrachtung

In der astrologisch-psychologischen Schulung legen wir grossen Wert auf die ganzheitliche Erfassung eines Horoskopes. Jede Überbetonung von Details führt erfahrungsgemäss zu Irrtümern; allzu oft verfällt man dem sogenannten »Lupeneffekt«. Es kann nicht genug betont werden, dass wir aus der Alterspunkt-Betrachtung für unsere eigene Entwicklung den grössten Nutzen ziehen können, wenn wir stets das ganze Aspektbild im Auge behalten, was bei unserer Darstellungsweise nicht schwerfallen wird. Das Aspektbild wird in den Farben Rot, Blau und Grün fein säuberlich in den Horoskopkreis eingezeichnet. Wir erkennen deutlich verschiedene geometrische Figuren: grosse, alles umspannende Dreiecke, kleine Dreiecke, Vierecke und Strichfiguren. Mit der Bedeutung der einzelnen Aspektfiguren befassen wir uns in einem späteren Buch. Näheres dazu findet sich bereits im »Astrolog«, Jahrgang 1984 *(5)*.

Die Aspekt-Zyklen des AP

In obenstehender Zeichnung haben wir den aufsteigenden AP-Zyklus mit »Wachstum« und den absteigenden AP-Zyklus mit »Verwirklichung« bezeichnet. Der aufsteigende beginnt mit dem AP-Übergang (Konjunktion) über einen Planeten, wo immer er auch im Horoskop steht; der absteigende Zyklus mit der Opposition, d.h., wenn der AP einem Planeten gegenübersteht. Die einzelnen Schritte folgen den sieben klassischen 30°-Aspekten und sind in der Zeichnung deutlich sichtbar mit den entsprechenden Aspekt-Symbolen bezeichnet.

Die Abfolge der verschiedenen Alterspunkt-Aspekte lässt sich als geordnete, zeitliche Ganzheit erkennen, wenn wir sie vom Standpunkt eines Entwicklungsgeschehens aus betrachten. Jeder Planet geht in zweiundsiebzig Jahren durch einen vollen Aspektzyklus des Alterspunktes. Dieser besteht aus zwei Halbzyklen (einem aufsteigenden und einem absteigenden), die jeweils sechsunddreissig Jahren entsprechen. Dabei verwenden wir nur die sieben klassischen Hauptaspekte, d.h. alle 30°-Winkel. Von Aspekt zu Aspekt (siehe farbige Aspekt-Tafel auf Seite 64A) schreitet der Mensch stufenweise seinem Entwicklungsziel entgegen. Dabei sind folgende Regeln zu beachten:

1. Um die Entwicklung einer Fähigkeit, wie sie durch einen Planeten in seiner Stellung (Haus, Zeichen, Aspekte) angezeigt ist, zu verfolgen, dürfen wir die Alterspunkt-Aspekte nicht nur für sich allein betrachten, sondern stets als Stationen einer zyklischen Bewegung durch das ganze Horoskop, durch das ganze Leben.

2. Ein Aspekt-Zyklus beginnt mit der ersten Primär-Berührung eines Planeten (Konjunktion oder Opposition). In einem Halbzyklus läuft der Alterspunkt in sechsunddreissig Jahren bis zur gegenüberliegenden Stelle im Horoskop und dann in der gleichen Zeit wieder durch den zweiten Halbzyklus zurück zum Ausgangspunkt. In zweiundsiebzig Jahren erleben wir nur einen Halbzyklus als Ganzes. Der andere wird

103

durch Lebensanfang und -ende (AC) in zwei zeitlich getrennte Hälften geteilt.

3. Der geschlossene Halbzyklus beginnt immer in der ersten Lebenshälfte, entweder mit der Konjunktion oder mit der Opposition zum entsprechenden Planeten. Das hängt davon ab, in welchem Raum des Horoskops der Planet steht. Bei Planeten im unteren Raum beginnen wir mit der Konjunktion (aufsteigender Zyklus), bei Planeten im oberen Raum mit der Opposition (absteigender Zyklus).

4. Zeichen-Aspekte. In jedem Zeichen wirft der AP in einem Dreissig-Grad-Mass einen entsprechenden Aspekt auf den Planeten. Wenn beispielsweise ein Planet auf 18° Skorpion steht, dann werden die Aspekte immer auf dem achtzehnten Grad jedes Zeichens fällig. Steht ein Planet auf 5° Schütze, dann ist es der fünfte Grad in jedem Zeichen, der bei der Wanderung des AP durch den Zodiak in bezug auf seine Aspekte untersucht werden muss.

5. Häuser-Aspekte. Nicht nur in den Zeichen, sondern auch in den Häusern aktiviert der Alterspunkt bei seinem Übergang über die Spitzen oder Talpunkte der einzelnen Häuser alle Planeten, die im Grundhoroskop an Spitzen oder Talpunkten stehen. Auch hier besteht eine siebenstufige Entwicklungsdynamik, die jeder bei sich sorgfältig beobachten sollte. Diese Aspekte rufen keine spektakulären Effekte hervor, sie haben jedoch eine subliminale (unterschwellige) Wirkung und sind für unsere geistige Entwicklung wertvoll.

Primär-Aspekte des Alterspunktes
(Konjunktion und Opposition)

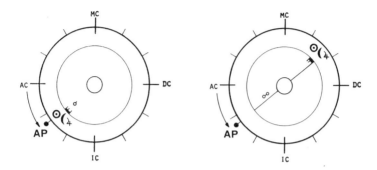

Der Aspekt-Zyklus beginnt also entweder beim Übergang des AP über einen Planeten (Konjunktion) oder wenn er einem Planeten im Grundhoroskop gegenübersteht (Opposition). Aus diesem Grund sind diese zwei Aspekte die wichtigsten des Alterspunktes. Es sind die **Primär-Aspekte.** Sie rufen starke, meist eindeutige Wirkungen hervor und geben unserer Entwicklung wesentliche Impulse. Sie sind Prägefaktoren ersten Ranges, formen unseren Charakter und können, je nach Planet und seiner Stellung, sogar traumatische oder komplexbildende Auswirkungen haben.

Aspekte vor dem Beginn des Aspekt-Zyklus haben eine vorbereitende Wirkung. Ähnlich wie im Theater die Kulissen vor der Vorstellung bereitgestellt werden, sind die Aspekte vor Eintritt in den Aspekt-Zyklus vorbereitend. Die »Vorstellung« beginnt erst bei der ersten direkten Berührung mit einem Planeten. Der Ablauf des Stükkes hängt davon ab, ob die erste Berührung eine Konjunktion oder eine Opposition ist, d.h., ob wir in den aufsteigenden oder absteigenden Halbzyklus eintreten.

Bei der Konjunktion und Opposition unterscheiden wir folgende Prägewirkungen:

a) Aktive Prägung (Konjunktion)

Diese findet bei allen Konjunktionen mit Planeten statt, die sich im unteren Horoskopraum befinden. Wenn beispielsweise ein Planet auf der dritten Häuserspitze steht, dann beginnt der Aspekt-Zyklus und damit der Entwicklungsprozess dieser Wesenskraft erst im zwölften Lebensjahr und benötigt sechsunddreissig Jahre bis zur Opposition (1. Halbzyklus). Dort findet er im achtundvierzigsten Lebensjahr seinen Reifungsabschluss (12 + 36 = 48). Während dieser Zeit wird die spezifische Fähigkeit, die der Planet verkörpert, sensibilisiert, aktiviert und ins Bewusstsein gehoben.

b) Passive Prägung (Opposition)

Diese besteht dann, wenn der Aspekt-Zyklus mit der Opposition beginnt, d.h. wenn Planeten im dritten und vierten Quadranten stehen. In der Opposition sind wir beim Durchlauf durch die unteren Häuser meistens den Umwelteinflüssen ausgeliefert; wir können nicht viel dagegen tun. Daraus resultiert eine starke Neigung zur Verdrängung, häufig mit einer Amnesie, d.h. einem Vergessen der betreffenden Erlebnisse oder Ereignisse (je nachdem, wie früh im Leben es geschieht und wie stark fremdprägend die Erziehung wirkt). Weitere Wirkungen der Konjunktion und Opposition des Alterspunktes wollen wir nachfolgend erläutern.

Konjunktion des AP

Wenn wir mit dem Alterspunkt in Konjunktion mit einem Planeten kommen, dann tritt dessen Urprinzip stark in unser Bewusstsein. Wir erleben den Planeten ganz nah und intensiv. Er lässt uns keine Ruhe, wir müssen uns mit ihm beschäftigen und auseinandersetzen. Am besten ist es, wenn wir uns positiv darauf einstellen, ihn in uns eindringen lassen, ihn aufnehmen, annehmen, lieben lernen. Bildlich ausgedrückt sitzt der Planet, mit dem der Alterspunkt in Konjunktion ist, direkt vor unserer Nase. Deshalb überschauen wir ihn nicht, wir haben keine Ahnung, wie weit und umfassend dieses Planetenprinzip ist. Auch die damit zusammenhängenden Probleme können wir noch nicht in ihrer ganzen Tragweite erkennen, weil wir zu nah dran und zu sehr darin verwickelt sind. Manchmal bekommen wir Angst vor dem Unbekannten, das da auf uns zukommt. Wenn wir uns aus Angst und Unwissenheit verschliessen, werden wir durch das Schicksal mit diesen Prinzipien konfrontiert, vielleicht auf drastische Weise. Das hängt von den Planeten und ihren Aspekten im Grundhoroskop ab und auch davon, ob wir den Aspekt-Zyklus mit der Konjunktion in jungen Jahren beginnen oder erst in reiferen Jahren. Bei einem Planeten im oberen Raum des Horoskops haben wir dessen Qualität schon vorher in der Opposition und den darauffolgenden Aspekten kennengelernt und wissen, wie wir damit umgehen müssen.

Jedenfalls ist es der Sinn einer Konjunktion, dass wir uns mit der betreffenden Wesenskraft identifizieren und in wirklichem Erleben spüren, was der Planet in uns bedeutet, welche Qualitäten, welche Funktionen er in unserem Leben hat. In dieser Zeit der Konjunktion, die mehrere Monate dauert, lernen wir über den betreffenden Planeten am meisten. Deshalb sollten wir diese Zeit gut nutzen, indem wir bewusst alles ausprobieren, was mit ihm zusammenhängt. Dadurch erzielen wir einen hohen Lerneffekt und beschleunigen den Reifungsprozess. Dieser geht dann in einer fünfstufigen Aspektfolge vor sich - hinauf bis zur Opposition. Mit ihr ist dann die Aufbau- und Lernphase beendet, und wir erkennen, welchen Sinn und Zweck dieser Lernprozess hatte und wohin er uns führte.

Opposition des AP

Bei der Opposition ist es anders. Hier spielt es eine Rolle, ob wir vorher schon in Konjunktion mit dem Planeten waren oder ob es sich um die erste Primär-Berührung handelt. Jedenfalls sehen wir das Objekt, den Planeten und was er bedeutet, auf der anderen Seite, relativ weit entfernt. Wir können uns aus dieser Distanz nicht voll mit ihm identifizieren. Aber wir haben den Vorteil, dass wir alles, was mit dieser Fähigkeit zusammenhängt, wie im Panorama sehen. Wir erlangen einen Überblick, nehmen nicht nur den Planeten, sondern auch seine Umgebung wahr, seine Aspekte, seine Haus- und Zeichenstellung, seine Nachbarplaneten. Damit erkennen wir auch sein Verwobensein mit der Umwelt und erhalten Einblick in die psychologisch-geistigen Hintergründe. Ein Nachteil ist vielleicht, dass wir uns bei der Opposition häufig in einer passiven Lage, also in der Defensive befinden. Drüben auf der anderen Seite geschehen so viele Dinge, auf die wir keinen direkten Einfluss ausüben können. Trotzdem erzeugt gerade diese Spannung einen beachtlichen Lerneffekt, nämlich das Verstehen der Zusammenhänge: Wir begreifen den Sinn und Zweck des ganzen Lernprozesses - und das ist sehr viel! Wir erleben eine Bewusstseinserweiterung und erlangen dadurch einen Zustand grösserer Sicherheit. Wenn wir bereits früher mit dem AP über diesen Planeten gegangen sind, das heisst, wenn wir den Aspekt-Zyklus mit der Konjunktion begonnen haben, können wir jetzt bewusst über die betreffende Wesenskraft verfügen. Mit der Opposition erreichen wir gewissermassen einen Gipfel, der von uns Reife, Selbstverantwortung und Überlegenheit verlangt. Anschliessend steht uns die Verwirklichungsphase bevor, die uns in eine grössere Freiheit hineinführt.

Beginn des Gesamtumlaufs

Der AP bewegt sich in bezug auf jeden Planeten innerhalb von zweiundsiebzig Jahren einmal durch den ganzen Horoskopkreis. Je nach Hausstellung können wir bereits in jungen Jahren mit dem AP auf einen Planeten treffen (dies gilt für die Planeten des 1. Quadranten) oder erst gegen die Lebensmitte hin. Die technischen Regeln bleiben stets dieselben. Bei der psychologischen Deutung müssen wir jedoch sehr wohl berücksichtigen, ob wir schon früh im Leben oder erst später mit der Entwicklung eines Planeten-Organs (Fähigkeit) begonnen haben. Dabei ist zu unterscheiden:

1. Steht der Planet im Grundhoroskop unter oder über dem Horizont? Bei Planeten unter dem Horizont setzen wir die Ursachen für die spätere Entfaltung der Fähigkeit unbewusst, steht er darüber, so setzen wir sie bewusst.

2. In welchem Quadranten steht der Planet? Das heisst, wann im Leben beginnen wir mit dem Aspekt-Zyklus? Mehr darüber später.

3. Durch welchen ganzen Halbzyklus gehen wir in unserem Leben? Ist es der aufsteigende, so sind wir voll damit beschäftigt, die Planetenqualität zu entwickeln, ist es der absteigende, wollen wir diese im Leben produktiv einsetzen und verwirklichen.

Die zwei Halbzyklen

Den Gesamtumlauf im Horoskop unterteilen wir in zwei Abschnitte: Der eine verläuft von der Konjunktion zur Opposition und dauert sechsunddreissig Jahre, der andere geht von der Opposition wieder zur Konjunktion und dauert ebensolange. Wie aus der Zeichnung am Anfang des Kapitels hervorgeht, beginnen wir bei der Konjunktion des AP mit einem Planeten und verfolgen die Aspekte über fünf Stationen bis zur Opposition. Dies ist ein Prozess geistigen Wachstums und dient dem Erlernen und Erproben einer speziellen Fähigkeit. Nach der Opposition geht es die »Aspekt-Leiter« hinunter bis zur Konjunktion, womit ein Prozess der praktischen Anwendung, Bewährung und Verwirklichung angezeigt ist.

Bei diesem Lern- und Entwicklungsprozess einer Fähigkeit im Halbzyklus des Alterspunktes fallen auf jeden Planeten insgesamt sieben Aspekte. Davon sind, wie schon erwähnt, die Konjunktion und die Opposition die beiden **Primär-Aspekte;** sie stellen die wichtigsten Markierungspunkte dar, von denen aus die übrigen fünf Aspekte betrachtet und gedeutet werden. Diese bezeichnen wir als Sekundär-Aspekte.

Fünf Zwischenstufen

Mit den Sekundär-Aspekten (Halbsextil, Sextil, Quadrat, Trigon und Quincunx oder umgekehrt) erhalten wir beim aufsteigenden wie beim absteigenden Halbzyklus je fünf Zwischenstufen.

Es macht durchaus einen Unterschied, ob wir diese Zwischenaspekte beim aufsteigenden oder absteigenden Halbzyklus zu deuten haben. So stellen wir beispielsweise fest, dass ein Quadrat im aufsteigenden Halbzyklus die Impulse zum Erreichen eines Zieles stark stimuliert, während im absteigenden die aktive und erfolgreiche Anwendung von Erworbenem angestrebt wird.

Wir wollen diesen Aspektzyklus anhand eines Beispieles einmal systematisch durchgehen, damit wir das Prinzip verstehen lernen.

Erster Halbzyklus
(in diesem Fall der
aufsteigende)

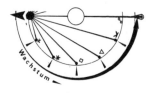

Konjunktion des AP   (0°-Abstand)

Nehmen wir der Einfachheit halber an, ein bestimmter
Planet stehe am Aszendenten. Somit findet schon bei
der Geburt die Konjunktion des Alterspunktes mit diesem Planeten statt: Damit beginnt bereits die Entfaltung
der entsprechenden Wesenskraft. Von einer bewussten
Wahrnehmung solch subtiler Qualitäten kann in dieser
frühkindlichen Phase allerdings noch nicht gesprochen
werden. Häufig deuten Planeten am Aszendenten auf
eine traumatische Geburt.

Halbsextil des AP   (30°-Winkel)

Ungefähr sechs Jahre später (die genaue Zeit hängt von
der Hausgrösse ab) erfolgt das Halbsextil zu dem Planeten. In unserem Beispiel ist es ein sehr jugendliches
Alter, in dem vielleicht eine erste halbbewusste Ahnung
vom Wesen des Planeten aufsteigt. Es findet eine Nach-
formung statt, meistens durch Bewusstwerden offen-
sichtlicher Folgeerscheinungen des konjunktiven Erleb-
nisses. Grundsätzlich lässt sich sagen, dass das Halbsextil ein merkurischer, informativer Aspekt ist. Durch spezifische Lebensumstände werden wir dauernd auf jenen
Planeten aufmerksam gemacht, damit wir lernen, wie
man mit ihm umgehen muss. Manchmal machen wir
auch Fehler und lernen daraus.

112

Sextil des AP (60°-Winkel)

Wieder rund sechs Jahre später (in unserem Beispiel mit zwölf Jahren) haben wir das Gefühl, wir verstünden von der »Sache« nun schon allerhand. Wir meinen, wir hätten »es« bereits geschafft, weil wir mit dem Prinzip etwas besser vertraut sind. Es kommt zu ersten Erfolgserlebnissen und zu bewussten Lösungsversuchen von Problemen.

Quadrat des AP (90°-Winkel)

Mit dem Quadrat (weitere sechs Jahre später, mit etwa achtzehn Jahren) kommt es dann zur Krise. Im Sextil fühlten wir uns sozusagen allzu sicher. Nun werden wir geprüft, ob und inwiefern wir die Fähigkeit wirklich beherrschen. Fehleinschätzungen, Ungereimtheiten, Illusionen werden uns, oftmals durch Ereignisse, bewusstgemacht.

Wir merken, dass wir den Planeten noch nicht ganz begriffen haben, und wenn wir im Sextil gar zu voreilig waren, so wird die uns präsentierte Rechnung nun um so grösser ausfallen. Wir sind herausgefordert, uns in Zukunft noch intensiver mit den speziellen Qualitäten, die der Planet symbolisiert, auseinanderzusetzen. Wir erhalten von diesem marsischen Aspekt einen neuen Energieschub - damit können wir weiterhin unverdrossen auf das gesteckte Ziel zugehen. Das Quadrat ist nach Konjunktion und Opposition der bedeutendste Aspekt, weil es den Mittel- und damit den Krisenpunkt zwischen den beiden Hauptaspekten darstellt.

Trigon des AP   (120°-Winkel)

Wiederum etwa sechs Jahre später kommt der AP ins
Trigon zu dem Planeten, bei dem der Zyklus begann.
Die Fähigkeit ist nun langsam ausgereift und steht in voller Blüte. Wir können relativ leicht mit ihr umgehen und
werden auch etliche Erfolgserlebnisse haben. Subjektiv
gesehen erlangen wir ein gewisses Optimum in der
Anwendung der Wesenskraft beim Trigon. Die Gefahr
ist, dass wir stolz und selbstgefällig werden und meinen,
nichts mehr tun zu müssen. Doch merken wir bald, dass
in der vorderhand rein weltlichen Fähigkeit noch viel
mehr Möglichkeiten schlummern, als wir bisher ahnten.

Quincunx des AP   (150°-Winkel)

Mit etwa dreissig Jahren erfolgt nämlich das Quincunx;
damit werden uns neue, nunmehr eher geistige Zielsetzungen bewusst. Eine unbekannte Welt, die geistige
Dimension, kann plötzlich hereinbrechen und unser
Leben verändern. Grössere Erkenntnis- und Lernprozesse setzen ein, die oft mit Entscheidungskrisen verbunden sind. Unsere Fähigkeit wird gleichsam auf neue Ziele ausgerichtet. Der Quincunx-Aspekt hat in der Altersprogression eine tiefe Bedeutung; er hat die wohl direkte-
ste bewusstseinsbildende Funktion, weil der Alterspunkt
unseren Bewusstseins-Fokus in Zeit und Raum darstellt.
Wir werden später bei der Beschreibung der grünen
Aspekte noch näher darauf eingehen.

Opposition des AP   (180°-Winkel)

Die Opposition wird genau sechsunddreissig Jahre nach
der Konjunktion erreicht. Sie zeigt zwei Möglichkeiten

auf: Haben wir uns in der ersten Phase nicht mit dem Planeten, d.h. der Fähigkeit, auseinandergesetzt, sie sozusagen nicht kultiviert, so kommt es gelegentlich bei der Opposition zum Kollaps. Dies zeigt sich meist schon durch eine gewisse Hoffnungslosigkeit während des Quincunx-Aspektes. Haben wir aber beim Quincunx richtig geschaltet, so werden uns bei der Opposition konkrete Verwirklichungs-Möglichkeiten der Fähigkeit geboten, die wir bis dahin nicht wahrgenommen hatten.

Die Opposition kann ausserordentlich günstige Situationen schaffen, da wir nun die grösstmögliche Distanz zu dieser Planetenfunktion gewonnen haben. Es ist, wie wenn der Blick sich auf ein weites Panorama öffnen würde und wir die ganze Weite und Tiefe der spezifischen Fähigkeit erfassen könnten.

Zweiter Halbzyklus
(in diesem Fall der absteigende)

Nun kommt der zweite Halbzyklus von sechsunddreissig Jahren, der über dieselben Aspekte (in umgekehrter Reihenfolge) zur Konjunktion hinzielt. Galten die ersten sechsunddreissig Jahre dem Wachstum, so fördern die nächsten die Verwirklichung der Fähigkeit. Alles wird jetzt praktikabel, konkret in der Aussenwelt umsetzbar. Abbaukräfte sind nur dann am Werk, wenn die Opposition nicht bewältigt wurde und wir uns immer noch unreif und unmündig verhalten.

Dabei spielen wieder die fünf Stationen der Aspekte ihre Rolle, wobei wir immer besser lernen, unsere Fähigkeiten im Leben erfolgreich einzusetzen. Natürlich ist die Bewertung der Aspekte in den ersten sechsunddreissig Jahren eine andere als in den folgenden. Während in der ersten Periode alle Aspekte im Hinblick auf den Ausbau dieser besonderen Wesenskraft, die der Planet darstellt, gedeutet werden, werden sie in der zweiten als Stufe der Manifestation, der Verwirklichung gesehen.

Allgemeine Regeln für den Aspektablauf

In den meisten Fällen ist es so, dass die Planeten über das ganze Grundhoroskop verteilt sind. Dann treten wir selbstverständlich in irgendeinem Stadium in diesen Aspektablauf-Zyklus ein. Nur mit Planeten am Aszendenten durchlaufen wir den oben geschilderten, »idealen« Alterspunktablauf.

In den anderen Fällen bedienen wir uns der Fähigkeiten des Planeten in dem Masse, wie es unserem Alter entspricht. Erst bei der Konjunktion oder Opposition zu dem Planeten kommt dessen Qualität zur vollen Auswirkung. Wie bereits erwähnt, dienen AP-Aspekte, die vor der Konjunktion oder Opposition zum betreffenden Planeten gebildet werden, der Vorbereitung. Wir fühlen uns nicht direkt betroffen und beziehen das Geschehen noch nicht auf uns. Wir können ruhig abwarten, bis wir die Konjunktion erreichen. Erst bei der Berührung des Planeten durch den Alterspunkt wird uns dessen Qualität bewusst.

Zum Beispiel haben wir die erste
wirksame Berührung mit einem Planeten, wie im nebenstehenden Beispiel die Opposition zum Saturn im
neunten Haus im Alter zwischen
zwölf und achtzehn Jahren, wenn
wir das dritte Haus durchwandern.

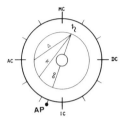

Seit der Geburt sind entsprechend dem Aspektumlauf
schon zwei Aspekte gebildet worden, zuerst ein Trigon,
dann ein Quincunx. Diese hatten die Bedeutung einer
Vorprägung, die wir meistens erst später feststellen können. Die damit verbundenen Erlebnisse sind scheinbar
völlig losgelöst vom wirklichen Thema, weil wir sie
noch nicht auf uns beziehen. Deshalb haben sie keine
charakterprägende Wirkung. Erst durch den primären
Kontakt mit einem Planeten kommt eine solche zustande.

Bei Planeten, die kurz vor dem DC stehen, kann diese
prägende Konjunktion erst um das sechsunddreissigste
Lebensjahr stattfinden. Bei Planeten, die im zwölften
Haus stehen, findet die erste Primär-Berührung bei der
Opposition, das heisst im sechsten Haus statt. In den
zwei letztgenannten Fällen sind vorher bereits alle fünf
Sekundär-Aspekte durchlaufen worden, die eine vorbe-
reitende Wirkung hatten.

117

Primär-Aspekte in der Kindheit

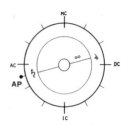

Bei Planeten, die kurz nach dem AC oder DC stehen, treten die ersten Primärwirkungen schon im ersten oder zweiten Lebensjahr auf, und zwar sowohl bei der Konjunktion wie auch bei der Opposition. Diese rufen oft traumatische Wirkungen hervor. Weil das Kind noch nicht vollbewusst teilnehmen kann, ist es den Umwelteinflüssen weitgehend ausgeliefert.

Von dieser Betrachtungsweise ausgehend, können wir die Prägungen und Traumata der Kindheit aus dem Horoskop ablesen, wenn wir den ersten Quadranten vom AC bis zum IC sukzessive durchgehen. Als Prägezeit nehmen wir im allgemeinen die ersten achtzehn Jahre an. Bei manchen hört sie früher auf, bei anderen dauert sie bis über den IC hinaus. In dieser Zeit werden wir von unserer Umwelt stark beeinflusst und geformt. Daraus bildet sich der spätere Charakter, der in vielen Zügen den Stempel des Milieus trägt. Diese Charakterformungen erfolgen bei den Primär-Aspekten im ersten Quadranten, das heisst, alle Konjunktionen und Oppositionen in diesen ersten achtzehn Jahren sind an diesen Jugendprägungen beteiligt. Wenn wir also im ersten und dritten Quadranten Planeten vorfinden, dann handelt es sich um solche Einflüsse, die wir sorgfältig untersuchen müssen (siehe auch »Frühkindliche Prägungen«).

Selbstverständlich sind diese Prägungen nicht an sich negativ zu bewerten, obschon es sich bei Traumata manchmal um schwerwiegende Hemmungen handeln

118

kann. Als traumatisch verstehen wir jedes (charakter-)-prägende Erleben einer Planetenqualität, das einen starken Eindruck hinterlässt, den wir nicht so leicht wieder loswerden können, weil wir uns als Opfer erleben. Auch von einer Begabung (»Talent«) können wir das »Opfer« werden. Ein positives Formungsergebnis kann beispielsweise ein besonderes Talent sein, das bei einer Primäraspektierung im ersten Quadranten durch Lebensumstände plötzlich stark aktiviert wurde und dadurch voll in Funktion trat.

Hinweise zur Deutung

Bei der Deutung von Jugendprägungen müssen wir die Intensität der Konditionierung prüfen und darauf achten, ob der Mensch schon über eine gewisse Freiheit des Bewusstseins verfügt (Alter!), in welchem Masse er von der Umwelt abhängig ist, ob er nur das tut, was ihm aufgetragen wurde oder ob er schon eigene Interessen und eigenes Denken verwirklicht. Wenn wir das wissen, finden wir meistens eine logisch-geradlinige Deutung seiner Probleme oder sogenannte kompensative Lösungen. Immer gibt es das, was offensichtlich ist und das Gegenteil davon. Am besten stellen wir dies fest, indem wir den Menschen fragen, wie er selber es erlebt hat. Die Regel lautet: Wer in Kompensationen ausweicht, reagiert unbewusst, wer Konflikte auf sich nimmt, reagiert bewusst.

Wer also unter schwierigen Primär-Aspekten gelitten hat und sich später auch daran erinnert, der hat bereits zu jenem Zeitpunkt »geschaltet«. Dies ist eine gute Voraussetzung für weiteres Wachstum. Wer aber kompensativ reagiert, das heisst, seine Probleme verdrängt und sie in die Umwelt projiziert, also anderen die Schuld dafür zuschiebt, der folgt dem Zwang unbewusster Ängste oder Komplexe und tut etwas anderes, als die Planetenstellung verlangt. Hier ist oft die Erinnerung an die Kindheit schwach. Um da eine Korrektur vorzunehmen, muss man ehrlich zu sich selber werden, damit die Ursachen eines Fehlverhaltens aufgedeckt werden. Die wirkliche Heilung eines sogenannten »Übels« muss bekanntlich an dessen Wurzel erfolgen. In manchen Fällen ist eine Psychoanalyse erforderlich.

Beginn des AP-Zyklus in den vier Quadranten

Als nächstes wollen wir sehen, wie es sich verhält, wenn der Aspektzyklus in anderen Bereichen des Horoskopes anfängt. Wenn der AP über einen Planeten geht, der sich nicht am Aszendenten, sondern irgendwo in einem Haus befindet, dann treten wir nach der Geburt mit einem Sekundär-Aspekt in die geschilderte Abfolge ein. Es kann auch sein, dass dieser Prozess mit einer Opposition beginnt, nämlich dann, wenn sich im dritten Quadranten ein oder mehrere Planeten befinden. Auch dann geht er durch die fünf Aspektstadien und erreicht schliesslich die Konjunktion. Bei beiden Möglichkeiten ist es derselbe Prozess der Wahrnehmung, des Wachstums und der Verwirklichung eines Organs. Um es noch einmal zu wiederholen: Mit der Konjunktion beginnt der aufbauende Halbzyklus, mit der Opposition der abbauende. Bei der Deutung müssen wir natürlich auch die auf der jeweiligen Altersstufe erreichte Reife berücksichtigen. Wir wollen dies anhand der Einteilung des Horoskopes in die Quadranten erläutern.

Beginn im 1. Quadranten
(1., 2., 3. Haus / Alter 0-18)

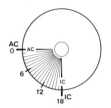

Wenn die erste Planetenberührung des Alterspunktes im ersten Quadranten stattfindet, so beginnt der entsprechende Wachstumsprozess bereits in jungen Jahren, auch wenn wir selbst von unserem kindlichen Bewusstsein her noch gar nichts dazu beitragen können. Von aussen kommende Prägewirkungen sind in den ersten drei Häusern (Alter von 0-18 Jahren) naturgemäss bedeutend stärker und markanter als in späteren. Die menschliche Psyche ist noch weich und ungeformt und reagiert auf scheinbar unwichtige Ereignisse hochempfindlich. Das eigentliche Erwachsenen-Ich fehlt noch, weshalb wir nicht bewusst auf die Konjunktion des AP über einen Planeten reagieren können. Trotzdem werden wir beim Übergang intensiv mit dem Planetenprinzip konfrontiert. Wenn es sich dabei um einen ICH-Planeten (Sonne, Mond, Saturn) handelt, so können wir naturgemäss in den Kindheitsjahren noch nicht richtig damit umgehen und die Aktivierung unseres Selbstbewusstseins (Sonne) nicht ins Leben integrieren.

Probleme, die dadurch entstehen, werden wir erst bei der Opposition ganz lösen können. Im Verlauf des weiteren Aspektzyklus des AP werden wir bei jeder Station (Aspekt) dem gleichen Themenkreis begegnen. Spätestens zur Zeit der Opposition, also nach sechsunddreissig »Lehrjahren«, sollten wir die Problematik wie auch eventuelle Traumata innerlich bewältigt haben.

Beginn im 2. Quadranten
(4., 5., 6. Haus / Alter 18-36)

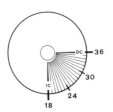

Wenn ein Planet im zweiten Quadranten steht, so befinden wir uns am Anfang des Lebens in der absteigenden Verwirklichungsphase. Obwohl wir schon in dieser Phase von (vielleicht in einem früheren Leben gewonnenen) Erfahrungen profitieren, gelangen wir erst bei der Konjunktion des AP mit diesem Planeten zur Einsicht (im Alter zwischen achtzehn und sechsunddreissig Jahren), dass wir bisher eine Fähigkeit nutzten, deren Grundsubstanz wir weder richtig kannten noch bewusst beherrschten. Wir erkennen, dass wir in einer selbstverständlichen Art und Weise diese Wesenskraft gebrauchten, als ob wir schon die Meisterschaft über sie errungen hätten.

Beim direkten Übergang des AP merken wir erst richtig, dass wir aus dieser Planetenstellung noch viel mehr herausholen können; ein neuer Lernprozess beginnt. Im aufsteigenden Zyklus des Ausprobierens und Erprobens erreichen wir es mehr und mehr, diese Wesenskraft bewusst einzusetzen. Bei der Opposition nach sechsunddreissig Jahren, irgendwann im Alter zwischen vierundfünfzig und zweiundsiebzig Jahren, haben wir die ganze, vielgestaltige Fähigkeit erst richtig im Griff und können sie von nun an voll ausschöpfen. Dank all der gewonnenen Erfahrungen sind wir auf einer höheren Spirale des

122

Entwicklungsprozesses angelangt, der dann bei der Konjunktion (in hohem Alter oder vielleicht in einem nächsten Leben?) wieder neu beginnt.

Beginn im 3. Quadranten
(7., 8., 9. Haus / Alter 36-54)

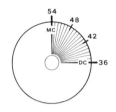

Der aufbauende Halbzyklus des Alterspunktes fängt hier in einem Alter an, in dem wir schon reich an Erlebnissen sind und uns weitgehend vom Denken her mit dem Gewordenen befassen. Wir bringen schon viele Erfahrungen und Erkenntnisse über diesen Planeten mit, denn wir haben bereits alle Aspekte der Verwirklichungsphase hinter uns. Diese hat mit der Opposition des AP im ersten Quadranten in jungen Jahren begonnen. Trotzdem ist auch hier die Konjunktion der Beginn eines neuen Lehr- und Erfahrungsprozesses, meistens mehr bewusst und auf einem höheren Niveau. Das heisst, dass jetzt womöglich die geistigen Seiten einer Planetenqualität entwickelt werden. Wir sollten jedenfalls auch in dieser Altersphase noch zum Lernen bereit sein.

Wer sich hingegen verschliesst und annimmt, er hätte keine weiteren Erfahrungen und Entwicklungen mehr nötig, da er ja schon alles wisse, der wird entweder durch innere oder äussere Krisen zum Wachstum angeregt oder in der Entwicklung stehenbleiben. Daraus entstehen Stagnation, Resignation und Senilität, genau in dieser Reihenfolge. Eine Konjunktion des Alterspunktes mit einem Urprinzip verlangt eben von uns eine Bereitschaft zum Eintauchen in neue Erlebnisbereiche.

Die Planeten treten mit ihrer ganzen archetypischen Kraft in unser Bewusstsein und fordern Aufmerksamkeit, Beteiligung, Erleben.

Beginn im 4. Quadranten
(10., 11., 12. Haus / Alter 54-72)

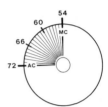

Am schwierigsten ist es mit Planeten im vierten Quadranten; denn da setzen wir mit der Geburt mitten im Prozess des aufbauenden Zyklus ein. Der erste Aspekt, der auf den Planeten fällt, ist ein Halbsextil, Sextil oder Quadrat; es fehlt der Anfang, gewissermassen die Wurzel für das Umgehen mit jener Wesenskraft. Wir werden also ausprobieren, dies und jenes tun und immer nur halbe Ergebnisse erzielen, bis wir die Opposition erreichen und erkennen, um was es sich eigentlich handelt. Endlich sehen wir den Planeten aus einer direkten Perspektive und gewinnen Einblick in die Hintergründe. Bei der Opposition haben wir die nötige Distanz, um einen Überblick zu erhalten, wir erkennen die Zusammenhänge und sehen, wie der Planet oder die Fähigkeit funktioniert. Obwohl wir viel Einsicht erhalten im Sinne des Verstehens, können wir zur Verwirklichung dieser Planetenqualität noch nicht viel beitragen. Das Ganze ist zu weit entfernt, wir kommen noch nicht so recht an es heran. Meistens sind Menschen mit vielen Planeten im vierten Quadranten »Spätentwickler«.

Erst zwischen vierundfünfzig und zweiundsiebzig Jahren, wenn der AP in Konjunktion zu dem Planeten kommt, können sie diesen wirklich in seiner tiefsten

124

Qualität erleben, meistens bereits in einer vergeistigten Weise. Im vierten Quadranten geht es um das Sein, nicht um die Tat. So werden die Früchte der vorangegangenen Bemühungen auch meistens nicht »von dieser Welt« sein.

Zweiter Beginn im 1. Quadranten

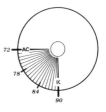

Wir erhalten hier die Möglichkeit, auf einer höheren Spirale mit einer Fähigkeit, einem Planeten nochmals konfrontiert zu werden. Jetzt sind wir in der Lage, längst vergangene Erlebnisse, Kindheitsprägungen oder Traumata in einem neuen Licht zu sehen. Vielleicht erkennen wir nun den tieferen Sinn von Schwierigkeiten und Erfolgen, Leidenserfahrungen und Freuden, welche uns bisher zuteil geworden sind. Auch wenn wir nicht mehr so aktiv am Leben teilnehmen können, im zweiten aufsteigenden Halbzyklus setzen wir schon die Saat fürs nächste Leben. Sollten wir es noch erleben, den Planeten ein zweites Mal zu überschreiten, so können wir ganz neue Dimensionen dieses Planeten entdecken, welche uns zu neuen Ufern tragen. Das ist der grosse Vorteil eines hohen Alters.

Drei Aspektarten

Es erleichtert die Erfassung der Aspekte, wenn wir die drei Grundqualitäten unterscheiden, die wir mit den Farben Rot, Blau und Grün kennzeichnen. Die roten bezeichnen wir als Energieaspekte, die blauen als Substanzaspekte, die grünen als Bewusstseinsaspekte.

Rote Aspekte

Konjunktion: 0°
Opposition: 180°
Quadrat: 90°

Die roten Aspekte sind immer Ausdruck einer inneren Dynamik, Vitalität und motorischer Energie. Wenn der Alterspunkt auf einen Planeten einen roten Aspekt wirft, dann werden in uns neue Kräfte frei, je nachdem, welcher Planet davon betroffen ist. Auch die sogenannten »weichen« Planeten, nämlich Mond, Merkur, Venus und Jupiter, werden durch rote Aspekte in ihrer Funktion aktiviert. Die roten Aspekte verlangen von uns nicht bloss eine Haltung, sondern die Bereitschaft, etwas zu tun, uns für irgend etwas einzusetzen, aktiv zu werden. Sie wirken auf die Art und Weise unseres Tuns ein, nicht auf unsere innere Substanz wie die blauen Aspekte. Deshalb müssen wir auf solche Aspekte auch aktiv reagieren; wir können nun Hemmungen und Ängste überwinden, die uns bis dahin gehindert haben, das zu tun, was unserer Entwicklung und inneren Befreiung dient. Jetzt können festgefahrene Zustände beseitigt werden, sei dies in engeren Beziehungen, bei der Arbeit oder in uns selbst. Allerdings sollten wir bereit sein, mögliche Konflikte mit der Umwelt auf uns zu nehmen, denn oft rufen innere Veränderungen äussere Widerstände hervor. Aber mit den roten Aspekten haben wir auch den notwendigen Mut, mit diesen fertig zu werden.

Konjunktion und Opposition des Alterspunktes

Von den möglichen sieben Aspektarten sind, wie schon mehrfach betont, Konjunktionen und Oppositionen beim Alterspunkt am stärksten und am längsten spürbar. Sie werden bei ihrem Eintritt meist auch durch äussere Ereignisse markiert, die bedeutsame Veränderungen in Lebenshaltung und Lebensgewohnheiten bewirken können: im negativen Fall in Form von Blockierungen, Verdrängungen, Depressionen, Widersetzlichkeit und Aggressionen, im positiven durch die Aktivierung innerer Kräfte und das Erreichen langgeplanter Ziele - gemäss dem Charakter des jeweiligen Planeten.

Das Quadrat des Alterspunktes

Dieser marsische Aspekt ist eine grosse Hilfe zur Weiterentwicklung. Er aktiviert uns stärker als die Opposition, macht uns aber auch streitbarer. Die von aussen und innen stimulierten Kräfte erregen uns, rufen verborgene Wünsche, aber auch Probleme auf den Plan, je nachdem, welche Planeten oder Aspektfiguren beteiligt sind und aus welchem Haus und Zeichen der AP den Aspekt wirft. Es kommt vor, dass unsere Aktivitäten, unsere Ziele auf Widerstände stossen, wodurch wir meistens zu noch grösseren Anstrengungen angestachelt werden.

Ein Quadrat macht sehr oft unzufrieden mit Bestehendem; Impulse der Auflehnung, der Freiheitsverteidigung und Unabhängigkeit, aber auch einfach Nervosität und Reizbarkeit werden in uns wach. Dies vor allem dann, wenn AP-Aspekte auf »harte« Planeten treffen.

Bei Quadraten auf »weiche« Planeten kann es hingegen zu Übertreibungen und Unmässigkeiten kommen. Das Quadrat hat manchmal drastischen Charakter, der sich bis in äussere Ereignisse hinein auswirkt. Bei **profilierten Planeten,** das heisst solchen, die nahe einer Hauptachse stehen oder durch das Aspektbild herausgehoben sind, können die vier roten Aspekte, die der AP im Laufe seiner Wanderung mit jedem der Planeten bildet (Konjunktion - Quadrat - Opposition - Quadrat), in einem Turnus von jeweils ca. achtzehn Jahren deutlich erkannt werden. Man kann sie sogar als »Marksteine des Lebens« bezeichnen.

Blaue Aspekte

| Sextil: | 60° |
| Trigon: | 120° |

Die blauen Alterspunkt-Aspekte betreffen unsere eigene Substanz. Sie leiten meistens einen Veränderungsprozess unserer Wesensqualität ein. Das heisst, sie bewirken eine Substanzumschichtung, eine qualitative, oft auch quantitative Veränderung des bestehenden Potentials. Die blauen Aspekte aktivieren, mobilisieren in uns Fähigkeiten, die bisher latent waren und die wir in Zukunft zur Verfügung haben werden. Blaue Aspekte »gehen unter die Haut«, fordern eine substantielle Anpassung und bewirken einen Lernprozess, der an unserer Substanz vollzogen wird.

Weil blaue Aspekte tief in die Substanz eindringen, wird dieser Prozess häufig auch körperlich wahrgenommen - in gewissen Fällen sogar als Krankheit. Wenn etwas nicht stimmt, wenn zum Beispiel irgendwelche festgefahrenen Gewohnheiten, kristallisierte Zustände oder Verkrampfungen vorliegen, dann wollen blaue Aspekte diese wieder in Fluss bringen. Wenn wir nämlich zu bequem gewesen sind, uns in Sicherheit wiegten oder auf Lorbeeren ausruhen wollten, so werden wir aus dieser Ruhe aufgescheucht. Oft entstehen Situationen im Leben, wo wir Substanz vorweisen müssen, ohne diese werden wir nicht ernst genommen oder in unserem wahren Wert verkannt, was natürlich schmerzlich ist. Daraus wird schon klar, dass blaue nicht einfach gute Aspekte sind, sondern viel von uns fordern können.

Sextil des Alterspunktes

Ein Sextil des Alterspunktes zu einem Planeten unterstützt die Auflösung bestehender Spannungen. Sextile sind Venus-Aspekte, weshalb sie uns offener machen für neue Beziehungen und überhaupt für die schönen Seiten des Lebens. Wir werden anpassungsfähiger, toleranter und können andere Menschen besser verstehen, ihnen sogar verzeihen. Häufig wirkt das Sextil als Modifikator, schafft neue Ausgleichsmöglichkeiten in konfliktreichen Situationen. Unser ästhetischer Sinn wird ebenfalls geschärft, was auch zu Unbehagen führen kann. Je

nach Planet, Haus und Zeichen reagieren wir nämlich
überempfindlich auf Störungen, Unerwünschtes, Hässli-
ches und Unangenehmes. Wir wollen einen einmal
erreichten Harmoniezustand geniessen. Häufig resultiert
daraus Konfliktangst und ein Hang zur Kompromissbe-
reitschaft; wir wollen unsere Ruhe haben. Während dieses Alterspunkt-Aspektes findet auch eine Art von Assi-
milationsprozess statt. Oft haben wir jetzt die nötige
Zeit, um vorher Erlebtes zu verarbeiten, zu »verdauen«,
oder um Neues spannungsfrei in uns aufzunehmen.

Trigon des Alterspunktes

Wenn wir uns in irgendeiner Weise schöpferisch betätigen und die Substanz des beteiligten Planeten umsetzen
können, dann steigt in uns ein Glücksgefühl auf; wir
haben etwas getan, das wir jetzt geniessen dürfen. Wir
können uns eine Weile hinsetzen und ausruhen, da wir
die Sicherheit haben, jederzeit auf unsere eigene Substanz zurückgreifen zu können. Ein neues Lebensver-
trauen erwacht, das uns für vorausgegangene Bemühungen oder durchgestandene Ängste entschädigen wird.
Aber auch hier lauern Gefahren, wenn wir uns auf den
Lorbeeren zu lange ausruhen und nicht gewahr werden,
dass das Leben im ewigen Wechselspiel weitergeht und
von uns täglich neue Anpassungen, Veränderungen und
Wandlungen verlangt. Wenn wir zuwenig Eigensub-
stanz besitzen, dann wird uns dieser Mangel schmerzlich bewusst. Alles Unechte, Unwahre soll nun abgelegt
werden; die Dinge sollen in Bewegung kommen und
uns wieder Freude bereiten. Es macht keinen Spass
mehr, so zu tun, als ob wir mit allem zufrieden wären.

Nachgiebigkeit, Ruhe, Behaglichkeit und Sattheit können bekanntlich zu Überdruss führen. Manchmal entstehen beim Trigon Perfektionszwänge oder Suchtneigungen.

Grüne Aspekte

Halbsextil:	30°
Quincunx:	150°

Die grünen Aspekte wirken direkt auf unser Bewusstsein ein. Sie betreffen weder unsere eigentliche Substanz, noch verlangen sie von uns irgendwelche Leistungen oder Tätigkeiten. Bei ihnen müssen wir schalten, hellwach sein, alles um uns herum wahrnehmen, richtig reagieren, sensitiver werden. In tiefem Nachdenken kommen wir zu Erkenntnissen, die unsere Entwicklung fördern. Es muss nicht unbedingt streng logisches Denken sein, das wir in dieser Zeit entwickeln; meistens sind es Ahnungen und Eingebungen, die unser Bewusstsein bereichern. Bewusstsein, ein viel weiterer Begriff als Denken, bildet sich aus der Verarbeitung aller Erfahrungen; dazu gehören denkerische Prozesse so gut wie sinnenhafte Wahrnehmungen, Gefühle und Empfindungen, welche die Intuition erwecken und inneres Wissen dem Bewusstsein zuführen. Grüne Aspekte machen uns sensitiv und aufnahmebereit für neue Gedanken. Die beiden grünen Aspekte haben beim Alterspunkt deshalb eine besondere Bedeutung, weil sie die primären Bewusstseins-Schaltstellen sind, bei denen sogenannte Deliberationsvorgänge (Befreiungsvorgänge) stattfinden können. Deliberation heisst auch: Willensbildung, Entscheidungsfähigkeit erlangen.

Entscheidungsmöglichkeiten sind bei den grünen Aspekten am besten gegeben, da der Alterspunkt primär den Fokus unseres Bewusstseins darstellt, die grünen Aspekte wiederum Bewusstseins- oder Denkaspekte sind. Wir werden an diesen Alterspunkt-Stationen also nicht primär zum äusserlichen Tun und Handeln aufgerufen, sondern es geht im wesentlichen um Bewusstseinsakte: geistige Klärung, Erkenntnisse erlangen, Entscheidungen treffen. Quadrate sind typische Tatreizaspekte, doch Taten können voreilig sein und zu falschen Ergebnissen führen. Grüne Aspekte helfen, solche Fehler wieder auszugleichen, schenken neue Erkenntnisse und schaffen Klarheit in verwickelten Situationen. Blaue Aspekte bringen Talente zum Zug, doch sie können auch zu Saturiertheit und Eitelkeit führen. Grüne Aspekte lassen erkennen, dass »Tugenden zu Lastern werden können«.

Das Halbsextil des Alterspunktes

Beim Halbsextil werden wir lernbegierig, wollen mehr über den betreffenden Planeten erfahren, und manchmal beginnen wir ein regelrechtes Studium seiner Qualität. Bei der Deutung eines Halbsextil-Aspektes kommt es entscheidend darauf an, ob wir uns auf die Konjunktion zu- oder von ihr wegbewegen. Wenn wir uns im zweiten Halbzyklus befinden, also auf die Konjunktion zulaufen, bleiben wir zumeist noch im Theoretischen hängen. Wir sind unsicher, haben ständig das Gefühl, wir wüssten nicht genug, und fühlen uns einer lebendigen Erfahrung dieser Wesensqualität noch nicht gewachsen. Erst bei der folgenden Konjunktion geschieht die notwendige Identifikation mit dem Planetenorgan, wo wir direkt erleben, wie es funktioniert. Beim Halbsextil nach der Konjunktion haben wir es sodann leichter, unser Wissen weiterzugeben. Wir sind gesprächsfreudig und möchten gerne erfahren, wie andere über etwas denken. Deshalb ist der Gedankenaustausch intensiver als zuvor. Wir sind mitteilsamer, neugieriger und möchten unser Wissen an andere weitergeben. Wie bereits erwähnt, vollzieht sich im Alterspunktablauf ein stetiger Lernprozess, weshalb die Wirkung eines Aspektes zugleich die Vorstufe des nächstfolgenden ist.

Der Quincunx-Aspekt des Alterspunktes

Dieser Aspekt hat in der Altersprogression eine ganz besondere Bedeutung. Wir nennen den »langen grünen Aspekt« den »grossen Denkschritt« im Gegensatz zum »kleinen Denkschritt« (Halbsextil). Der »lange Grüne« bringt oft Unsicherheiten wegen einer Projektions-Neigung, die verbunden ist mit starken Sehnsüchten, ein in der Ferne vermutetes Ziel zu erreichen. Deshalb wird er auch Sehnsuchts- oder Zweifelsaspekt genannt. Vor der Opposition erleben wir ihn noch als Sehnsucht, an ein Ziel zu kommen. In vielen Fällen verursacht er Unentschlossenheit, Entscheidungskrisen, und nach einer langen Zeit der Bemühung, des Suchens und Abwägens (meistens nach der Opposition) bedeutet er eine Herausforderung, sich zu entscheiden und auf ein Ziel zu beschränken. Dadurch hat er eine bewusstseins- und willensbildende Wirkung, die der Qualität des Alterspunktes als Bewusstseinsfokus entspricht.

Drei Entwicklungsstufen des AP-Quincunx-Aspektes

Es gibt drei Stufen der Einstellung zum langen grünen Aspekt:

Auf der ersten Stufe sind wir unsicher und schwanken in unseren Meinungen und Gefühlen hin und her. Wir bauen Luftschlösser, träumen und projizieren unsere inneren Wünsche in andere hinein oder in eine unbekannte Ferne. Ohne zu wissen, was wir konkret tun sollen, haben wir das unbestimmte Gefühl, zu etwas Besonderem geboren zu sein. Wir lassen uns beeinflussen, tun meistens nur das, was andere von uns verlangen und unterwerfen uns gerne einem stärkeren Willen - wenigstens, bis wir wissen, was wir wollen. Wir sind Sucher, getrieben von einer unbestimmten Sehnsucht.

Auf der zweiten Stufe befinden wir uns in der Zweifelsphase. Obwohl wir uns anfangs in unseren Träumen und Projektionen noch wohlfühlen, ergreift uns mit der Zeit dennoch ein nagender Zweifel, ob alles richtig sei, so wie es ist. Wir beginnen zu denken, zu fragen, zu philosophieren: Ein geradezu faustisches Ringen beginnt mit Zweifeln und Glaubenskrisen. Die Wahrheit hat so viele Gesichter, wir sehen so viele Möglichkeiten und verlieren uns leicht im Relativen. Wir können uns für nichts entscheiden, was von geringerem Wert ist als das Höchste; wir geraten in eine Entscheidungskrise.

Auf der dritten Stufe erkennen wir, dass es an uns selber liegt; wir müssen uns jetzt auf ein Ding, eine Angelegenheit beschränken, auch wenn dies eine Minderung unserer Freiheit, unserer Phantasie oder idealen Vorstellung von uns selbst und der Welt bedeuten sollte. Hier setzt die willensbildende Funktion ein. Im Wissen, dass wir doch niemals alles erreichen können, entscheiden wir uns für das Mögliche, auch wenn es nicht das ist, was wir uns idealerweise vorgestellt haben. Wenn wir uns dann entschieden haben, können wir sicher sein, eines Tages unser Ziel zu erreichen. Wir sind durch den Bewusstwerdungsprozess reifer, gefestigter und weiser geworden. Über unseren langen, beschwerlichen Weg kommen wir doch vorwärts. Daher nennen wir diesen Aspekt auch Entwicklungsaspekt.

Aber auch hier gibt es gefährliche Klippen. Wenn wir uns diesem dreistufigen Entwicklungsprozess nicht unterziehen, uns nicht für die Gesetzmässigkeiten inneren Wachstums entscheiden können, dann wird uns ein langer grüner Aspekt des Alterspunktes durch ein der Planetenqualität entsprechendes Geschehnis die Entscheidung abnehmen, damit wir zum Wesentlichen hinfinden. In den Vereinigten Staaten wird der Quincunx-Aspekt auch »Finger Gottes« genannt, und oft schon hat er Uneinsichtigen oder Unentschlossenen harte Schicksalsschläge eingebracht. Es ist empfehlenswert, sich frühzeitig auf solche Quincunx-Aspekte (vor allem zu den Ich-Planeten Sonne, Mond und Saturn) vorzubereiten. Wir sollen verstehen lernen, welche Entscheidungen zum inneren Wachstum führen, ferner gilt es, ICH-Probleme zu erkennen und wenn möglich zu lösen. Wenn dann der lange grüne Aspekt darauf fällt, wissen wir schon, was von uns verlangt wird. Das ist die Hilfe, welche uns die Kenntnis des Horoskopes und der Altersprogression zu geben vermag - und das ist viel!

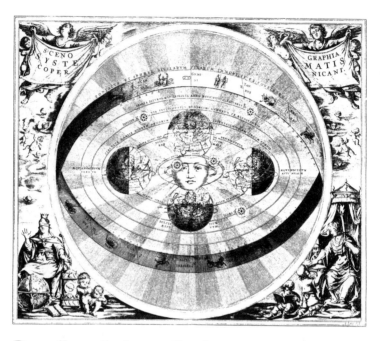

Darstellung des kopernikanischen Planetensystems
16. Jahrhundert

4. Alterspunkt-Aspekte zu den zehn Planeten
und zum Mondknoten

Einleitung ● AP-Aspekte zu den drei
Hauptplaneten ● Sonne: AP-Übergang
(Konjunktion) ● Hausstellung der Sonne ●
Aspekte und Aspektzyklus der Sonne ●
Mond: AP-Übergang (Konjunktion) ●
Hausstellung des Mondes ● Aspekte und
Aspektzyklus des Mondes ● Subjektivität ●
Grüne Aspekte zum Mond ● Selbstwertgefühl
(Sensitivität) ● Das Wesen der Gegensätze im
Gefühlskörper ● Das kindliche Mond-Ich: die
Spontaneität ● Saturn: Übergang (Konjunktion) ●
Hausstellung des Saturn ● AP-Aspekte und
Aspektzyklus des Saturn ● Merkur, Mars, Venus,
Jupiter: AP-Übergänge und Aspektzyklus ● Uranus,
Neptun, Pluto: AP-Übergänge und
Aspektzyklus ● Mondknoten: AP-Übergang
und Aspektzyklus ●

Einleitung

Bei der Beurteilung eines Aspektes, den der AP zu einem Planeten bildet, ist es notwendig, die Stellung im Grundhoroskop anzusehen. Mit dem Alterspunkt allein können wir eine Aspektierung oder Hausposition nicht richtig bewerten; immer muss das Horoskop als Ganzes betrachtet und berücksichtigt werden. Ein Planet befindet sich nicht nur in einem Haus und Zeichen, sondern er hat auch Aspekte zu anderen Planeten. Alles zusammen ergibt für die bestimmte Grundfähigkeit, die der Planet darstellt, eine charakteristische Prägung und Problemstellung, welche lebenslang gültig bleibt. Ein Aspekt des Alterspunktes zu diesem Planeten bedeutet jeweils, dass die Grundproblematik während des Lebens einige Male aufgerollt wird.

Um die AP-Aspekte möglichst umfassend zu bewerten, sollten wir systematisch vorgehen und folgende Fragen über den Alterspunkt wie auch über die Planeten klären:

a) Stand des Alterspunktes:

1. In welchem Haus steht der Alterspunkt;
2. welches ist die Hausthematik;
3. welcher Altersstufe entspricht dieses Haus;
4. in welchem Zeichen steht der AP;
5. was für einen Aspekt wirft er
   (Konjunktion, Halbsextil, Trigon etc.);
6. ist es ein blauer, roter oder grüner Aspekt.

b) Stand des Planeten:

1. Wie viele Aspekte hat der aspektierte Planet im Grundhoroskop;
2. von welcher Farbe sind diese Aspekte;
3. in welchem Zeichen steht der Planet;
4. steht er im Zeichen stark oder schwach
   (stärkster Punkt 12°, schwächster 0° bzw. 29°);
5. in welchem Haus steht der Planet;
6. in welchem Bereich des Hauses (Spitze, Invertpunkt, Talpunkt, vor oder nach der Achse).

Die Reihenfolge bei b) ist deshalb sinnvoll, weil so bereits nach Betrachtung der Punkte 1 und 2 gesagt werden kann, ob es sich um einen »wichtigen« AP-Aspekt handelt. Bei der Beurteilung einer AP-Aspektierung können wir nie davon ausgehen, dass der entsprechende Mensch die positiven Möglichkeiten der Planetenstellung voll nutzt. Es kann bei einer Geburtsstellung des Planeten, die einige Belastungen anzeigt, auch zum teilweisen oder gänzlichen Ausweichen kommen (Verdrängungen, Kompensationen). Dies festzustellen ist nur im Gespräch möglich. (Grundlegendes hierüber finden Sie in *Roberto Assagioli: »Psychosynthese«*). Die folgenden Ausführungen gehen hauptsächlich von den positiven Entwicklungsmöglichkeiten aus. In der praktischen Deutung muss deshalb auch das mögliche Ausweichen berücksichtigt und ermittelt werden.

Alterspunktaspekte zu den drei Hauptplaneten: Sonne, Mond, Saturn

Bei den Aspekten des AP zu Sonne, Mond und Saturn geht es um die Entwicklung der Persönlichkeit zur selbstbestimmenden Individualität. Wir gehen davon aus, dass das ICH des Menschen auf drei Ebenen verankert ist: mit der Sonne auf der mentalen oder Denkebene, mit dem Mond auf der emotionalen oder Gefühlsebene und mit dem Saturn auf der physischen Ebene. Das Zusammenwirken dieser drei ICH-Planeten hängt von deren Stellung im Grundhoroskop ab. Daraus geht hervor, wie die Gesamtpersönlichkeit beschaffen ist und wo ihre Stärken und Schwächen liegen. (Näheres darüber finden Sie im Autodidacta-Band »Die Persönlichkeit und ihre Integration« von Bruno Huber.)

Alle Alterspunkt-Aspekte zu den drei Persönlichkeitsplaneten betreffen demzufolge unser eigentliches Ich, unsere Selbstwahrnehmung und den Grad unseres Bewusstseins in bezug auf autonomes Denken (Sonne), Gefühlszuwendung und Empfänglichkeit (Mond) sowie auf körperliche Sicherheit und alles »Praktische« (Saturn). Dabei ist immer zu beachten, in welchem Hausbereich sich ein Planet befindet. An der Spitze erhält der Planet uneingeschränktes Feedback, d.h. Bestätigung und Stärkung von seiten der Umwelt. Am Talpunkt hingegen reagiert er distanziert, subjektiv und unsicher. Ein Mensch mit Planeten am Talpunkt nimmt das Feedback oft gar nicht zur Kenntnis. Diese Unterschiede erschweren es, für die AP-Aspekte allgemeingültige Regeln aufzustellen. Im folgenden werden wir die Wirkung der AP-Aspekte zu den Hauptplaneten möglichst umfassend beschreiben; gegenüber den Aspekten zu den übrigen Planeten sind sie von primärer Bedeutung.

Sonne ☉

Die Sonne ist das Symbol des Selbstbewusstseins, des vernünftig denkenden Menschen. Aspekte des Alterspunktes zur Sonne bringen eine Herausforderung des autonomen (eigenständigen) Denkens mit dem Ziel der Selbstverwirklichung. Es kann mit Sicherheit angenommen werden, dass es zu einer Betonung der Selbständigkeit und der persönlichen Durchsetzungskräfte kommen wird. Die Ereignisse sind dann gerade solche, wie sie der betreffende Mensch benötigt, um sich selbst in dieser Weise zu erfahren.

Übergang (Konjunktion)

Beim AP-Übergang wird der mentale Pol des Ichs, das Sonnen-Bewusstsein, aktiviert. Wir haben meistens einen expansiven Schaffens- und Erlebnisdrang, wollen in irgendeiner Weise dominieren, die Beachtung anderer Menschen erregen. Die Sonne verleiht uns den Mut und die Kraft, eigene Entscheidungen zu treffen und eigene Wege zu gehen, auch auf die Gefahr hin, dass diese nicht ganz richtig sind. Als Zeichen von gesundem Selbstbewusstsein gilt es, den eigenen Kräften zu vertrauen und Verantwortung für uns und andere zu übernehmen. Mit grösserer Sicherheit als vorher gehen wir nunmehr daran, uns selbst zu verwirklichen. Je nachdem, in welchem Zeichen und in welchem Alter der Sonnen-Übergang stattfindet, haben wir einen Drang nach Freiheit, Selbstbestimmung und Selbständigkeit.

⊙

Hausstellung der Sonne

Wenn die Sonne beispielsweise im zehnten Haus steht, kommen wir beim Durchgang durch das vierte Haus in Opposition zu ihr; dann haben wir die Kraft, uns von den Zielvorstellungen der Umwelt, der Eltern und anderer Autoritäten innerlich zu lösen. Jetzt brauchen wir nicht länger auf Erlaubnis, Bestätigung, Applaus zu warten -mit all unseren Kräften und Fähigkeiten können wir eigene Ziele verwirklichen. Wenn umgekehrt die Sonne im vierten Haus steht, findet der AP-Übergang zwischen dem achtzehnten und vierundzwanzigsten Geburtstag statt. Hier ist dann die Bedeutung des vierten Hauses zum Verständnis dieser Sonnenstellung und des AP-Überganges massgebend.

Mit einer Vierthaus-Sonne beugen wir uns meistens, wenn auch nach anfänglichem Widerstand, den allgemeinen Regeln oder der Familientradition. Wir erleben und stärken unser Selbstbewusstsein im Erfüllen der häuslichen Pflichten oder indem wir eine Funktion in der Gemeinschaft oder in unserer Familie übernehmen.

Da die Sonne auch den Vater symbolisiert (der die Schlüsselfigur bei der Entstehung des eigenen Selbstbewusstseins ist), kann es durchaus sein, dass das Selbstbewusstsein, je nach den Aspekten, welche die Sonne im Grundhoroskop empfängt, gefördert oder unterdrückt wird, sei es durch den Vater oder eine väterliche Instanz, wie Vorgesetzte oder Behörden. Über die spezifischen Umstände gibt es keine Gewissheit - bis wir etwas über die Gesamtsituation des Menschen erfahren haben. Und auch dann bleiben es meistens Mutmassungen. Es ist besser, sich keine konkreten Ereignisse vorzustellen und den Menschen,

den es angeht, selbst zu befragen, wie er diese Phase
erlebt.

Aspekte und Aspektzyklus der Sonne

Bei allen Sonnen-Aspekten des AP gelingt es uns mehr
und mehr, die eigenen Persönlichkeitskräfte einzusetzen
und auch zu erkennen, welche Stärken und Schwächen
wir in unserer Ich-Entfaltung haben. Wir können vermehrt auf den Zuspruch und die Unterstützung von seiten der Umwelt verzichten und selbst entscheiden, was
wir tun. Erstaunlicherweise wird dies von den Mitmenschen akzeptiert, auch wenn wir das Gefühl hatten, dass
das nicht möglich sei (etwa bei einer Talpunktstellung der
Sonne im Radix). Bei den AP-Aspekten zur Sonne (vor
allem Konjunktion und Opposition) verspüren wir eine
grössere innere und äussere Sicherheit und Freiheit, das
zu tun, was wir als richtig erkannt haben. Das Sonnen-
Bewusstsein ist autonom und sollte nicht von Zustim-
mung abhängen. Auf eine solche Unabhängigkeit und
Selbständigkeit wollen wir bei jedem AP-Aspekt auf unsere Geburtssonne hinarbeiten.

Je nach Aspekt ist diese Thematik unterschiedlich zu
bewerten. Der im vorigen Kapitel beschriebene Aspektablauf lässt eine stufenweise Entwicklung des Selbstbewusstseins erkennen, weshalb jeder die Chance zur Selbstverwirklichung hat. Wie erwähnt, müssen wir dabei berücksichtigen, welche Aspekte die Sonne im Grundhoroskop
empfängt - das Selbstbewusstsein wird weitgehend getragen und beeinflusst von den mit ihr verbundenen Planetenkräften. Diese werden von dem Alterspunkt-Aspekt
ebenfalls angesprochen und geraten in Schwingung.

So wird beispielsweise bei einem Sonne-Mars-Trigon während des Alterspunktüberganges über die Sonne auch der Mars trigonal mitaspektiert. Dies ist ein Aspekt, bei dem wir uns beweisen können, dass wir sicher, stark und selbstbewusst sind, wie es schon im Grundhoroskop angezeigt ist. Steht darin die Sonne in Konjunktion mit Venus oder Merkur, so werden bei jedem Alterspunkt-Aspekt auch diese Wesensorgane mit betroffen. Durch die Venus wird dann das Selbstbewusstsein abhängig von harmonischer Umgebung, eigener Ästhetik, auch von Eitelkeit; durch Merkur bleibt es an den Intellekt gebunden, der zu dieser Zeit brillant sein dürfte. Dies sind nur einige Kombinationsbeispiele. Jeder ernsthafte Astrologie-Student sollte selbst in der Lage sein, die Grundfunktionen der Planeten in ihrer qualitativen Auswirkung zu definieren und in ihrem Zusammenwirken zu kombinieren. (Siehe auch »Die Grundfunktionen der zehn Planeten« im Anhang.)

Mond (

Beim Mond handelt es sich um unser Gefühls-Ich, durch welches wir unmittelbar mit unserer Umwelt in Beziehung kommen. Während uns die Sonne bei Alterspunkt-Aspektierung selbstbewusst und willensstark macht, werden durch die Mondaspekte Kontaktbedürfnis, Liebesfähigkeit und Sensitivität gesteigert. In der Astrologie kann bei der Betrachtung der Planeten und auch der anderen Horoskop-Elemente ein unterschiedlicher Standpunkt eingenommen werden; d.h., wir können sie von mehreren Seiten her ansehen. So ist der Mond auch das Kontakt-Ich, das kindliche Ich oder das Gefühls-Ich. Dies sind nur verschiedene Namen für die gleiche Funktion, wie wir noch sehen werden. Beim Mond geht es nicht um Autonomie des Selbst wie bei der Sonne, sondern darum, unser Gefühls-Ich durch Kontakte mit der Umwelt wahrzunehmen. Durch unsere Beziehungen zu Menschen, zu Pflanzen und zu Tieren erhalten wir die Bestätigung, dass wir ein Kontakt- oder Gefühls-Ich haben, dass wir empfindsame, reaktionsfähige Wesen sind. Die Selbsterfahrung des Mond-Ichs erleben wir in folgendem Sinne: Ich werde beachtet, werde wahrgenommen, werde verstanden - oder einfach: Ich werde geliebt. Solcherart sind die Erlebnisse beim AP-Übergang wie auch bei der Opposition; daraus resultiert ein gesteigertes Selbstwertgefühl, das uns glücklich macht.

Übergang (Konjunktion)

Beim direkten Übergang wird das Gefühls-Ich bewusst erlebt, meistens durch eine engere Beziehung. Diese

unterliegt während dieser Zeit besonderen Gefühlsschwankungen; Sympathie und Antipathie, Anziehung
und Abstossung können aufeinander folgen wie Ebbe
und Flut.

Die Mond-Konjunktion verlangt besondere Beachtung
unserer Gefühlsstruktur, weshalb wir auf den Entwicklungsprozess des Mondes noch ausführlicher eingehen
werden. Beim Übergang werden wir uns der eigenen
Kontaktwünsche deutlicher bewusst, wir versuchen, aus
uns herauszugehen und unser Bedürfnis nach menschlicher Nähe zu befriedigen. Ob uns das gelingt oder
nicht, hängt weitgehend davon ab, wie die bisherige
Gefühlsentwicklung im gesamten abgelaufen ist. Jedenfalls können wir in dieser Zeit Kontaktschwierigkeiten
leichter überwinden, wenn wir mit unseren Gefühlen
ehrlich sind, da der Alterspunkt alle mit dem Mond
zusammenhängenden Gefühlskomponenten aktiviert.
Wenn wir indessen unter Frustrationen der Gefühle leiden oder gelitten haben, was häufig durch rote, gelegentlich auch durch grüne Aspekte im Grundhoroskop angezeigt ist, so wird uns dies nun vielleicht schmerzlich
bewusst.

Hausstellung des Mondes

Die Deutung eines Mondübergangs richtet sich nach
der Hausstellung und damit nach der Altersstufe und
Reife des betreffenden Menschen. Steht der Mond beispielsweise im fünften Haus, so werden im Alter zwischen vierundzwanzig und dreissig Jahren die Gefühle
stark erregt und aufgewühlt, sei es durch Liebeserfah-
rung oder durch Trennung. Im fünften Haus will der

146

Mond gewissermassen kindlich bleiben und hält an dem, was er hat, eigensinnig fest. Er macht seinen Selbstwert davon abhängig, ob und wie sehr er geliebt wird. Jede Wandlung oder Veränderung ruft Eifersucht und Besitzstreben hervor, so dass der Reifeprozess möglicherweise nur durch einen schmerzlichen Verlust, durch eine Zurückweisung, eine Niederlage in der Liebe oder sonst einen Wechsel in den Beziehungen herbeigeführt werden kann.

Aspekte und Aspektzyklus des Mondes

Im wesentlichen geht es bei allen AP-Aspekten zum Mond um die Entwicklung von Gefühlswerten und Gefühlsqualitäten. Die Entfaltung der Kontakt- und Liebesfähigkeit steht dabei im Vordergrund, und häufig erleben wir gerade die Dinge, die wir zu unserer Entwicklung brauchen: Liebe, Zuwendung, Verwöhnung oder Zurückweisung und Einsamkeit. Im allgemeinen unterliegt dieser Prozess grossen Schwankungen, weil unsere Gefühle dem polaren Gegensatz von Gut und Böse, Liebe und Hass, Freud und Leid usw. unterworfen sind. Aus diesem Grunde sind bei AP-Aspekten zum Mond die Unterschiede zwischen den einzelnen Aspektarten viel deutlicher zu spüren als bei solchen zur Sonne und zu den Planeten.

Gemäss den Qualitäten der einzelnen Aspekte gehen wir durch Wandlungs- und Reifungsprozesse unserer Gefühlsnatur. Dabei lernen wir bei jedem AP-Aspekt immer besser mit unseren Gefühlen umzugehen und werden fähig, unsere Gefühls- oder Kontaktprobleme bewusst zu lösen. Die meisten Menschen haben Gefühls-

(

konflikte irgendwelcher Art; diese gehören offenbar
zum Menschsein, und keiner bleibt im Verlaufe seines
Lebens davon verschont. Der AP-Progress macht sie
immer wieder aktuell und - je nach Aspektart - problematisch. Blaue Aspekte wirken beruhigend, harmonisie-
rend, rote Aspekte verursachen fast immer gewisse Auf-
regungen, Schwierigkeiten und Härten. Grüne Aspekte
bringen Sehnsüchte, unbestimmbare Gefühlszustände
sowie Unsicherheiten.

Subjektivität

Das Gefühl des Menschen reagiert vorwiegend auf sich
bezogen, das heisst: subjektiv. In seiner Egozentrik hat
es die Eigenart, wie ein Vergrösserungsglas zu wirken:
Es verdeutlicht alle Eindrücke, verzerrt sie aber auch im
positiven wie im negativen Sinne - dies infolge eines subjektiv bedingten »Lupeneffektes«, der gemütshafte
Regungen überbetont. Davon rührt das voreilige Urtei-
len her, das nur der momentanen Stimmung folgt, im
Sinne von: Dies ist gut und das ist schlecht für mich.
Der Mond neigt also nicht zum Objektivieren oder Dif-
ferenzieren, sondern mehr zum Pro und Contra, zu Sympathie und Antipathie.

Grüne Aspekte zum Mond

Die grünen Aspekte regen eine Entwicklung durch grössere Erkenntnisbereitschaft an. Unser Reifeprozess zielt
auf einen möglichst ruhigen und ausgeglichenen
Gemütszustand ab; denn nur Gelassenheit und innere
Harmonie machen uns in echtem Sinne kontakt- und lie-

besfähig. Beim Quincunx-Aspekt erleben wir meistens eine Entscheidungskrise im Hinblick auf Kontakt und Liebe. Dabei haben wir die Chance, eine gewisse Neutralität oder Losgelöstheit der Gefühle zu erlangen, welche die Voraussetzung für wahre Liebesfähigkeit ist. Bei fortgeschrittener Reife wird Liebe nicht länger zur eigenen Wunschbefriedigung missbraucht, sondern mehr als überpersönliche Liebe im Sinne einer alles umschliessenden Offenheit und Anteilnahme verstanden. Nicht die quantitative Emotion in Form überschwenglicher Gefühlsäusserungen, sondern ein konstantes Wohlwollen gegenüber jeder lebenden Kreatur gilt es zu entwikkeln.

Selbstwertgefühl (Sensitivität)

Das mondhafte Selbstwertgefühl hängt von dem Erlebnis ab, sensitiv auf die Umwelt reagieren zu können. Als reflektierendes Prinzip befähigt uns der Mond, Kontakte jeder Art wahrzunehmen und darauf zu reagieren - er ist das Empfängliche in uns. Das heisst, dass eigentlich zum Mond kein forderndes Ich gehören darf. Die Ursachen von Falschreaktionen auf der Gefühlsebene sind meist in einer zu betonten Subjektivität zu suchen, indem wir alle Beziehungen gleich auf unser Gefühls-Ich beziehen. Dieser Ich-Pol sollte derart abgeklärt und durchlässig sein, dass zwar noch ein Ich-Bewusstsein da ist, dieses aber im zuversichtlichen Wissen besteht: Ich bin sensitiv, bin jederzeit reaktionsfähig; ich kann alles, worauf ich mein Gefühl einstelle, richtig erspüren und verstehen.

Daraus resultiert eine Gefühlssicherheit, ein Selbstwertgefühl und gleichzeitig eine Unabhängigkeit von der Umwelt. Wir sind nicht länger auf Bestätigung von aussen angewiesen, weil wir selber wissen, dass wir kontakt- und liebesfähig sind. Das macht uns freier; wir können in Gelassenheit entscheiden, ob wir Menschen um uns haben oder allein sein möchten.

Je eher wir uns während des aufsteigenden Halbzyklus vom ichhaft bestimmten Liebeswunsch zu lösen vermögen, desto mehr dürften wir in Annäherung an die Opposition eine gesunde Neutralität, Ausgeglichenheit und Stabilität unserer Gemütsverfassung erreichen. Die Folge davon ist meistens ein verfeinertes Gefühlsleben - wir werden sensitiver in unserem empfindenden Reagieren auf die Umwelt. Gleichzeitig wird im absteigenden Halbzyklus auch die Wahrnehmung der objektiven Welt immer differenzierter; Urteile über Menschen und Sachverhalte werden richtiger, gerechter.

Das Wesen der Gegensätze im Gefühlskörper

Je grösser die Gemütsschwankungen zwischen positiven und negativen Empfindungen sind - etwa zwischen Liebe und Hass -, desto stärker ist die Ichbezogenheit. Diese Egozentrik der Subjektivität unserer Gefühle wird uns bei jedem AP-Aspekt, besonders bei roten Aspekten, vor Augen geführt. Während solcher Phasen können wir an uns selber beobachten, wie wir darauf aus sind, geliebt zu werden. Da heisst es aufzupassen und nicht wieder in alte Verhaltensweisen zurückzufallen. Aus früheren Erfahrungen wissen wir wahrscheinlich, dass es in erster Linie darum geht, Verständnis und Liebe zu geben - ohne Spekulation auf eine »Rückerstattung«. Liebe heisst freies Geben und Nehmen; der Drang »Ich-will-geliebt-werden« hat damit nur wenig zu tun.

Dies ist das eine Extrem bei roten Mond-Aspekten, das andere wäre das Gegenteil davon, nämlich immer nur für andere da zu sein, sich selber zu »opfern« und zu vernachlässigen. Auch dieser Haltung liegt oftmals ein versteckter Egoismus zugrunde, indem wir hoffen, unserer Hingabe, unserer Aufopferung wegen geliebt zu werden. Dabei irren wir uns aber sehr, denn das unbegrenzte Geben und Verzichten wird fast nie im gleichen Mass belohnt. Alle Extreme in unserem Gefühlsleben führen zu Enttäuschungen und zu Instabilität. Und dennoch lernen wir gerade aus solchen schmerzlichen Erfahrungen der »Grenzüberschreitung« so manches - besonders bei grünen Aspekten - über uns und die anderen und unsere Beziehungen zu ihnen.

Das kindliche Mond-Ich: die Spontaneität

Eine weitere Wirkung der Alterspunkt-Aspekte auf den Mond hängt mit einer wesentlichen Eigenschaft eines gut entwickelten Mond-Ichs zusammen: nämlich seiner Spontaneität. Darin ist der Mond ganz anders als Sonne oder Saturn. Der Mond möchte jederzeit spontan reagieren, weil er ein veränderliches Prinzip darstellt. Solche Reaktionen können vom Verstand nicht vorausgeplant werden, sondern entstehen aufgrund einer gegebenen Situation im Hier und Jetzt. Spontaneität bedingt eine stetige wache Wahrnehmung, garantiert einen optimalen Informationsfluss und bringt eine zunehmende Lernka-

151

(

pazität. Das Kind, das in seiner Bauart dem Mond unter-
steht, besitzt diese offene Spontaneität in hohem Masse,
meistens solange es den mütterlichen Schutz beanspru-
chen darf. Das Kind reagiert bekanntlich direkt und
frisch, ist offen· in seiner Zuwendung und wird erst nach
und nach - vor allem durch Belehrungen von seiten der
Eltern - in seinem arglos offenen Wesen eingeschränkt.

Diese Spontaneität, die dem Kind ursprünglich eignet,
ist die eigentliche und wesentliche Qualität des Mondes.
Sie sollte im Laufe des Lebens nicht verlorengehen.
Trotz aller Anforderungen und Härten des Lebens können wir immer wieder zu solcher Spontaneität und Sensitivität zurückfinden, wenn wir sie bewusst pflegen und
kultivieren. Dies sollte das Ziel der Mondentwicklung
sein, dann bleiben wir liebesfähig und sind auch im
hohen Alter nicht alleine. Naturgemäss gelingt uns das
unter grüner oder blauer Aspektierung wesentlich leichter als unter roter.

Saturn   ♄

Saturn bildet den physischen Pol unserer Persönlichkeit. Er bestimmt die körperliche Wirklichkeit, deren grundlegender Lebensinstinkt es ist: Ich muss erhalten bleiben, ich muss gut funktionieren.

Das oberste Gesetz des Saturn heisst **Sicherheit.** Das Sicherheitsstreben findet auf allen drei Ebenen menschlicher Existenz statt. Es ist also nicht allein der Körper, der nach Sicherheit verlangt, sondern dieses Bedürfnis hat der Mensch auch auf der seelischen und der geistigen Ebene. Saturn ist auch unser Gedächtnis. Mit ihm halten wir das Erlebte fest und bilden uns eine Meinung darüber. Wir sammeln Erfahrungen, auf die wir gegebenenfalls zurückgreifen können. Doch aus dem Sammel-, Bewahrungs- und Sicherheitsbedürfnis des Saturn entsteht auch die Angst, dass uns etwas zustossen könnte oder dass wir etwas verlieren. Diese Angst wiederum gebiert das Bedürfnis nach Vorbeugung.

Saturn ist der Gegenspieler der Sonne. Diese als aktives, expandierendes Prinzip und Saturn als eingrenzendes widersprechen sich oft in uns. Saturn ist nicht darauf aus, sich auszudehnen, sondern er will die Dinge, Menschen oder Positionen in der Hand behalten.

Übergang (Konjunktion)

Beim Saturnübergang wird zunächst das Sicherheitsstreben aktiviert. Wir neigen vermehrt dazu, das Erreichte

♄

krampfhaft festzuhalten, auch Beziehungen, die seit langem leerlaufen. Durch unsere eigene Unbeweglichkeit wird das Leben oftmals als Gefängnis empfunden, aus dem wir uns schwerlich befreien können, vor allem, wenn die Angst überhandnimmt und wir uns weigern, uns zu ändern. Dann riegeln wir uns ab und ziehen eine undurchdringliche Grenze zwischen uns und der Aussenwelt. Dieses statische Abblocken ist wohl die negativste Saturntendenz, der wir nicht nachgeben sollten.

Wenn wir beim AP-Übergang die Grenzen verhärten, sind wir lebendig begraben und von allen Wachstumskräften der Natur abgetrennt. Dabei begeben wir uns in weit gefährlichere Abhängigkeiten. Wir können nicht mehr bewusst am Leben teilnehmen, Ereignisse überrollen uns, wir haben keinen Einfluss mehr auf sie und graben uns noch mehr ein. Die Sicherheit in der Verweigerung zu suchen, ist eine falsche Reaktion auf einen Saturn-Aspekt. Auch die Natur kennt keinen völligen Stillstand, sie ist getragen von einem stetigen Rhythmus und Wandel.

Die grösste Sicherheit erlangen wir, wenn wir fähig werden, auf das Schicksal elastisch zu reagieren und unsere noch so berechtigten Forderungen fallenzulassen. Dieses Prinzip zu erkennen ist der wesentliche Schritt, der bei jedem Saturn-Alterspunkt-Aspekt von uns verlangt wird.

In Wirklichkeit hat der Saturn eine Mission der Reifung zu erfüllen. Beim AP-Übergang können wir lernen, selbst Verantwortung zu tragen. Saturn als Ich-Planet gibt uns materielle, physische Kompetenz, Sicherheit, innere Autorität. Aber nur dann, wenn wir die Einsicht haben, dass wir selber unser Schicksal verursachen, dass alles, was uns widerfährt, schon in uns selbst enthalten ist. Indem wir uns mit dem Saturn-Prinzip identifizieren, nehmen wir es als etwas Eigenes an und erleben es als innere Kraft, Festigkeit und Reife.

Hausstellung des Saturn

Wenn beispielsweise Saturn im siebten Haus, dem Haus der Partnerschaften steht, so glauben wir, dass das Du uns Fesseln anlegt, uns Lasten aufbürdet, die wir nicht tragen wollen. Beim AP-Übergang können wir jedoch erkennen, dass Saturn in uns selbst am Werk ist. Wir selbst legen uns Fesseln an, sind unbeweglich und glauben, auf alte Rechte pochen zu müssen. Mit Saturn im siebten Haus neigen wir dazu, die Schuld für alles, was uns widerfahren ist, anderen anzulasten. Im achten Haus schieben wir sie der Gesellschaftsordnung zu, im sechsten Haus dem Arbeitgeber oder den Kollegen, im fünften Haus den Umständen usw. Diese Tendenzen können wir selbst auf alle Häuser applizieren.

Aspekte und Aspektzyklus des Saturn

Wie erwähnt, stellt der Saturn in erster Linie das physische Ich, also unser **Körperbewusstsein** dar. Deshalb sollten wir bei allen Alterspunkt-Aspekten zunächst unsere elementare Sicherheit ernst nehmen, unsere Gesundheit stärken, unser Körperbewusstsein entwikkeln, d.h. das Gespür für unseren Körper und unsere dingliche Umwelt schulen. Dadurch wird unsere Lebenstüchtigkeit gefestigt und entwickelt. Auch bei den fünf Zwischenaspekten wäre es falsch, Sicherheit statisch zu verstehen und zu versuchen, sich in starren Grenzen abzusichern. Abgrenzung ist kein taugliches Mittel zur Lebenserhaltung. Die Grenze unseres Körpers ist die Haut - und wie sensibel reagiert sie. Wird sie von anderen Grenzen (anderen Körpern) berührt, so nehmen wir dies zuinnerst wahr und reagieren darauf.

Grenzen bedeuten also nicht nur Abblockung, sie werden durchlässig durch elastisches und sensitives Reagieren auf die Wirklichkeiten des Lebens. Dies gilt noch viel mehr im geistigen Bereich, wo ein abgeschlossenes Weltbild, das keiner Veränderung mehr nachgibt, bald zum geistigen Tod führen kann. Wenn wir unsere Angst vor Saturn-Aspekten überwinden und offen bleiben für das, was in uns wachsen will, wird eine neue Selbstsicherheit in uns entstehen, mittels deren wir auch schwierige Aufgaben meistern werden. Schicksalsbemeisterung ist vielleicht die beste Gabe des Saturn, diese sollten wir bewusst anstreben. Dann kommen unsere Kräfte in Fluss, neue Tore öffnen sich, und wir nehmen so manches wahr, was ausserhalb unserer Grenzen vor sich geht.

Verständlicherweise befähigen uns rote Aspekte eher, veraltete Mauern niederzureissen, traditionelle Ansichten zu überprüfen und wenn nötig über Bord zu werfen, während blaue Aspekte eher starr reagieren (Gewohnheit) und deshalb manchmal Angstzustände schüren. Saturn stellt den Angstpol unter den zehn Planeten dar, und durch den Versuch, am alten festzuhalten, wird die Angst nur gefördert.

Von allen Aspekten hat die Opposition zum Saturn die grösste Bremswirkung auf unsere Aktivität und unseren Vorwärtsdrang. Eine solche Gegenkraft ist jedoch zur Kontrolle der (sonnenhaften) Wachstumskräfte notwendig. Denn man stelle sich ein Auto ohne Bremsen vor: Seine erste Fahrt wäre auch schon seine letzte . . .

Eine weitere Grundfunktion des Saturn ist die Ökonomie, die uns befähigt, mit unseren Kräften haushälterisch umzugehen. Wir müssen im Leben lernen, wie wir unsere Substanz, unsere vitalen Energien am wirkungsvollsten ins Spiel bringen können - dies betrifft die psychische Energie so gut wie die materiellen Mittel. Wer mehr Geld ausgibt, als er verdient, geht un-saturnisch vor; es fehlt ihm die Kontrolle über seine Mittel. Einen optimalen Ausgleich im Kräftehaushalt zu finden, ist vor allem unter grüner AP-Aspektierung möglich. Wer mit seinen Energien bis dahin nicht richtig umgehen konnte, der kann es bei Alterspunkt-Aspekten lernen. Da werden uns durch äussere Situationen Grenzen gesetzt, wie etwa durch Konkursgefahr, Prestigeverlust, Krankheit, Antriebslosigkeit etc. So kommt natürlich das in der Literatur beschriebene »Übeltätertum« des Saturn wieder zum Vorschein, und insofern ist er auch wirklich jener »Hüter der Schwelle«, der am Schluss die Rechnung präsentiert und den übermütigen Adepten noch einmal zurückschickt. Wenn wir aber lernen, unsere Energien richtig einzuteilen, dann bringt uns Saturn innere Sicherheit, Urvertrauen, echte Lebensfreude. Jüngere Menschen mit astrologischen Kenntnissen äussern heutzutage immer häufiger die Ansicht, dass das Wissen um Saturn für sie eine grosse Hilfe sei; sie fürchten ihn nicht, im Gegenteil: Sie schätzen ihn und mögen ihn.

Merkur, Venus, Mars, Jupiter

Gemessen an den AP-Aspekten zu den drei Persönlichkeitsplaneten könnte man diejenigen zu den vier Planeten Merkur, Venus, Mars und Jupiter als zweitrangig bezeichnen. Diese Planeten stellen aber jene Organe und Fähigkeiten der Person dar, welche ihre Überlebensfähigkeit bedingen und sind so gesehen von entscheidender Bedeutung in der Persönlichkeitsentfaltung. Wie bereits erwähnt, werden uns bei den AP-Konjunktionen die Qualitäten des betreffenden Planeten deutlicher bewusst als zuvor. Am besten ist es, wenn wir eine Haltung annehmender Erwartung kultivieren, indem wir uns auf dieses Planetenprinzip vorbereiten, uns positiv darauf einstellen, damit es in uns wachsen kann. Wenn wir die Bereitschaft zum Lernen haben, entwickeln wir uns mehr und mehr zu dem, was wir ursprünglich werden sollten. Schicksalsschläge und Krankheiten bringen die AP-Aspekte nur dann, wenn wir die Gelegenheiten zur Weiterentwicklung nicht wahrnehmen wollen und uns dagegen sperren. Wir selbst bestimmen also, wie die Aspekte wirken.

Wir werden im folgenden die wichtigsten Auswirkungen des AP-Übergangs (Konjunktion) und des AP-Aspektzyklus als Entwicklungsweg der einzelnen Planeten-Fähigkeiten beschreiben. Es hängt weitgehend von der inneren Einstellung ab, wie intensiv - positiv oder negativ - eine Planetenberührung des Alterspunktes ausfällt. Dabei können formale Auswirkungen der Aspekte und mögliche Ereignisse niemals im voraus bestimmt werden, weil diese weitgehend von unserer Charakterbeschaffenheit und unserem Bewusstseinsstand abhängen.

Merkur ☿

Beim **AP-Übergang** sind wir sehr lernfähig und je nach Haus- und Zeichenstellung wissbegierig. Dank unserer Beweglichkeit und Neugier sind wir offen für neue Wissensbereiche und lernen eine Menge interessanter Dinge dazu. Vielleicht erleben wir zum erstenmal bewusst, dass wir einen gut arbeitenden Verstand besitzen, was unser Selbstbewusstsein erheblich verbessern kann. Beim Merkur-Übergang kommen wir intellektuell vermehrt zum Zug; berufliche und andere Erfolgserlebnisse sind möglich, da unsere Auffassungsgabe aktiviert ist. Wer noch zur Schule geht, kommt jetzt besser mit; Versäumtes wird mit relativer Leichtigkeit nachgeholt. Wir erleben vielleicht auch, dass Menschen, die uns bisher übergangen haben, uns plötzlich anhören und ernst nehmen. Es ist nun auch eine gute Zeit, sich beruflich zu verändern, um etwas Neues zu erleben, weil das Alte seine Faszination verliert. Das verschafft uns lebendige Kontakte und grössere Befriedigung. Wir werden übrigens auch mitteilsamer und suchen da, wo wir bisher zurückhaltend und verschwiegen waren, nunmehr den Gedankenaustausch. Wir sind schliesslich daran interessiert, unser Wissen weiterzugeben, und Berufe, die solches ermöglichen, finden Gefallen.

Beim **Aspektzyklus** geht es um die Entwicklung unserer Auffassungsgabe, Kombinations- und Lernfähigkeit. Das Medium des Merkur ist die Sprache, Ausdrucks- und Überzeugungsfähigkeit, intelligentes Formulieren von Gedanken, Gewandtheit in Wort und Schrift. Auch das Erlernen und Beherrschen einer Fremdsprache

159

gehört hierher. Seine Stärke liegt im Sammeln, im verstandesmässigen Ordnen und Katalogisieren der Begriffe. Auch kaufmännische Fähigkeiten können wir jetzt entwickeln und umsetzen. Bei allen Aspekten werden wir herausgefordert, die merkurischen Fähigkeiten zu kultivieren, um sie im stufenweisen Prozess des AP-Aspektzyklus immer besser in den Griff zu bekommen. Wir sollten aber aufpassen, dass wir uns nicht verzetteln und uns von unserem wirklichen Weg abbringen lassen.

Negative Auswirkungen sind: Geschwätzigkeit, Sensationslust, falsche Kompromisse, Unterscheidungslosigkeit, Gleichmacherei, sich nach dem Wind drehen.

Venus   ♀

Beim **Übergang des AP** über die Venus werden wir
genussfreudiger und geselliger. Wir möchten die schönen Seiten des Lebens geniessen und vermeiden nach
Möglichkeit härtere Auseinandersetzungen. Wir sind
mehr als früher zu Kompromissen bereit. Wo wir bisher
unseren Standpunkt auf Biegen oder Brechen vertreten
haben, suchen wir nunmehr einen Ausgleich. Mit eventu-
ellen Feinden können wir uns aussöhnen und da, wo
Unfriede herrscht, Harmonie bringen.

Die Venus stellt in allen menschlichen Beziehungen
einen wesentlichen Selektivmechanismus dar. Beim
Venus-Übergang wird uns meistens bewusst, wer oder
was zu uns passt und was nicht. Wir werden wählerisch
und suchen die Menschen, die uns ergänzen und mit
denen wir harmonisch und glücklich zusammensein können. Manche finden heraus, dass jene, mit denen sie
enger verbunden sind, nicht zu ihnen passen. Venus ist
im übrigen der Planet der weiblichen Libido, weshalb
ein Mann beim Venus-Übergang (je nach Altersstufe)
intensive neue Erfahrungen mit dem weiblichen
Geschlecht machen kann. Umgekehrt wird sich eine
Frau jetzt auch als geschlechtliche Partnerin erleben, sie
kann durch eine Liebesbeziehung in ihrer Weiblichkeit
bestätigt und gefördert werden (Erfahrung der weiblichen Identität). Manche finden harmonische Beziehungen zu anderen Frauen.

Beim **AP-Aspektzyklus** geht es meistens um die Entwicklung des Umgangsstils (Zuvorkommenheit, Freund-
lichkeit) sowie unseres ästhetischen Sinnes, der uns alle

rohen Kräfte, alles Hässliche und Unvollkommene verfeinern und veredeln hilft. Die Venus verkörpert Harmonie und Schönheit und hat die Fähigkeit, das ihr Gemässe anzuziehen. Bei jedem AP-Aspekt können wir uns etwas Angenehmes und Schönes verschaffen, etwas, das uns Vergnügen bereitet. Das kann sich im Zusammenhang mit geliebten Menschen wie auch in materiellen oder geistigen Belangen zeigen.

Die Venus ist bei allen Auswahl- und Assimilationsprozessen beteiligt. Anlässlich der verschiedenen AP-Aspekte sehen wir uns immer wieder vor die Wahl gestellt, uns für dies oder jenes zu entscheiden. Im Laufe der Zeit werden wir immer besser herausfinden, was unserem Wesen wirklich entspricht.

Manche müssen lernen, nein oder ja zu sagen. Andere können sich beim Venus-Zyklus von Schuldgefühlen befreien, die von einer falschen Erziehung herrühren und sie hinderten, sich auch einmal etwas Gutes zu leisten. Zuweilen besteht die Möglichkeit (bei entsprechenden Aspekten im Grundhoroskop), dass wir leiden müssen. Die Venus sucht in allen Dingen den Ausgleich; wo immer unser Gleichgewicht gestört ist, ruft sie das Gegengewicht hervor. Falls wir etwa zu sehr auf Wohlbehagen, Bequemlichkeit und Luxus ausgerichtet sind, kann uns der Venus-Übergang bewusstmachen, wie verweichlicht und willensschwach wir geworden sind. Manchmal werden wir auch anfällig für Krankheiten. Um der Eigenverantwortung oder dem eigenen Leistungseinsatz zu entgehen, unterwerfen wir uns vielleicht dem Einfluss einer Idee oder einer starken Persönlichkeit. Dann müssen wir uns darum bemühen, unser

♀

Leben wieder selbst in die Hand zu nehmen. Wenn wir hingegen bisher ganz auf uns selbst gestellt waren, jede engere Beziehung vermieden haben, damit wir uns nicht anpassen müssen, werden wir beim Venus-Aspekt zugänglicher. Wir sehnen uns sogar nach Liebe und Nähe - und manchmal finden wir den richtigen Partner.

Negative Auswirkungen sind: Genusssucht, Verweichlichung, Opportunismus, Egoismus in der Liebe, Selbsttäuschung, Leichtsinn, Standpunktlosigkeit.

♂ Mars

Beim **Übergang des AP** über den Mars wird unsere Leistungsfähigkeit aktiviert. Wir verspüren neue Antriebskräfte, mittels deren wir Aufgaben in Angriff nehmen können, die schon lange der Erledigung harren. Plötzlich haben wir auch den notwendigen Mut, das zu tun, was wir schon immer tun wollten. Die Angst ist wie verflogen. Das wird von antriebsschwachen Menschen wie eine Befreiung empfunden. Wir wagen uns auch an Unbekanntes heran und beginnen, tatkräftig unsere Ziele zu verwirklichen. Dabei haben wir meist wenig Geduld, lange zu warten und möchten unsere Pläne sofort in die Tat umsetzen.

Mars ist der männliche Libidoplanet und bringt im weiblichen Fall häufig Beziehungen zum anderen Geschlecht. Im männlichen Horoskop kommt es zur Aktivierung der geschlechtlichen Potenz und damit zur männlichen Selbsterfahrung, eventuell durch eine intensive Liebesbeziehung. Beim Mars-Übergang handelt es sich im allgemeinen um eine positive Zeit, in der wir manche persönlichen Wünsche und Ziele durchsetzen können.

Je nach Aspektierung im Grundhoroskop sollten wir zuerst überlegen, bevor wir uns in Aktivitäten stürzen. Vielleicht überschätzen wir unsere Möglichkeiten und Kräfte. Unsere Leistungsstärke ist zwar gross, aber gewiss nicht unbeschränkt.

Je nach Zeichen- und Hausstellung neigen wir zu Übertreibungen, unsere Abwehrreflexe, Aggressions- und

164

Konfliktbereitschaft sind erhöht und müssten auf ihre Motivation hin überprüft werden.

Beim **AP-Aspektzyklus** geht es um die Entwicklung unserer motorischen Energie, um unsere Handlungsbereitschaft, die zunächst blind ist und uns bedenkenlos vorwärtsstürmen lässt. Beim AP-Zyklus lernen wir unser Leistungspotential immer besser kennen und gebrauchen, meistens durch akute Erfahrungen bei den verschiedenen Aspekten. Wir lernen beim Mars durch »Feuer«, durch lebendige Erfahrung, nicht durch blosses Beobachten oder Ansammeln von Wissen. Deshalb müssen wir uns auch gelegentlich die Finger verbrennen, in irgendeine Gefahr hineinrennen, ehe wir wissend werden können. Das Entwicklungsziel beim AP-Zyklus des Mars ist, Bewusstheit über unsere motorischen Antriebsenergien zu erlangen. Es hängt weitgehend von den mit Mars verbundenen Planeten ab, wie lange wir brauchen, bis wir lernen, unsere Kräfte optimal und zielgerichtet einzusetzen. Andererseits können wir die Antriebs- und Durchschlagskraft des Mars bewusst nutzen, um nach einer Periode des Ausruhens oder der Trägheit wieder in Gang zu kommen. So können wir uns auf alle AP-Aspekte innerlich einstellen.

Negative Auswirkungen sind: unüberlegtes Handeln, Gewalt, Zerstörungs- und Aggressionsbereitschaft, Triebhaftigkeit, Konflikte, Trennungen.

4
Jupiter

Beim **AP-Übergang** steigert sich unser Wahrnehmungs-
vermögen, unsere Sinnenwachheit. Wir sehen die Welt
und unsere Möglichkeiten nunmehr richtiger und wahrer. Wir erkennen in uns und bei anderen ganz klar, was
echt und was falsch ist. Jupiter stellt die Summe aller Sinnesfunktionen dar; bei der Konjunktion sind sie stimuliert und hellwach. Urteilsvermögen, Wertgefühl und
Qualitätsbewusstsein werden dabei spürbar aktiviert.
Vielleicht erschrecken wir bei der Erkenntnis, welche
Fehler wir bis jetzt begangen haben. Meistens rücken
manche Dinge in die richtigen Proportionen, erscheinen
in einem neuen, wahreren Licht. Unser Wertsystem
kann sich zugunsten einer grösseren Sichtweise verändern. Jupiter bringt ja Bewusstseinserweiterung und
lässt einen grösseren Zusammenhang und Sinn erkennen. Daraus resultieren eine starke Zuversicht, ein geistiges Erwachen und ein Wissen um innere Motivationen,
die alle Zweifel am Gelingen unserer Aufgabe beseitigen. Wir werden uns nun unserer besten Qualitäten
bewusst und können sie mit Überzeugung umsetzen.
Jupiter ist in der traditionellen Astrologie nicht umsonst
der Glücksplanet.

Beim **AP-Aspektzyklus** des Jupiter geht es um die Entwicklung und Klärung unserer Sinneswahrnehmungen.
Während des aufsteigenden Halbzyklus werden diese
geschärft, so dass unser Beobachtungs- und Wahrneh-
mungsvermögen besser wird und wir präzise und wahr-
heitsgetreu erleben lernen, was der Lebensrealität entspricht. Täuschungen, Illusionen und Unwahrheiten

können wir leichter erkennen; wir reagieren auf Fehlhaltungen von uns selbst und von anderen bewusster, lassen uns nicht mehr soviel vormachen. Wir werden ehrlicher zu uns selbst, auch weiser, toleranter und gerechter. Je klarer die Wahrnehmung, um so sicherer wird das Urteilsvermögen. Im Verlauf der Jahre und Jahrzehnte erhalten wir eine klarere Einsicht in die Zusammenhänge und in den Sinn, der hinter den Erscheinungen steht. So werden wir freier in unserer Wesensäusserung. Am Ende des Zyklus kommen oft Angelegenheiten wie von allein in Ordnung - was uns störte oder ängstigte, kehrt an seinen Platz zurück, vieles fügt sich nahtlos zusammen, denn »Jupiter bringt selbstheilende Kräfte in Gang«.

Negative Auswirkungen sind: Einbildung und Stolz, Besserwisserei, Prahlerei, Aufgeblasenheit, provozierende Auflehnung, Leichtsinn, Fremdheitsgefühle, Verantwortungslosigkeit.

Uranus, Neptun, Pluto

Bei den drei neuen Planeten handelt es sich um innere Leitbilder, die als mehr oder weniger latente, geistige Fähigkeiten in uns schlummern. Beim AP-Aspektzyklus können diese entwickelt werden. Auf der farbigen Planetentafel Seite 96A sind sie über den drei Hauptplaneten angeordnet. Wir betrachten sie als »höhere ICH-Prinzipien« oder als Organe des sogenannten »Höheren Selbst«: Uranus als schöpferische Intelligenz, Neptun als höheres Liebesprinzip und Pluto als geistige Willenskraft.

In ihrer reinsten Qualität funktionieren sie nur in einem Menschen, der die Integration seiner dreifachen Persönlichkeit und den Individuationsprozess weitgehend hinter sich gebracht hat und aus gereinigten Motiven danach strebt, einen schöpferischen Beitrag zur Evolution zu leisten. In vielen Fällen hingegen wirken sie als Kollektiv-Schicksal, in das der unbewusst lebende Mensch bei Aspekten häufig verwickelt wird.

Im **AP-Aspektzyklus** der drei neuen Planeten haben wir Gelegenheit, allmählich mehr Bewusstheit über die wahre Natur dieser geistigen Urprinzipien zu erlangen. Sie gehören zu transpersonalen (überpersönlichen) Bereichen, auf denen wir nur »ich-los« wirken können, das heisst ohne Absicht einer Selbstbestätigung. Ein noch nicht gefestigtes Selbstbewusstsein vermag diese drei geistigen Wesenskräfte nicht richtig zu »handhaben«. Darin liegt der Grund, warum sie oft eine zerstörerische Wirkung haben, besonders bei egoistischen Absichten.

Alle AP-Aspekte auf die drei geistigen Planeten, vor allem aber die AP-Übergänge, wirken verwandelnd auf unsere Lebensmotivationen ein; sie mobilisieren bewusstseinserweiternde, geisterweckende Kräfte in uns, welche reinigend, manchmal auch zerstörerisch wirken. Häufig beginnen wir beim AP-Übergang über einen dieser drei Planeten, uns für geistige Themen und Aktivitäten zu interessieren, oder es treten äussere Umstände ein, die uns mit transzendenten Dimensionen in Berührung bringen.

Uranus

Beim **AP-Übergang** über den Uranus verspüren wir oft eine innere Unruhe - wir haben das Gefühl, dass etwas ganz Neues geschehen muss. Wir fangen an zu zweifeln, ob unsere Lebensumstände, unsere Umgebung richtig liegen - ob unsere Welt noch stimme. Schon allein die Möglichkeit beunruhigt oder ängstigt uns und macht uns jedenfalls offen für neue Perspektiven, neue Erklärungen und Anschauungen. Unser Forschertrieb erwacht, und unsere schöpferische Intelligenz wird durch den AP-Übergang stimuliert. Wir wollen uns darüber informieren, was ausserhalb des Üblichen noch existiert. Deshalb kommen wir beim AP-Übergang oftmals mit Menschen oder Büchern in Berührung, die uns mit neuen Denkstrukturen, neuen Wertsystemen (z.B. Astrologie) bekannt machen. Diese brechen unser bisheriges Bewusstsein auf und zerstören oftmals alte Werte und Zielrichtungen, die uns bis dahin Halt und Sicherheit gegeben hatten. Eine alte Welt geht unter, eine neue will geboren werden.

Eine wichtige Motivation des Uranus ist es, durch Wissen grössere Sicherheit zu erlangen, nicht enge, persönliche wie Saturn, sondern grossräumige, allgemeingültige geistige Sicherheit. Wir wollen tiefer in die Geheimnisse des Lebens eindringen und die Gesetzmässigkeiten menschlicher, planetarischer, ja kosmischer Entwicklungen begreifen. Dadurch wandelt sich unser Bewusstsein wie auch unsere Einstellung zu vielen Dingen des Lebens. Darin liegt auch der Grund, dass einer unter diesem Aspekt vom »Saulus zum Paulus« wird und eine drastische Änderung seiner Lebenssituation herbeiführt. Das alte, traditionsgebundene Wissen wird zuweilen heftig abgelehnt - Uranus gilt von jeher als zuständig für plötzliche Ereignisse, Umbrüche und Umstürze. In Wirklichkeit führen wir diese durch unseren Bewusstseinswandel selbst herbei.

Im **AP-Aspektzyklus** wachsen wir stufenweise immer mehr in neue Bewusstseinszustände hinein. Bei jedem Aspekt verspüren wir einen mehr oder weniger starken Drang, die Grenzen des Bekannten hinter uns zu lassen, wir streben nach Bewusstseinserweiterung, um durch neue Erkenntnisse sowohl grössere Sicherheit wie auch eine bessere Lebensordnung zu finden. Bei den ersten Aspekten nach der Konjunktion gehen wir noch vorsichtig vorwärts, Schritt für Schritt und jederzeit bereit, ins Altbekannte zurückzukehren. Am Anfang des geistigen Weges sind noch starke Zweifel vorhanden, die wir erst allmählich überwinden können. Beim ersten Eindringen in geistige Dimensionen sind wir noch nicht sicher, ob das Neuerkannte oder innerlich Erlebte auch wirklich ist, oder ob wir in eine falsche Richtung gehen. Wir wollen uns absichern, vor allem beim Quincunx-Aspekt überfallen uns oft quälende Zweifel. Diese dienen aber der Entwicklung grösserer Bewusstheit und Autonomie im Denken. Spätestens bei der Opposition erhalten wir eindeutige Erkenntnisse, die uns von der Wirklichkeit geistiger, ungreifbarer Dinge überzeugen. Im Verlaufe unseres weiteren Lebens verstehen und integrieren wir den Uranus mit seiner schöpferischen Intelligenz immer besser. Er wird zur sprudelnden Quelle neuer Inspirationen, die uns Originalität wie auch innere Kraft und Sicherheit verleihen.

Negative Auswirkungen sind: Eigensinn und Trotz-haltungen, nervöse Ungeduld, exzentrische Handlungen und Haltungen, revolutionäre Tendenzen, wahllose Zerstörung vorhandener Wertsysteme (Terrorismus), uranisches Systemdenken, Technophilie, Entfremdung vom Menschlichen, allwissende Überheblichkeit.

Neptun

Beim **AP-Übergang** über den Neptun wird unsere sensitive Empfindungsfunktion stimuliert. Wir können an Kommunikationsvorgängen in der Aussenwelt teilnehmen, die schon immer da waren, die wir aber bisher nicht wahrnehmen konnten. Deshalb verursacht ein Neptun-Übergang oftmals seltsame Gemütszustände; wir sind überoffen für die Welt um uns herum, lauschen träumerisch in uns hinein und nehmen die feinsten Regungen um uns herum wahr. Neptun bringt uns in Kontakt mit einem Kommunikationsnetz, das alle Menschen miteinander verbindet, es ist »das zwischen den Dingen schwebende Geheimnis«. Dem Auge unsichtbar, kann es mittels einer höheren, neptunischen Sensitivität erspürt werden. Oft erleben wir dadurch die Einheit aller Seelen. Beim Neptun-Übergang wird auch unsere Identifikationsfähigkeit erweckt. Wir können unser eigenes Wesen fremden Zuständen derart nahebringen, dass wir uns mit ihnen identifizieren. Wenn wir uns in grenzenloser Liebe an einen Menschen verlieren, heben sich für uns die Ich-Grenzen auf.

Von einer anderen Warte aus betrachtet verkörpert Neptun ein höheres Liebesideal, das höchste, das wir uns vorstellen können und wonach wir uns zeit unseres Lebens sehnen. Es handelt sich um eine Wesenskraft, die uns über alle Grenzen zwischen den Menschen hinausführt und uns in das innerste Wesen des anderen hineinblicken lässt.

Im **AP-Aspektzyklus** entwickelt sich in uns das neptunische Prinzip der All-Liebe, mittels deren wir das ganze unermessliche Weltall empfindungsmässig verstehen und gewissermassen in uns aufnehmen können. Indem wir die Grösse der Einheit in allen Dingen erkennen, entwickeln wir soziale, altruistische Motive, die manchmal auch extreme Züge annehmen, vor allem dann, wenn wir entdecken, dass wir bisher selbstsüchtig oder materialistisch waren. Schliessen wir uns bewusst der wahren Bedeutung des Neptun auf, so wird er bei jeder Berührung mit dem Alterspunkt eine Wandlung der Motive bringen, die oft eine drastische Sinnesänderung hervorruft. Mit jedem Neptun-Aspekt werden unsere Ideale, unsere Menschlichkeit und unser soziales Engagement auf die Probe gestellt. Wir können unsere Neptun-Qualitäten während des aufsteigenden Aspektzyklus weiterentwickeln und vielleicht beim absteigenden viel Gutes tun, sowohl für sozial Zukurzgekommene, für Geschädigte wie überhaupt für alle leidenden Menschen.

Neptun als das alles einschliessende (und damit grenzauflösende) Prinzip ruft in manchen Zwischenphasen der Entwicklung auch seltsame Gemütszustände hervor, die zuweilen als sehr verwirrend empfunden werden. Als geistiges Ur-Prinzip hat Neptun (zusammen mit den beiden anderen geistigen Planeten) die Funktion, dem Menschen durch innere Erlebnisse und Erkenntnisse aufzuzeigen, dass ausserhalb des materiell Greifbaren noch etwas anderes existiert. Deshalb transzendiert er oft die Grenzen des Bestehenden und führt uns, je nach Aspekten im Grundhoroskop, in ein Phantasiereich, in Träume oder in die Tiefenwelt des Unbewussten, wobei wir vorübergehend den Boden unter den Füssen verlieren können. In extremen Fällen können wir zu dieser Zeit in die Hände von Betrügern fallen, die unsere Sensitivität ausnützen, uns unter dem Deckmantel von Liebe und Helfergeist für ihre Zwecke missbrauchen und zu manchen Opfern, auch materieller Art, bewegen. Weil wir uns unter dem Neptun-Einfluss nicht genügend abschirmen können, wird unser Gemüt je nach Aspekten im Grundhoroskop empfänglich für allerlei Stimmungen und Abhängigkeiten. Das ist auch der Grund, warum in der klassischen Astrologie der Neptun meistens negativ bewertet wird. Man schreibt ihm Perversionen und Süchte aller Art zu, auch Täuschungen und Wahnvorstellungen. In der Tat vernebelt er die klare Sicht so lange, bis wir seine wahre Natur der Identifikation mit dem höchsten Liebesideal, mit Christus, mit der universellen Menschenliebe in uns verwirklicht haben.

Negative Auswirkungen sind: Täuschungen, Versuchungen, Abhängigkeit von Drogen und Genussgiften, krankhafte Überempfindlichkeit (Hysterie), schwankender Wille, diffuser Intellekt, Halluzinationen, Angstzustände, Unkorrektheiten und Unzuverlässigkeiten, Schwindel, Betrug.

Pluto

Pluto stellt den Urtypus, das Pneuma in uns dar. Im Geistigen zeigt er sich als das Bild des höheren Menschen oder des Übermenschen, dem wir nachstreben sollen. Beim AP-Übergang aktiviert er in uns den Willen zur Umwandlung. Als gestaltwandelndes Prinzip leitet er die grossen Metamorphosen unserer Zeit wie auch im individuellen Bewusstsein ein. Die plutonische Wirkung zerstört oft unwiderruflich alle falschen Schein-Ich-Formen, alles, was nicht zum innersten Wesen gehört. Er ist der Vorbote einer höheren Entwicklungsstufe und zeigt ein neues Weltbild auf, wo die Materie durchdrungen wird, um zum Wesenhaften, zum tiefsten inneren Kern vorzustossen. In diesem Sinne hat er die Atomkernspaltung hervorgebracht. Erst 1930 wurde er entdeckt. (Siehe auch »Pluto in den zwölf Häusern« von Bruno Huber.)

Beim **AP-Übergang** über den Pluto werden wir häufig mit unserem Schatten konfrontiert; unsere Zwangsmechanismen und Unzulänglichkeiten werden uns schmerzlich bewusst. Alles Unerledigte, Verdrängte kommt an die Oberfläche. Möglicherweise geraten wir in eine Ich-Krise mit Selbstvorwürfen und schlechtem Gewissen. Wir nehmen uns dann ernsthaft vor, unser Leben zu ändern, ihm einen neuen, sinnvollen Gehalt zu geben und es nach grossen Lebensleitlinien auszurichten. Meistens haben wir eine feste Vorstellung davon, wie wir wirklich sind, wie unser Leben verlaufen sollte und was wir tun müssten, um uns zu ändern. Eins wird uns klar: Wir müssen Abschied nehmen von alten Formen, müssen alte Regeln durchbrechen, Risiken auf uns nehmen und unsere Angst überwinden. In der individuellen Entwicklung spüren wir den Pluto-Übergang häufig auch als Zufluss neuer Kräfte, weil Pluto eigene »Kernenergien« aktiviert, die mit unseren tiefsten Motivationskräften, unserem eigentlichen Willen zum Sein zu tun haben. Er zielt immer auf den Nukleus im Zentrum jedes Menschenwesens. Dort setzt er Willensenergien frei, die uns mit dem Bild des »höheren Selbstes« verschmelzen wollen. Dadurch ruft er tiefgreifende Wandlungen des ICHs hervor, Veränderungen, die auf das tägliche Leben übergreifen, zuweilen sogar auf die Gestalt oder das Gesicht des betreffenden Menschen. Wir können nie mehr so sein, wie wir vorher waren.

Beim **AP-Aspektzyklus** hängt es sehr davon ab, in welchem Quadranten wir mit diesem gestaltwandelnden Prinzip zusammentreffen, ob wir schon die notwendige Erfahrung und Reife besitzen, um mit der zentralen Willensenergie unseres »höheren Selbstes« zusammenzuarbeiten. Dazu bedarf es einer geläuterten Motivation. Bei jedem AP-Aspekt geht es darum, zu unserem Kern vorzustossen, um dort etwas von dieser Motivation zu erhaschen. Indem wir uns kontemplativ darauf einstellen, kommen wir unserer inneren Führung, unseren inneren Bildern näher. Mit jedem Aspekt wird uns eine weitere Einsicht zuteil, wie wir sein sollten und welche Motivation wir im Leben brauchen, um unsere erschaute Aufgabe zu erfüllen, unser geistiges Entwicklungsziel zu erreichen. Visionen, die wir bei Pluto-Aspekten erhalten, sollten wir ernst nehmen und nicht als Hirngespinste abtun, auch wenn uns immer wieder Zweifel befallen, ob wir mit unseren Fähigkeiten nicht bescheidenere Ziele anstreben sollten. Pluto als unsere eigene Kernenergie will uns geradewegs zur Vollkommenheit führen.

Obwohl Vollkommenheit immer ein relativer Begriff bleibt, macht uns jeder Pluto-Aspekt ein wenig vollständiger. Einmal muss etwas hinzugefügt, ein andermal etwas weggenommen werden. Auch wenn es schmerzliche Prozesse sind, müssen wir alles akzeptieren, was Pluto bringt. Unser kleiner Wille soll mit dem grösseren Willen verschmelzen. Bei jedem Aspekt werden wir mit Angelegenheiten konfrontiert, die wir noch nicht verwirklicht haben, die uns noch fremd geblieben sind. Auch wenn wir von der Angst geplagt werden, wir könnten versagen, so gibt es, besonders bei der Opposition, keine Möglichkeit mehr, auszuweichen oder zurückzutreten. Die Plutokraft wirkt absolut und total. Pluto hat auch mit Tod und Wiedergeburt, der Transformation eines Bewusstseinszustandes in einen anderen, zu tun.

Bei allen Aspekten des Pluto stehen wir meistens allein da und müssen durch eigene Willenskraft unser erschautes Ziel anstreben, unsere Aufgabe verwirklichen. Wenn uns die Dinge über den Kopf wachsen und wir aufgeben wollen - dann setzt die Willensenergie des Pluto ein und übernimmt gewissermassen die Regie. Alle Aktivitäten, die ich-los sind, die anderen Menschen dienen, wirken sich positiv aus.

Negative Auswirkungen sind: Manipulation des Du, Gewaltanwendung im Namen höherer Instanz, Sexualmagie, Allmächtigkeits- und Grössenwahn (»Guru-Trip«), Zerstörungszwänge, Katastrophenangst, Anfälligkeit für Massenhysterie, Todeswunsch.

178

Mondknoten   ☊

Die Mondknoten sind keine Planeten, kein Urprinzip mit eigener Ausstrahlung, sondern ein Schnittpunkt von Sonnen- und Mondbahn draussen im Raum. Bei der ungefähr kreisförmigen Bahn dieser beiden Gestirne erhalten wir eine Linie vom aufsteigenden Mondknoten im Norden zum absteigenden Mondknoten im Süden. Wir zeichnen im Horoskop nur den aufsteigenden Mondknoten ein, weil dieser in seiner Stellung im Haus den Weg unseres geistigen Aufstiegs anzeigt. In Hinsicht auf den Alterspunkt, der ja in gewissem Sinne unseren Entwicklungsweg beleuchtet, ist er von besonderer Bedeutung.

Der **AP-Übergang** gibt uns mit grosser Sicherheit einen brauchbaren und wirkungsvollen Hinweis, was wir im Moment tun können, um aus einer festgefahrenen Situation oder einer unheilvollen Entwicklung herauszukommen. Der aufsteigende Mondknoten zeigt uns den Weg nach vorn, während der absteigende (gegenüberliegende) den Weg zurück bezeichnet. Obwohl letzterer meist leichter gangbar ist, wählt ein bewusster Mensch den anderen.

Beim AP-Übergang über den aufsteigenden Mondknoten können wir erleben, dass wir mit Bestimmtheit spüren, was uns vorwärtsbringt. Wir geraten in Situationen oder kommen mit Menschen zusammen, die uns auf unsere geistige Bestimmung aufmerksam machen und uns vielleicht erst auf den richtigen Weg bringen. (Sehr häufig haben Studenten der Astrologischen Psychologie mit ihrem Studium begonnen, als der AP über ihren Mondknoten lief.)

179

∞

Der **AP-Aspektzyklus** gibt uns bei jedem Aspekt zum Mondknoten eine markante Gelegenheit zur Weiterentwicklung. Jedenfalls erkennen wir immer klarer, was wir tun müssen, um unsere Entfaltung abzurunden oder zu beschleunigen.

Dabei gilt es, die Hausstellung des Mondknotens im Grundhoroskop besser zu verstehen. Diese zeigt nämlich die Thematik, die Lebenssphäre an, in der wir unsere Prüfungen, unseren Aufstieg und unseren immer neuen ersten Schritt in Richtung einer Entwicklung vollziehen müssen. Deshalb sollten wir zunächst genau feststellen, welche Lektionen uns in diesem speziellen Lebensbereich erwarten. Dabei können wir unsere Kenntnisse über die Hausthemen direkt übernehmen.

Bei jedem AP-Aspekt wird uns eine Chance geboten, uns weiterzuentwickeln - entweder durch eigene innere Bemühung oder günstige äussere Umstände. Meistens können wir von uns aus nicht entscheiden, was für unsere Entwicklung gut und förderlich ist. Gerade beim Mondknoten verkehren sich die Werte oft um 180°, so dass Dinge, die in materieller Hinsicht nützlich sind, unserer geistigen Entwicklung Abbruch tun. (Näheres darüber finden Sie im nächsten Band der Lebensuhr: »Die geistige Bedeutung der Altersprogression«.)

Negative Auswirkungen sind: Wenn wir, anstatt uns Mühe zu geben, den satten und leichten Weg alter Gewohnheiten oder selbstverständlich funktionierender Fähigkeiten gehen und den leicht errungenen Applaus der eigenen Bemühung vorziehen.

5. Psychologische Wirkung der Altersprogression

Phasen in der Altersprogression

Der AP (der Zeiger unserer Lebensuhr) aktiviert beim Durchlauf durch ein Haus unsere psychische Bereitschaft, auf die einem bestimmten Horoskopbereich entsprechenden Qualitäten zu reagieren. Er sensibilisiert uns auf die einzelnen Häuser oder Lebensbereiche und zeigt einen individuellen Lebensplan auf, den wir von der Lebensuhr, dem Horoskop als Zeitmesser, ablesen können.

Um dies zu verdeutlichen, können wir die Lebensgebiete oder Horoskop-Häuser als greifbare Resultate des Wirkens bestimmter psychischer Funktionen in uns selbst auffassen. In der Beurteilung sind diese psychischen Kräfte das Primäre, die materielle Erscheinung ist das Sekundäre - sie können so oder so sein. Die Aufgaben, Probleme, Schwierigkeiten und zeitlich erkennbaren Erlebnisse oder Ereignisse sind nichts anderes als das Wirken unserer eigenen psychischen und geistigen Kräfte. Jede Veränderung und jeder neue Lebenszyklus beginnt in uns selbst.

Wir können aus dieser Betrachtungsweise unsere eigenen Reaktionsmechanismen verstehen lernen, und zwar im Zusammenhang mit dem Hausthema, durch welches der AP gerade geht. Unsere Kenntnis der Häuserqualitäten kann hier unmittelbar verwendet werden. Anstatt auf die Radixstellung wird sie direkt auf die verschiedenen Lebensabschnitte von sechs Jahren angewandt. Es ist sehr aufschlussreich, diese momentan wirkenden

Grundthemen zu studieren. Dann erkennen wir auch den Blickwinkel, den wir auf unser Leben haben.

Jedes Haus wird durch die Intensitätskurve in drei Bereiche unterteilt (siehe Bruno und Louise Huber: »Die astrologischen Häuser«), beginnend bei Häuserspitze, Invert- und Talpunkt. Dadurch entsteht ein Ablaufrhythmus des Alterspunktes jeweils durch einen kardinalen (Sp bis IP), einen fixen (IP bis TP) und einen veränderlichen Hausbereich (TP bis Sp). An einer Hausspitze befinden wir uns jeweils in einer Expansionsphase, am Talpunkt in einer Kontraktionsphase.

Intensitätskurve

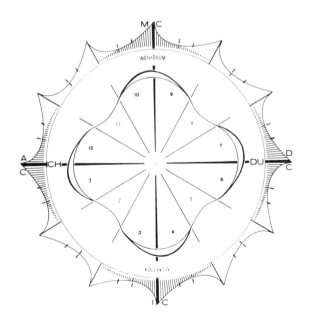

Die Dauer von Hoch- und Tiefpunkten

Die Höhepunkte dauern von der Häuserspitze bis zum Invertpunkt (IP). Der Alterspunkt durchläuft diese Strecke innerhalb von 2 Jahren, 3 Monaten und 15 Tagen. Von der Häuserspitze bis zum Talpunkt benötigt er 3 Jahre, 8 Monate und 15 Tage, also annähernd 4 Jahre. Die Talpunktwirkung beginnt erfahrungsgemäss schon 8 Monate vor dem exakten Übergang des Alterspunktes, wir sprechen daher von einem »Talpunktjahr«. Der Zeitraum vom Talpunkt bis zur nächsten Spitze beträgt dann noch 2 Jahre, 3 Monate und 15 Tage.

Diese Phasen ergeben zusammen für jedes Haus sechs Jahre. Die beiden Extrembereiche (Spitze und Talpunkt) unterscheiden sich in ihren Qualitäten deutlich voneinander: Die erste ist eine Aufbau- und Bewegungsphase, die zweite eine Abbau- und Beruhigungsphase. Der Übergang des Alterspunktes über die TP-Stellen bringt Zeiten der Einkehr, der Innenwendung, während uns Übergänge über Häuserspitzen motivieren, all unsere Kräfte zur Verwirklichung äusserer Ziele einzusetzen - allerdings in unterschiedlicher Weise gemäss den Kreuzqualitäten kardinal, fix und veränderlich.

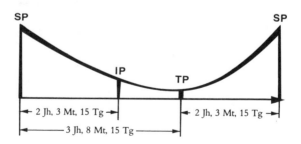

184

Dreiphasigkeit in jedem Haus

In jedem Haus gibt es also drei verschiedene Phasen, wobei sich die Expansions- und Kontraktionspunkte am deutlichsten abzeichnen. Diese Dreiteilung vermittelt uns auch Kenntnisse über kleinere Lebenszyklen. Wie bekannt, gelten in der Astrologie die drei Kreuzqualitäten als massgebend für die Erfassung wesentlicher Lebensmotivationen. Das kardinale Prinzip motiviert uns zum Einsatz der eigenen Willenskraft, zur Leistung, das fixe verlangt nach Sicherheit zur Erhaltung des Geschaffenen, und das veränderliche sucht immer wieder Neues, damit statische Zustände aufgehoben werden und die Entwicklung weitergeht. Gemäss der Analogie »Wie im Grossen, so im Kleinen« wollen wir dieselbe Einteilung auch innerhalb der einzelnen Häuser vornehmen.

Die drei Kreuzqualitäten in jedem Haus

Wenn wir die Kreuzqualitäten auf die drei Bereiche eines Hauses applizieren, dann entsteht folgendes Bild: Der Bereich nach jeder Häuserspitze entspricht der kardinalen Qualität. Hier können wir unsere Energien relativ leicht nach aussen umsetzen. Beim IP gelangen wir in den fixen Hausbereich, wodurch eine Bremswirkung entsteht, und am TP erreichen unsere Energien, vom äusseren Leben her betrachtet, einen Nullpunkt; sie sind nach innen gerichtet.

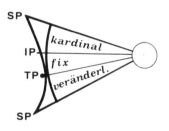

Danach geht die Kurve aufwärts, wir befinden uns im veränderlichen Bereich des Hauses, wo meistens eine Neuorientierung oder Änderung unserer Einstellung verlangt wird. Die mit dem kardinalen Prinzip übereinstimmende Spitzenerfahrung erleben wir in den kardinalen Häusern eins, vier, sieben und zehn am stärksten. Die Talpunkterfahrungen entsprechen dem fixen Kreuz, weshalb Stagnation und Introversion der Kräfte in den vier fixen Häusern zwei, fünf, acht und elf am deutlichsten zu spüren sind, während die Veränderungsthematik an den Talpunkten der veränderlichen Häuser drei, sechs, neun und zwölf am stärksten hervortritt.

Erlebnisabfolge

Im Laufe des Lebens erleben wir diese Abfolge in gleichbleibendem Rhythmus. An den Häuserspitzen setzt immer ein Impuls zu neuen Taten ein; es gilt, aktiv etwas anzustreben. Wenn wir uns auf Ziele konzentrieren, gelingt uns auch viel mehr als vorher. Während mindestens zwei Jahren sind wir dann ziemlich erfolgreich. Am Invertpunkt werden unsere Energien auf das rechte Mass gebracht, Projekte oder Ziele, auf die wir schon lange hingearbeitet haben, können jetzt verwirklicht werden. Wenn wir uns dem Talpunkt nähern, klingen die Aktivitäten zusehends ab. Am Ende der Bewegungsphase, nicht ganz vier Jahre nach dem Achsenimpuls, kommen unsere Energien am Talpunkt zur Ruhe. Oft haben wir, gemessen an der vorherigen Zeit, ein Gefühl des Versagens. Es ist eine Zeit der nützlichen Neubesinnung. Die Talpunkte signalisieren jeweils auch eine

Wandlung, Neuorientierung oder Entwicklungskrise, je nachdem, wie wir uns darauf einstellen. (Näheres darüber finden Sie im Kapitel »Talpunkterfahrungen in den Kreuzen« im nächsten Band der Lebensuhr: »Die geistige Bedeutung der Altersprogression«).

Hier möchten wir schon darauf hinweisen: Wer an den Talpunkten »richtig schaltet« und die »Botschaft« aus seinem Innern erfasst, wird es an der nächsten Häuserspitze leichter haben. Bei mangelnder Innenwendung und fehlender Einsicht in die Lebensmotivation wird der Aufstieg auf die folgende Häuserspitze erschwert.

Strukturänderung

Anders betrachtet bewirkt dieser dreiphasige Entwicklungsprozess eine stufenweise Veränderung unserer Verhaltensstruktur. Zu Beginn eines Entwicklungsgeschehens oder eines neuen Zyklus, also in der Regel an der Spitze eines Hauses, haben wir reichlich Energie und Potential zur Verfügung, jedoch eine verhältnismässig begrenzte Struktur. Unser Repertoire an Verhaltensweisen ist noch klein, unsere Anpassungsfähigkeit ist beschränkt - wir verbrauchen eine Menge Energie für unsere persönliche Durchsetzung. Doch im weiteren Verlauf, bis zum Invertpunkt, bildet sich eine Verhaltensstruktur heraus, die allmählich eine immer grössere Zahl von Komponenten umschliesst und somit ein immer differenzierteres Angehen der Lebensaufgaben ermöglicht. In der fixen Phase des Hauses werden alle Komponenten, alle Fähigkeiten in eine Struktur von komplexerer Ordnung integriert. Die Struktur wird stabiler, funktioniert eine Zeitlang im fixen Bereich, lässt dann allmählich nach, bis sie sich schliesslich am Talpunkt auflöst und danach eine neue Form erhalten kann.

Vorwirken der Häuserspitzen

Eine weitere Deutungsregel des AP ist folgende:
Nicht nur der exakte Zeitpunkt eines Achsenübergangs ist wichtig, sondern auch die Zeit vorher, besonders die Phase vor der Spitze.

Diese wird meistens als recht mühsam und schwierig empfunden, vor allem der kurze Abschnitt vor den Hauptachsen AC und DC, IC und MC. Hier geraten wir in den Sog der kardinalen Impulskraft, wodurch ein Energie-Wirbel, eine Art »Anrisswirkung« entsteht, welche uns gewissermassen überrumpelt.

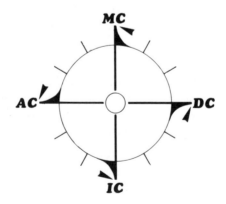

Kardinale Häuserspitzen

Vor den kardinalen Spitzen (1, 4, 7, 10) können wir uns meist noch nicht voll auf die neuartige Energie einstellen, weil wir eine mehr passiv abwartende Grundhaltung haben und weniger zur Aktivität neigen. Dies deswegen, weil vor einer Hauptachse immer ein veränderliches Haus ist. Da geht es nicht so sehr ums Tun, als vielmehr ums Verstehen, Überlegen und Nachdenken. Plötzlich beginnt die aktivitäts-orientierte Hauptachse auf uns zu wirken, welche im Widerspruch zum mehr beschaulichen veränderlichen Haus steht. Das erzeugt Widerstände, die wir trotz einer inneren Abwehr- oder Schutzhaltung überwinden müssen.

Die Zeiten vor einer Kardinalspitze sind schwierig und bereiten uns oft grosse Mühe. In Extremfällen kann es sogar zu einem »Zielstreckenkollaps« kommen. Häufig erhalten wir eine Vorwarnung durch Stresserscheinungen und leichte Ermüdbarkeit. Wir werden von Zweifeln geplagt und denken: »Ich schaff' es nicht mehr, mir wird alles zuviel.« Daraus resultiert die Neigung, zu resignieren, alles fallenzulassen und nicht mehr weiter zu wollen. Dies ist aber nicht möglich, da so manche Pflichten oder selbstgewählte Ziele auf uns warten. Wir müssen die letzten Kraftreserven mobilisieren, um ähnlich einem Bergsteiger den Gipfel zu ersteigen. Das fordert von uns extreme Anstrengungen mit entsprechenden Angstzuständen, Spannungen oder Verkrampfungen. Trotzdem dürfen wir nicht aufgeben; es gibt kein Zurück, sondern immer nur ein Vorwärts.

189

Fixe und veränderliche Häuserspitzen

Für die anderen Achsen gilt das ebenfalls, wenn auch in geringerem Masse. Stets ist das Kreuz entscheidend, zu dem ein Haus gehört. Vor den fixen Häuserspitzen zwei, fünf, acht und elf heisst die Norm Beruhigung; manche fühlen sich aber auch angebunden oder festgelegt. Der kardinale Energieschub kommt jedenfalls zum Erliegen; in den fixen Häusern müssen wir eine feste Form schaffen. Vor den veränderlichen Häuserspitzen drei, sechs, neun und zwölf sind wir noch in einem fixen Haus; meistens ist es unsere eigene Unfähigkeit, uns an eine neue oder veränderte Umwelt anzupassen. Oft wird ein radikaler Wechsel unserer Einstellung verlangt.

In bezug auf alle Achsenübergänge ist zu betonen, dass wir uns vor jeder Häuserspitze besondere Mühe geben sollten herauszufinden, wie wir die neu hereinströmenden Energien richtig handhaben und die erhöhten Anforderungen und Anpassungen meistern können.

Zeichen mit zwei Häuserspitzen

Geht der Alterspunkt durch ein Zeichen, das zwei Häuserspitzen hat (im folgenden Horoskopbeispiel Krebs und Steinbock), dann deutet dies auf eine intensive und aktive Lebensperiode, weil die Umwelt in erhöhtem Masse auf uns direkt einwirken kann. Oft fühlen wir uns überfordert, leicht erschöpft oder sogar ausgenützt. Den erhöhten Anforderungen und Verpflichtungen von seiten der Umwelt können wir uns schwerlich entziehen.

Wir müssen durchführen, was wir eingeleitet haben. Je nach Zeichen, Haus oder Planeten erleben wir diese Lebensperiode als sehr angespannt, wir kommen nicht zur Ruhe. Wir haben das Gefühl, dass niemand Rücksicht auf uns nimmt und jeder glaubt, wir hätten unerschöpfliche Kraftreserven. Zwischen den Häuserspitzen steht nämlich meistens ein Talpunkt, dieser signalisiert Erholung, Überprüfung, Neuorientierung. Diesem Bedürfnis steht die Umweltforderung entgegen, wir wollen Ruhe und müssen uns doch anstrengen. Es ist in diesen Häusern nicht leicht, den Talpunkt richtig auszunutzen, weshalb uns oftmals eine grosse Müdigkeit überfällt. Es ist gut, sich vorher positiv auf solche Lebensperioden einzustellen und keinen unnötigen inneren Widerstand aufzubauen. Es hilft uns in der eigenen Entwicklung, wenn wir mit dem erhöhten Sensibilisierungsreiz der Umwelt Hand in Hand arbeiten.

29.11.1930, 12.55h, Zürich CH

Eingeschlossene Zeichen

Haben wir in einem Horoskop Zeichen mit zwei Häuserspitzen, dann gibt es auch immer zwei gegenüberliegende Zeichen, die gar keine Häuserspitze aufweisen. (In
obiger Zeichnung Löwe und Wassermann.) Diese nennt
man »eingeschlossene Zeichen«. Beim Alterspunktdurch-
gang erleben wir diese Periode oftmals als eine Ruhepha-
se, wenn wir uns vorher stark für etwas engagiert hatten.
Wenn wir aber auch hier uns der Ruhe widersetzen,

192

dann haben wir das Gefühl, »auf der Stelle zu treten«, nicht voranzukommen. Eine tiefe Unzufriedenheit kann uns erfassen und unsere Lebensfreude herabmindern, weshalb wir manchmal auch krank werden. Solche Perioden sind introvertiert, analog den Talpunkterfahrungen. Denn die eingeschlossenen Zeichen haben als »Signalpunkt« keine Häuserspitze, die Kräfte nach aussen umsetzt - sondern einen Talpunkt, der die Energien nach innen verarbeiten will. Unsere Lebenskräfte können nicht ohne weiteres nach aussen durchdringen, wir bleiben unverstanden, unbeachtet oder nicht erfolgreich. Nützen wir jedoch diese Zeiten als eine innere Sammlung, Ausruhperiode oder Neuorientierung, dann erlangen wir eine tiefere Erfahrung unserer selbst; unsere ureigenste Lebensmotivation und innere Sinngebung kann uns bewusst werden.

Dauer des Talpunktdurchlaufs (TP)

Die Wirkung des TP-Durchganges eines Hauses setzt erfahrungsgemäss bis zu acht Monaten vorher ein und kann bis vier Monate danach dauern. Die Wirkungen sind für jeden leicht wahrnehmbar, selbst von Menschen, die nicht viel von sich wissen und relativ unbewusst leben. Die Nachwirkungen hängen teilweise davon ab, ob kurz nach dem TP ein Planet steht. Dann zieht sich der Prozess in die Länge. Handelt es sich dabei um einen bedeutenden Planeten, zum Beispiel um den Spannungsherrscher der ganzen Aspektfigur, dann wirkt die TP-Phase natürlich bedeutend länger und tiefer.

Eine lange Nachwirkung kann aber auch ein Hinweis darauf sein, dass der Mensch die Introversion der Lebensenergien noch nicht verkraftet hat und vielleicht noch lange unter einem Gefühl der Einsamkeit leidet. Wir müssen den AP immer nach der individuellen Situation beurteilen, unser psychologisches Gespür mitsprechen lassen und nicht einfach versuchen, ein Schema anzuwenden.

Normalerweise spüren wir, sobald wir über den TP hinweg sind, ein neues Anziehen der Kräfte, der Zuversicht und der Hoffnung. Wir ahnen, wo und wie es im Leben weitergehen soll. Die zwei Jahre bis zur nächsten Häuserspitze sollten als eine Periode der Neu-Orientierung und Vorbereitung verstanden werden. In dieser Zeit suchen wir nach dem Richtigen, ohne es aber unbedingt schon in die Tat umsetzen zu können. Für neue Aktivitäten sollten wir deshalb den Impuls der nächsten Häuserspitze abwarten. Häufig allerdings kommt man **erst etwa ein Jahr nach dem Spitzenübergang** so richtig zum Zuge.

Altersprogression und genaue Zeitpunkte

Für eine psychologische Anwendung der Altersprogression kann nicht genügend betont werden, dass der AP vorwiegend psychische und geistige Entwicklungsprozesse aufzeigt, die meistens durch innere und selten durch äussere Geschehnisse ausgelöst werden. Dabei ist es wesentlich zu berücksichtigen, dass Entwicklungsprozesse nicht erst beim Übergang des AP über einen Planeten, eine Aspektstelle oder eine Zeichengrenze ausgelöst werden, sondern meistens schon vor dem exakten Zeitpunkt des Überganges.

Oft ist es schwierig, genau festzustellen, wann der Anfang einer Entwicklung war, obwohl vielfach die erste Planetenberührung oder Aspektierung eine ursächliche Wirkung hat. Wichtig ist zu wissen, dass ein Ereignis immer erst dann eintrifft, wenn in uns selbst gewisse Veränderungen in der Haltung, der Lebenseinstellung oder der psychischen Gestimmtheit stattgefunden haben. Das genaue Datum eines Ereignisses ist vom psychologischen Standpunkt aus unwichtig, denn bei jeder neuen Lebensstufe, bei jeder Veränderung oder Wende handelt es sich um einen Prozess, der einen Anfang, einen Höhepunkt und ein Ende hat und eine bestimmte Zeit andauert. Da es sich hier um eine wichtige neue Denkweise handelt, wollen wir dies anhand einiger Beispiele erläutern:

Wenn Sie im Alter von einunddreissig Jahren z.B. über Ihre Sonne gehen, die im Grundhoroskop nach der sechsten Häuserspitze steht, dann werden Sie feststellen, dass schon fast ein Jahr davor die Thematik einer selbständigen Existenzbe-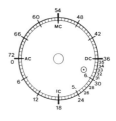wältigung im Sinne Ihrer inneren Bestimmung akut werden kann. Sie befassen sich bereits vorher und auch nachher mit Ihrer Durchsetzung in Arbeit und Beruf. Dabei geht es in unserem Beispiel bei der Sonne um das

Selbstbewusstsein an sich. Es kann sein, dass Sie sich ein besonderes Können auf irgendeinem Gebiet angeeignet haben und Ihr Selbstbewusstsein durch Erfolge gestärkt wird, oder Sie erhalten Missachtung, Zurückweisung, die Ihre Selbstachtung gefährden, wenn Sie keine Substanz, kein echtes Können vorzuweisen haben. Hier wird der Zusammenhang zwischen innerer Kausalität und äusserer Symptomatik sichtbar.

Frühkindliche Prägungen

Psychologische Forscher der letzten Jahrzehnte haben entdeckt, dass Erlebnisse, besonders aus der Kindheit, so lange einen Zwang auf das Denken, Fühlen und Verhalten ausüben, wie sie im Unbewussten und Unerkannten wirken. Sobald sie ins Bewusstsein gelangen, wird ihr Zwang durchbrochen, und wir können daran arbeiten, ihre Wirkungen aufzuheben. Auch das Ererbte und Anerzogene beherrscht uns so lange, bis wir durch Selbsterkenntnis langsam darangehen können, falsche Verhaltensweisen abzubauen. Natürlich beseitigen diese Selbsterkenntnisprozesse nicht sofort das Angeborene und Anerzogene, aber wir gewinnen die nötige Distanz dazu und können schon allein dadurch eine neue Haltung gewinnen. Wir sind nicht mehr dem Wirken unbewusster Kräfte ausgeliefert, sondern wir können durch die Erkenntnis etwas dagegen tun.

Hier kann uns die Altersprogression sehr helfen. Alle Planetenübergänge im 1. Quadranten (der die ersten 18 Lebensjahre betrifft) deuten auf solche Jugendprägungen hin, ebenfalls die Oppositionen. In der Selbstanalyse und in der Therapie müssen wir versuchen, die in dieser Zeit aufgetretenen Erfahrungen oder Erlebnisse, auch wenn sie noch so unscheinbar und klein gewesen sind, gründlich zu untersuchen. Es ist erstaunlich, welche Zusammenhänge mit späteren Verhaltensweisen aufleuchten und wie schon alleine durch Bewusstwerdung und Klärung sich im Laufe der Zeit wesentliche Veränderungen in unserer Reaktionsweise ergeben.

Periode bis 18 Jahre

Die Zeit der stärksten Prägewirkungen der Umwelt auf den Charakter ist die Zeit von 0-18 Jahren; im Horoskop der erste Quadrant vom AC bis zum IC. Das gilt nicht nur für die frühe Kindheit, sondern auch für die Zeit, in der man langsam ein selbständiger Mensch wird.

In der Regel haben die Planeten im ersten Quadranten (vom 1. bis 3. Haus) eine stärkere Prägewirkung auf den heranwachsenden Menschen als die anderen im Horoskop verteilten Planetenstellungen. In der Psychologie spricht man von traumatischen Wirkungen. Mit Traumata sind nicht nur unangenehme, negative Erlebnisse gemeint, sondern auch positive. Sie sind deshalb traumatisch, weil sie ohne die volle Beteiligung unseres Bewusstseins entstehen. Sie entwickeln oft komplexhaften Charakter und bestimmen unsere reflexhaften Verhaltensweisen im späteren Leben, ohne dass wir diese mit Erlebnissen der Kindheit in Verbindung bringen. Man kann diesen Zusammenhang von Jugendprägung und späterem Verhalten nur mit langer Selbstbeobachtung erkennen. Mit Hilfe der Altersprogression ist es relativ leicht, aufgrund der Planetenstellungen im ersten Quadranten die Kausalität von Ursache und Wirkung herauszuarbeiten und dadurch eine Veränderung einzuleiten.

Auch schwerwiegende psychische Komplexe können in diesem den prägenden Kindheitsjahren entsprechenden Raum des Horoskopes entstehen. Fast jeder Planet, der da steht, deutet auf ein Jugendtrauma, positiv oder negativ. Jedoch unterscheiden wir auch hier starke und schwache Wirkungsgrade. Am stärksten wirken Planetenübergänge in dieser Weise im 1. und 2. Haus, die im Alter von null bis zwölf Jahren stattfinden. In diesem Kindheitsalter ist der Mensch seiner Umwelt ausgeliefert, weil er sich nicht selbst erhalten kann, er ist absolut von ihr abhängig und relativ willig, sich prägen und formen zu lassen, da sein Ich und seine Formungskraft wenig ausgeprägt sind.

Planeten im 1. und 2. Haus, die Spannungsaspekte empfangen, sind ein Hinweis darauf, dass dieser Mensch starken Umwelteinflüssen ausgeliefert war. Daran können wir ablesen, wann er prägende Situationen erlebt hat.

Stehen im ersten Quadranten keine Planeten, erhebt sich die Frage, ob dann keine Prägungen, keine Komplexe oder Traumata erlebt wurden. Hier müssen wir die gegenüberliegenden Räume des Horoskopes untersuchen. Fast mit Sicherheit haben wir im dritten Quadranten Planeten, zu denen wir in der Kindheitsphase in Opposition standen. Diese haben eine fast ebenso stark prägende Wirkung wie die Konjunktionen in den ersten

198

drei Häusern. Das heisst: Wenn der Alterspunkt im Alter von 0-18 Jahren über einen dieser Planeten läuft oder in Opposition zu den gegenüberliegenden Planeten kommt, sind meistens gewisse Charakterprägungen festzustellen, die im späteren Leben das gewohnheitsmässige Verhalten bestimmen.

Die anderen Aspekte, wie z.B. Quadrate, Trigone, Sextile, Quincunxe, sind in diesem Zusammenhang von zweitrangiger Bedeutung. Sie wirken in gewissem Sinne vorprägend oder lösend, je nachdem, wohin sie fallen.

Nehmen wir an, dass im zweiten Haus ein Planet bei 20° Wassermann steht. Das erste Haus ist leer. Im ersten Haus ist man bei 20° Steinbock im 30-Gradaspekt (Halbsextil) zu dem Planeten im zweiten Haus. An dieser Stelle findet bereits eine 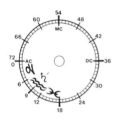 Vorprägung statt, die den Planeten bei 20° Wassermann im zweiten Haus betrifft. Läuft der Alterspunkt dann bei 20° Wassermann über den Planeten (im Beispiel über den Saturn), ist zu erwarten, dass im Alter von neun Jahren die primäre Prägung durch ein wesentliches seelisches Erlebnis entsteht. Im Alter von etwa vier Jahren - also bei 20° Steinbock - war eine sekundäre Vorprägung. Das Kind wurde da schon auf das Thema sensibilisiert, es erlebte wahrscheinlich schon etwas ähnliches, dies führte aber noch nicht zur traumatischen Prägetiefe. Die wirkliche Prägung findet erst mit etwa neun Jahren beim Planetenübergang statt.

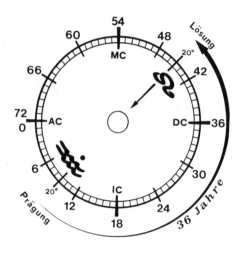

Dasselbe gilt, wenn z.B. ein Planet auf 20° Löwe im Horoskop steht. Der Übergang über 20° Steinbock im ersten Haus ergibt zu dieser Stellung einen 150°-Winkel, einen Quincunx-Aspekt. Auch hier entsteht eine Vorprägung. Die Oppositions-Stellung auf 20° Wassermann ist jedoch die eigentliche Prägungszeit. Entsprechend sind auch alle anderen Aspekte, die nachher auftreten und in jedem weiteren Zeichen anfallen, Nachprägungen. Diese stellen dann Schritte zur Lösung der vorhandenen Problematik dar.

Der Quadratpunkt ist eine Aktivierung der Problematik. Bleiben wir bei unserem Beispiel: Hier kann es beim Quadrat auf 20° Stier zu erschütternden Erlebnissen kommen. Man wird auf das Problem gestossen, auch wenn es vorher noch ignoriert wurde. Es wird einem bewusst, denn man wird damit konfrontiert. Quadrate können eine aufreissende, klarmachende Wirkung haben. Es gelingt einem meistens noch nicht, das Problem effektiv in die Hand zu bekommen. (Näheres finden Sie im Kapitel »Aspekte des Alterspunktes« unter Aspekt-Zyklen).

Generell ist bei der Beurteilung von Aspekten im Zusammenhang mit der Prägewirkung folgendes zu beachten:

1. Die eigentliche Prägung findet nicht beim Quadrat, sondern entweder bei der Berührung mit einem Planeten oder in Opposition dazu statt.

2. Die Lösung erfolgt dabei immer erst nach einem Rundlauf von 180 Grad durch das Horoskop und die betreffende Aspektstelle.

3. In den Zwischenaspekten erkennen wir immer mehr Schattierungen der Problemstellung, die zur Bewusstwerdung beitragen und zur schliesslichen Lösung im Zulauf auf die Oppositionsstelle führen.

In unserem Beispiel wird die wirkliche Lösung der prägenden Wirkung im zweiten Haus erst im achten Haus zwischen dem zweiundvierzigsten und achtundvierzigsten Lebensjahr, genauer mit ca. vierundvierzig Jahren, möglich sein. Es ist interessant, dass wir auch aus psychologischer Sichtweise meistens sechsunddreissig Jahre benötigen (also einen AP-Halbzyklus), um die Folgen einer frühkindlichen Prägung aufzulösen oder ein Fehlverhalten abzubauen.

Beispiele aus der Beraterpraxis

Man erlebt Erstaunliches in der Bera-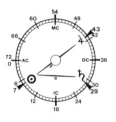
tung, wenn die individuellen Horo-
skopstellungen der ersten achtzehn
Lebensjahre mit den Klienten
gemeinsam erarbeitet werden. »Was
haben Sie erlebt, als Sie sieben Jahre
alt waren«, wird man fragen, wenn
z.B. der Alterspunkt im zweiten Haus des Horoskops
über die Sonnenposition lief, die dort im Quadrat zu
Saturn steht.

Wir hatten einmal einen solchen Fall. Die Klientin über-
legte gar nicht lange. Spontan erzählte sie, dass sich die
Eltern scheiden liessen, als sie sieben Jahre alt war. Dies
führte zur Trennung von der Mutter, da sie mit ihren
Geschwistern dem Vater zugesprochen wurde. Sie hatte
unter dieser Trennung sehr gelitten - sie konnte nicht
verstehen, was wirklich vor sich ging. Bei der astrologisch-psychologischen Besprechung stellte sich heraus,
dass sie insgeheim sogar glaubte, die Mutter sei ihretwe-
gen weggegangen. Sie entwickelte unbewusste, unerklär-
bare Schuldgefühle. Im späteren Leben wurde sie bei
jeder engeren Bindung von der quälenden Angst befallen, der geliebte Mensch könnte sie verlassen. Diese Ver-
lustangst war mit einer Existenzangst gekoppelt, die bei
der Quadratstelle des Alterspunktes zur Sonne (beim
Saturnübergang) mit neunundzwanzig Jahren wieder
akut wurde. In dieser Zeit war sie verheiratet, wurde
selbst Mutter und musste aus eigener Kraft die Familie
durchbringen, um dem Mann ein Studium zu ermöglichen. Erst bei der Oppositionsstelle mit dreiundvierzig

Jahren hatte der Mann endlich Erfolg in seinem Beruf, und sie wurde von der ständigen Existenzunsicherheit befreit.

In Wirklichkeit nahm hier ein Entwicklungsprozess seinen Lauf, der zur Ausformung der eigenen Persönlichkeit führte, denn Sonne und Saturn als Persönlichkeitsplaneten waren mit im Spiel. Durch die Situation gezwungen hatte die Klientin jeweils alles getan, um Verluste zu vermeiden und dabei eigene Fähigkeiten der Existenzbewältigung und persönlichen Durchsetzung entwickelt. Als sie schliesslich ihre volle innere und äussere Selbständigkeit erlangte, war sie von diesem Entwicklungszwang und zugleich von der Verlust- und Existenzangst befreit. Diese Entwicklung hatte bei der elterlichen Scheidung mit sieben Jahren ihren Anfang genommen und war erst mit dreiundvierzig Jahren abgeschlossen. Solche individuellen Entwicklungszyklen kann man bei der Altersprogression als Regel betrachten. Ein Prozess beginnt meistens entweder beim eigentlichen Übergang des Alterspunktes über einen Planeten (also bei der Konjunktion) oder bei der Oppositionsstelle und braucht sechsunddreissig Jahre (der Alterspunkt hat dann den halben Horoskopkreis durchwandert), bis die dem betreffenden Planeten entsprechende Fähigkeit voll ausgereift und entwickelt ist. (Dies wurde bereits ausführlich im Kapitel »Aspekte des Alterspunktes« behandelt.) Wie im obenerwähnten Fall bringt das gemeinsame Aufdecken solcher Zusammenhänge immer eine Klärung. Die lösende Wirkung, die das Bewusstwerden der tatsächlichen Ursachen auf den Ratsuchenden hat, ist oftmals erstaunlich. Wir wollen dies noch an einigen weiteren Fallbeispielen erläutern.

Fallstudien

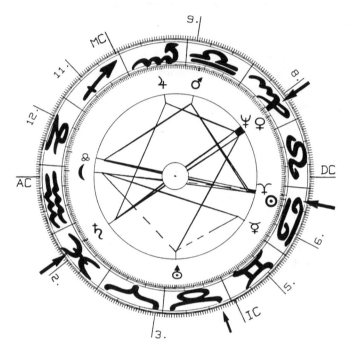

Beispiel I
(weiblich) 16. Juli 1935, 20.45 Uhr, Herisau CH

Diese Frau kam im Alter von siebenundvierzig Jahren zur Beratung. Sie wollte etwas über die Zusammenhänge ihres Schicksals hören und erfahren, welche Jugendprägungen ihr Verhalten in der Liebe und im beruflichen Leben bestimmt hatten. Im Alter von siebzehn Jahren (AP auf 25° Stier im Sextil zur Sonne/Pluto-Konjunktion) musste sie ihre Berufsausbildung als Krankenschwester abbrechen, da ihr Vater schwer erkrankt war und sie auf dem elterlichen Landgut dringend benötigt wurde.

Um die Rolle des Vaters zu verstehen, müssen wir im Horoskop die Stellung der Sonne untersuchen. Diese steht am Talpunkt des sechsten Hauses in Konjunktion mit Pluto, Opposition zu Mondknoten und Mond sowie im Quadrat zu Mars (Leistungsdreieck). Das sechste Haus wird schon seit dem Altertum als das Haus der Arbeit und der Krankheit bezeichnet. Hier war es der Vater, der die Berufsausbildung durch seine Krankheit (6. Haus) erschwerte. Das Leistungsdreieck deutet ferner darauf hin, dass die Horoskopeignerin die Anerkennung und Liebe des Vaters durch Leistungen kompensativ erwerben wollte. Er hat sie nie gelobt, ihm durfte nicht widersprochen werden, er hatte immer recht.

Für die Jugendprägung war Saturn kurz vor der zweiten Häuserspitze verantwortlich. Es musste ein tiefgreifendes Erlebnis gewesen sein, das ihr späteres Verhalten in der Liebe mitbestimmte. Wie immer bei Fragen nach frühen Kindheitserlebnissen, wusste sie im ersten Moment nicht, was im sechsten Lebensjahr passiert sein konnte. Erst auf die Erklärung hin, dass sich dieses Erlebnis in bezug auf ihre eigene weibliche Libido und ihr Liebesideal (Saturn Opposition Venus/Neptun) ausgewirkt haben müsse, fiel es ihr wie Schuppen von den Augen. Ganz aufgeregt erzählte sie:

»Ja, ich hatte mit einem Nachbarsbuben, der zwei Jahre älter war, **Doktorlis** gespielt. Ich wurde von der Mutter (Saturn) erwischt und ausgeschimpft. Mein Vater trat dazu, und es war das erste Mal, dass er mich geschlagen hat. Es war schrecklich. Ich konnte nicht verstehen, warum die Eltern so aufgebracht waren und mein Vater mich schlug.«

Von diesem Zeitpunkt an konnte ihre Mutter sie immer mit Schuldgefühlen manipulieren und erpressen, was mit der Besitzachse 2/8 übereinstimmt, auf der die Opposition liegt. Sie benötigte einen halben Aspektzyklus (36 Jahre), um mit diesen Schuldgefühlen fertig zu werden. Erst als sie mit zweiundvierzig Jahren auf der gegenüberliegenden achten Häuserspitze bei der Venus/Neptun-Konjunktion angelangt war, konnte sie sich vom Einfluss der Mutter befreien. Entgegen dem Willen ihrer Mutter setzte sie sich über alle Hindernisse hinweg und machte zu dieser Zeit eine Indienreise. Alle Vorhaltungen und moralischen Beschuldigungen der Mutter konnten sie nicht zurückhalten - sie musste einfach fort. Sie fasste den Entschluss, aus der Enge auszubrechen und alles hinter sich zu lassen, was ihrer Entwicklung im Wege stand. Die Achthausthematik mit der Forderung nach einer inneren Wandlung (Stirb-und-Werde-Prozesse) hat sie auf diese Weise gemeistert. Sie musste sich das nehmen, was ihr bis dahin verweigert worden war. Viele Ängste hatte sie durchzustehen, bis sie den notwendigen Mut und die innere Kraft erlangte, um kindliche Verhaltensstrukturen und unbewusste Zwangsmechanismen loszuwerden.

Vorbereitend für diese individuelle Entwicklung - die auch als Zielrichtung im Aszendentenzeichen Wassermann angezeigt ist - war der Übergang über die Sonne/Pluto-Konjunktion im Alter von dreiunddreissig Jahren. Sie lernte damals einen Mann kennen und erfuhr eine

Liebe, wie sie sie nicht für möglich gehalten hatte. Ihre Persönlichkeit fand eine Bestätigung, nicht nur durch das Liebeserlebnis als solches, sondern auch weil dieser Mann geistig und gesellschaftlich weit über ihr stand. Ihr Selbstwert wurde stark aufgewertet, was ihrer Entwicklung sehr zugute kam. Aber trotzdem war in dieser Beziehung keine endgültige Erfüllung möglich. Der Mann war verheiratet, und sie wollte die Ehe nicht zerstören. Sie musste durch schmerzliche innere Verzichtleistungen hindurch und änderte dabei ihre tiefsten Lebensmotivationen.

Pluto am absteigenden Mondknoten (gegenüber dem aufsteigenden im 12. Haus) mit der Sonne verlangt durch seine wandelnde Kraft (Metamorphose) ein Ablegen falscher Projektionen und Verhaltensweisen, damit das innerste Wesen zur Wirkung kommt. Auch der absteigende Mondknoten sagt in diesem Falle aus, dass die Bestätigung durch einen Mann nicht genügt, um zur Selbstverwirklichung zu gelangen. Der aufsteigende Mondknoten als Aufstiegspunkt steht im Individualzeichen Steinbock im zwölften Haus. Das heisst, dass sie lernen musste, im zwölften Haus allein stark zu werden, indem sie sich von Umwelteinflüssen und Partnerabhängigkeiten befreite. Diese Entwicklung nahm im Alter von fünfunddreissig Jahren ihren Anfang, als sie mit dem Alterspunkt in das Zeichen Löwe eintrat. Dort schon erlebte sie intensive und fruchtbare Jahre des Lernens, Reisens und der Selbsterprobung. Das war auch die Voraussetzung dafür, dass sie sich beim Übergang über die Konjunktion Venus/Neptun und die Opposition zum Saturn vom Einfluss der Mutter endgültig befreien konnte.

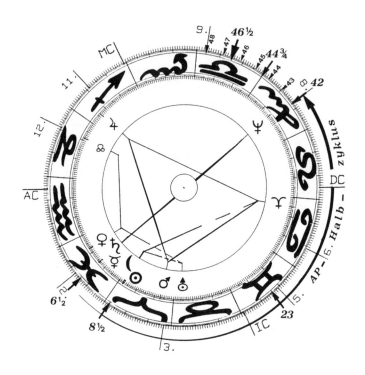

Beispiel II
(weiblich) 23. März 1936, 04.25 Uhr, Bern CH

Durch die Besprechung ihres Horoskopes erhoffte sie
sich neue Aufschlüsse über spezielle Fähigkeiten und
eine mögliche Partnerbeziehung. Sie war sechsundvier-
zigeinhalb Jahre alt; der Alterspunkt stand auf 15 Grad
Waage in Quincunx zur Saturn/Merkur-Konjunktion.
Sie war gerade dabei, sich ein neues Aufgabenfeld zu
suchen und fühlte sich ziemlich hilflos.

Das Aspektbild im obigen Horoskop hat seinen Schwer-
punkt im ersten Quadranten, und sofort springt die los-

gelöste Saturn/Merkur-Opposition zum Neptun auf der Achse 2/8 ins Auge. Auf die Frage, was wohl beim Alterspunktübergang über diese Konjunktion (Alter 6 1/2) geschehen sei, erklärte sie nach kurzer Überlegung sofort:

»Meine Mutter hat meine kleine Lieblingspuppe weggeworfen, weil sie schon alt und verbraucht sei. Für mich war diese Puppe ein Stück meiner selbst, egal, ob schmutzig oder kaputt. Ich hing so sehr an ihr, dass ich sie immer mit ins Bett nahm. Unbegreiflich, dass sie plötzlich nicht mehr da war. Für mich als Kind gab es dafür keinen verständlichen Grund. Ich erinnere mich noch genau an einen stechenden Schmerz in meiner Brust; ich weinte tagelang, war störrisch, schloss mich in mein Zimmer ein und sann auf Rache. Mein Mutterhass dauerte fast zwei Jahre.«

Danach kam dann die Sonne/Mond-Konjunktion im Alter von achteinhalb Jahren, die auf eine ganz andere Thematik hinweist, nämlich auf eine enge Beziehung zum Vater. Diese war denn auch wichtig für sie. Mit sieben (ungefähr in der Mitte zwischen Saturn und Sonne/Mond) versagte sie in der Schule, worauf sie die dritte Klasse wiederholen musste. In dieser Zeit stand ihr der Vater zur Seite. Er half ihr über die Niederlage (Lücke) hinweg, war ihr sehr zugetan und stärkte ihr Selbstbewusstsein, wo immer er konnte. Exakt beim Sonnenübergang (mit 8 1/2 Jahren) bestand sie die Prüfung in die nächsthöhere Klasse mit Bravour.

Mit dreiundzwanzig Jahren heiratete sie einen Mann, welchen die Mutter nicht leiden konnte. Der Alterspunkt war im Quadrat zu Saturn und Neptun, den zwei Planeten, die für das traumatische Kindheitserlebnis standen. Die Mutter versuchte mit allen Mitteln, die Heirat zu verhindern. Aber je mehr die Mutter dagegen war, um so lieber wurde ihr der Mann. Inzwischen ist ihr bewusst, dass sie aus Trotz gegenüber der Mutter geheiratet hat. Eine losgelöste Opposition (hier Neptun zu Saturn/Merkur) wirkt wie ein autonomer Mechanismus und verleitet in Stresssituationen zu unüberlegten Handlungen. Sie wollte damit der Mutter das zurückzahlen, was diese ihr damals mit der Wegnahme der Puppe angetan hatte. Aber in Wirklichkeit hatte sie mit der Heirat sich selbst geschadet. Sie litt unter ihrer Ehe sehr, ihr Mann war egozentrisch, manchmal auch brutal.

Erst bei der Sonne/Mond-Opposition des Alterspunktes (mit 44 3/4 Jahren) liess sie sich scheiden. Die Scheidung erlebte sie als grosse Befreiung - wie von einem Alpdruck. Dieses Erlebnis korrespondiert mit der bestandenen Klassenprüfung beim Sonnenübergang mit achteinhalb Jahren.

Wenn der Alterspunkt die gegenüberliegende Stelle im Horoskop erreicht, ist es häufig der Fall, dass wieder eine qualitativ ähnliche Situation erlebt wird, meistens mit grösserer Klarsicht, gelöster und reifer, gewissermassen auf einer höheren Stufe des Bewusstseins.

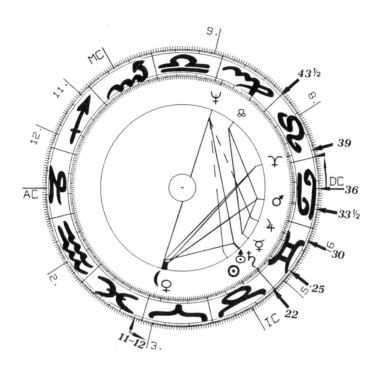

Beispiel III
(weiblich) 11. Mai 1942, 01.13 Uhr, Zürich/CH

Ein anderer Fall von Prägewirkung und die bewusste Verarbeitung ist folgender: Die Horoskopeignerin hatte zwischen elf und zwölf eine Mandeloperation. Der AP war ins Zeichen Widder eingetreten und überquerte die Mond/Venus-Konjunktion mit Aspekten zu Uranus, Mars und Pluto. Die Mutter war geschäftlich immer sehr beansprucht und konnte nicht für das Kind da sein. Sie war alleine im Spital und fühlte sich verlassen. Vor der Mandeloperation kam sie in eine neue Klasse, und der Lehrer mochte sie nicht. Sie empfand das als starke Zurücksetzung.

Die Mond/Venus-Konjunktion verursacht ein intensives Bedürfnis nach Liebe und Zärtlichkeit. Mit allen Mitteln versuchte sie sich Liebe zu verschaffen. Ihre Sympathie- und Harmoniegefühle verlangten nach Stil; primitive Menschen konnte sie nicht um sich ertragen. Der Anspruch auf Liebe wurde jedoch auch später immer wieder enttäuscht. Durch das frühkindliche Alleingelassenwerden war ihr Selektivmechanismus gestört. Weil sie als Kind keine Zuwendung erfuhr, zog sie Männer an, die sie mit Liebesentzug bestraften oder sie sogar schlugen (Venus/Mars-Quadrat). Mit zweiundzwanzig Jahren, als der AP nahe bei der Saturn/Uranus-Konjunktion stand, heiratete sie einen Jugendfreund, liess sich aber mit 25 Jahren (AP-Konjunktion Merkur) wieder scheiden. Die Ehe stand unter dem Zeichen von Uranus/Saturn (sie suchte Sicherheit), die Scheidung fand beim Merkurübergang Quadrat Mondknoten (Trennungs-Symbol) statt. Beim Übergang über den losgelösten Jupiter (mit 30) heiratete sie einen wohlhabenden Mann. Jetzt war ihr ein Leben in zwei Häusern, in Wohlstand und Luxus, sehr wichtig. Aber beim Mars-Übergang (am Talpunkt 6 mit 33 1/2 Jahren) wurde die Situation unerträglich, und sie trennte sich auch von diesem Mann. Beim DC-Übergang (mit 36 Jahren) traf sie einen Freund, mit dem sie bis zum Eintritt ins Löwezeichen zusammenlebte. Erst jetzt, mit der Energie von Löwe und Pluto, fand sie zu sich selbst. Sie machte kurz nach dem DC eine Analyse und erkannte viel von ihren zwanghaften DU-Verhaftungen, Illusionen, Projektionen und befreite sich ziemlich rasch davon.

6. Raumeinteilung des Horoskopes

Rhythmen der Natur und des menschlichen Lebens •
Periodische Lebensabläufe im Horoskop •
Aufteilung des Horoskopes in verschiedene
Lebensabschnitte • Überblick •

Die Zweiteilung •
Erste Lebenshälfte • Zweite Lebenshälfte •
Polarität und Individuationsprozesse •
Ganzwerdung - Zentrum in der Mitte • Der
Alterspunkt - Fokus unseres Bewusstseins •

Die Vierteilung in den Quadranten •
Ich-Formung • Soziale Formung •
Kontakt-Kultivierung • Selbstwerdung •

Die Dreiteilung des Horoskopes •
Ich-Entwicklung und Reifung • Die vier
Temperamente • Die drei Phasen der
Persönlichkeitsentfaltung •

Die Sechsteilung: Soziale Prozesse •
Die sechs Manifestationsimpulse • Die sechs
Krisenphasen •

Rhythmen der Natur und des menschlichen Lebens

Die wesentlichen Rhythmen, die das Leben auf unserem Planeten bestimmen, sind durch die Naturgesetze geregelt. Jedes Leben beginnt mit der Geburt und endet mit dem Tod. Die Spanne dazwischen nennen wir den Lebenslauf. In dieser Spanne vollzieht sich beim Menschen eine stufenweise biologische und geistige Entwicklung, die im Prinzip für alle Menschen gleiche Bedeutung hat und dennoch individuelle Unterschiede aufweist. In der ganzen Natur sind diese Entwicklungsgesetze sichtbar. Sie bewirken ein ständiges Sich-Entfalten, ein Keimen, Reifen und Sterben.

Das Verständnis für diesen Entwicklungsgedanken gibt uns den richtigen Sinn für die Zeit und damit die praktische Anwendung der Altersprogression. Letztere zeigt im rhythmischen Ablauf des Lebens die einzelnen Entwicklungsstufen auf. Wir überblicken einen grösseren Zeitraum, unser Bewusstsein weitet sich aus. Die Zeitdimension hilft uns zu einem grösseren Verstehen der Gegenwart. Wir gewinnen einen Überblick über unser eigenes Leben.

Im allgemeinen leben wir nur innerhalb der Grenzen des gegenwärtigen Augenblicks oder in einer Kette von Augenblicken, die wir fast unzusammenhängend durchleben; oder wir sehnen uns nach der Ewigkeit und denken an sie als einen unbeweglichen, statischen Zustand, im Gegensatz zu der unaufhörlichen Folge der Augenblicke und dem Wissen, dass das Leben ewige Bewegung ist und keinen Stillstand kennt.

Was aber im Fluss des manifestierten Lebens unmittelbar wichtig und bedeutungsvoll ist, ist der »Zyklus«, das heisst die Entfaltung eines vitalen Vorgangs, von einem Anfang, durch verschiedene Entwicklungsphasen, bis zur Erfüllung. Das Keimen eines Samens hätte keinen Sinn, wenn er nicht zur vollen Frucht ausreifen würde und die notwendigen Übergangsphasen mit nacheinander folgenden Zuständen durchmachen müsste. Dasselbe kann man auch in bezug auf die Entwicklung des Menschen, des Planeten und eines ganzen Sonnensystems sagen.

Periodische Lebensabläufe im Horoskop

Das Horoskop ist bekanntlich auf den 360-Grad-Kreis aufgebaut, den wir leicht in verschiedene Teile zerlegen können. Es ist ein naheliegender Denkschluss, diese fixierten Teile als einen zeitlich erfassbaren Lebensabschnitt zu betrachten und das ganze Rund von 360 Grad in einen Lebenslauf zu verwandeln. Das Horoskop ist so betrachtet eine Art Lebensuhr, wobei die verschiedenen Teile des 360-Grad-Kreises bestimmten Zeitphasen im Leben eines Menschen entsprechen. Wir können die Vielzahl dieser Zeitphasen einzeln betrachten, sie aus dem Ganzen ablösen und als einzelne Punkte ansehen; wir können sie aber auch - und das ist lebensnäher - als ineinander überfliessende Entwicklungsphasen verstehen. Dabei ist folgender Leitsatz stets zu beachten:

**Wenn wir das Horoskop in Zeitabschnitte eintei-
len, dann sind die angegebenen Lebensjahre nicht
starr abgegrenzt zu beurteilen, sondern es handelt
sich dabei um Lebensperioden mit gleitenden Übergängen, die bereits vorher und auch nachher wirksam sind.**

In jedem menschlichen Leben gibt es Perioden, die thematisch jeweils auf das dem Alter entsprechende Grund-
thema eingestimmt sind. Diese Lebensphasen decken
sich mit der dem Horoskop zugrundeliegenden Thematik. Eine entsprechende Phase wird von einem entsprechenden Raum im Horoskop geprägt. Wie bereits früher
beschrieben wurde, entspricht eine Periode von sechs
Jahren der psychologischen Grundthematik eines einzelnen Hauses; eine Phase von achtzehn Jahren entspricht
der Grundthematik eines Quadranten, vierundzwanzig
Jahre einem Drittel, sechsunddreissig Jahre der Hälfte
und zweiundsiebzig Jahre einem ganzen Horoskop-
Kreis. Nach dem zweiundsiebzigsten Lebensjahr
beginnt der Umlauf von neuem.

Eine weitere Gesetzmässigkeit ergibt sich aus der Tatsache, dass das Horoskop von verschiedenen Themen her
aufgerollt werden kann. Bei der **Hälftung** haben wir
ganz generelle Entwicklungsschübe von Extraversion
und Introversion, von Unbewusstem und Bewusstem.

Bei der **Vierteilung** geht es in den vier Quadranten,
»Trieb«, »Instinkt«, »Denken« und »Sein«, um die Ent-
wicklung der Lebensformen im äusseren Leben. Die
Zahl Vier ist schon seit jeher das Symbol der Form, der

Kristallisation und Gestaltung; sie stellt im würfelförmigen Salzkristall das alchemistische Symbol der Materie dar. Die **Dreiteilung** hängt im besonderen Masse mit der Persönlichkeitsentfaltung zusammen. Die Drei als Zahl symbolisiert schöpferische, dynamische Prozesse und die innere Zielgerichtetheit einer in sich geschlossenen Persönlichkeit. Auch das Auge Gottes wird durch ein Dreieck symbolisiert. In der **Sechsteilung** geht es um psychologische Entwicklungen und soziale Prozesse. Die Persönlichkeit verbindet sich mit der Welt, und aus diesem Wechselspiel ergeben sich Reaktionen, Qualitäten und Charaktereigenschaften. Aus der **Zwölfteilung** schliesslich ergibt sich ein kompletter chronologischer Lebensablauf durch die zwölf Häuser, die unsere gesamte Umwelt darstellen.

Mit der Bezeichnung von Invert- und Talpunkt (IP und TP) in jedem der zwölf Häuser ergibt sich eine weitere Feingliederung des Horoskopes in **sechsunddreissig Teile,** die präzise auf die kleinen Rhythmen und Entwicklungsphasen im Leben hinweisen. Wir werden im folgenden diese verschiedenen Aufteilungen des Horoskopes, oder richtiger gesagt des Häusersystems, systematisch durchnehmen.

Dürfen wir hier nochmals darauf hinweisen, dass wir die Einteilung des Häusersystems nach der Häuserberechnung von Dr. W. Koch vornehmen. Häusermethoden wie Placidus, Campanus, Regiomontanus und die äqualen Häuser ergeben beim Ablauf des Alterspunktes keine befriedigenden Ergebnisse. Die Raumeinteilung des Horoskopes kann jedoch bei allen Häusermethoden angewandt werden.

Aufteilung des Horoskopes in verschiedene Lebensabschnitte

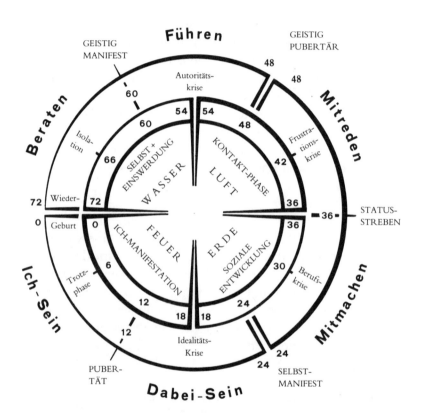

ÜBERBLICK

I. Zwei- und Vierteilung
HORIZONTLINIE   AC - DC
untere Hälfte   0 - 36 Jahre   Lernen – Wachsen
obere Hälfte   36 - 72 Jahre   Wirken – Schwinden

MERIDIANLINIE   IC – MC
linke Hälfte   1 - 18 Jahre und 54 - 72 Jahre
                Selbsterfahrung und Selbstwerdung
rechte Hälfte 18 - 54 Jahre Du-Erfahrung,
                Umweltzuwendung

DAS FADENKREUZ
AC = 0   IC = 18   DC = 36   MC = 54   AC = 72 Jahre
Entwicklungsschübe an den Eckpunkten des Horoskopes

VIERTEILUNG (Quadranten): Formentwicklung
1. Ich-Formung   2. soziale Entwicklung
3. Kontakt-Phase   4. Selbstwerdung

II. Drei-, Sechs- und Zwölfteilung
DREITEILUNG: Persönlichkeitsentfaltung
Jugend, Reife, Alter

SECHSTEILUNG: Soziale Prozesse
1. Ich-Sein   2. Dabei-Sein   3. Mitmachen
4. Mitreden   5. Führen   6. Beraten

ZWÖLFTEILUNG:
Sechs Manifestationsphasen   Sechs Krisenphasen

Jahre   Jahre
 0 Geburt   6 Trotzphase
12 Pubertät physisch-psychisch   18 Idealitätskrise
24 Selbstmanifestation   30 Berufskrise
36 Status-Streben   42 Frustrationsphase
48 geistige Pubertät   54 Autoritätskrise
60 geistige Manifestation   66 Isolationskrise
72 Wieder-Geburt

Die Zweiteilung

Wir teilen zunächst das Horoskop mit Hilfe der vom Aszendenten zum Deszendenten laufenden Horizontlinie in die obere und untere Hälfte, wobei die untere Hälfte einem Lebensalter von null bis sechsunddreissig und die obere Hälfte den Jahren sechsunddreissig bis zweiundsiebzig entspricht.

Erste Lebenshälfte:
0 - 36 Jahre
(untere Hälfte im Horoskop)

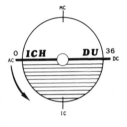

Die erste Lebenshälfte ist geprägt durch das Bedürfnis, von einem Einzelwesen zu einem Mitmenschen zu werden. Von null bis sechsunddreissig streben wir vom Aszendenten zum Deszendenten, das heisst vom ICH zum DU. Zuerst werden wir ein ICH in dieser Welt, lernen dann dabeizusein, um schliesslich beim DU ganz anzukommen und mit vollem Erfolg mitmachen und mitreden zu können.

Bis zum Alter von sechsunddreissig Jahren versuchen wir uns zu veräusserlichen mit dem, was wir durch unsere Herkunft und Erziehung mitbekommen haben. Wir streben nach Erfolg im Leben, nach einem DU oder Partner. Die Lösungen aller Probleme suchen wir, in Form von Aktivität und Schaffensdrang, ausserhalb von uns selbst. Dieser primäre Drang ist meist unbewusst, denn wir gehen ja durch den unteren, den unbewussten Raum des Horoskopes. Die ganze Entwicklung der ersten Lebenshälfte ist auf Selbsterfahrung in der Auseinandersetzung mit der Welt, auf das unmittelbare Erleben in der Umwelt, ausgerichtet. Man träumt vom grossen Erfolg im Leben, verbunden mit einer zunehmenden Extraversion samt den dazugehörigen Krisen, die nicht ausbleiben sollten.

**Zweite Lebenshälfte:
36 - 72 Jahre
(obere Hälfte im Horoskop)**

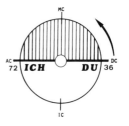

Die zweite Lebenshälfte fängt damit an, dass wir in der Umwelt auf irgendeine Weise zum Erfolg gekommen sind und dabei erkennen, dass Erfolg letztendlich nicht das einzig befriedigende Ziel im Leben ist. Der AP geht jetzt vom Deszendenten über die obere Hälfte des Horoskopes wieder zum Aszendenten zurück.

Somit ist hier die psychologische Entwicklungsrichtung umgekehrt. Wir stellen mit zunehmendem Alter, ungefähr ab sechsunddreissig, eine gewisse Introversion fest. Der Schwung und die Begeisterung der jungen Jahre lassen nach. Wir werden bedächtiger und beginnen nachzudenken, weil wir ja durch den oberen, bewussten Raum des Horoskopes gehen. Es macht sich ein leiser Wandel, ein Hang zum vermehrten Innenleben bemerkbar.

Polarität und Individuationsprozesse

Von entwicklungspsychologischer Bedeutung ist unsere nächste Betrachtung über die polaren Spannungen des **Fadenkreuzes** im Horoskop, die besonders in den vier Eckpunkten Impulse zur individuellen Entwicklung auslösen.

Wenn der Mensch ins Horoskop hineingeboren wird, dann folgt er einerseits dem Lauf rund um das Häusersystem, aber gleichzeitig ist er im Fadenkreuz gewissermassen »aufgehängt«. Zwei mächtige Impulse oder Schubkräfte zwingen uns, in vier verschiedenen Weisen zu unserem Lebensraum Bezug zu nehmen und uns darin zu entfalten. Diese vitalen Schubkräfte lassen gar nichts anderes zu, als uns zu entwickeln, um zu dem zu werden, was wir selbst vom Wesen her sind und sein wollen.

Die **horizontale Linie,** die Schubkraft vom ICH zum DU, symbolisiert den Kontakttrieb, die **vertikale Linie** von unten nach oben symbolisiert unseren Werdedrang, vom Massenmenschen zu einem Individuum zu werden. Zwischen diesen beiden Bewegungsrichtungen sind wir eingespannt und erleben diese zunächst als Gegensätze in uns selbst, bis wir fähig werden, sie im Leben zu integrieren.

Einerseits verspüren wir einen inneren Drang zur Individuation, einen starken Wunsch, ein einmaliges, originales Einzelwesen, ein Individuum zu werden, das sich von anderen unterscheidet und über die Masse hinausragt. Andererseits besteht die Forderung, dass wir uns einordnen in ein grösseres Ganzes. Um leben zu können, müssen wir fast immer die Eigengesetzlichkeit unseres Wollens und Wünschens begrenzen zugunsten der Allgemeinheit, des Kollektivs, zu dem wir gehören. Das ist die Polspannung von unten nach oben im Horoskop, vom IC zum MC.

Die andere Schubrichtung vom ICH zum DU fordert, dass wir vom egoistisch nur auf uns selbst bezogenen Menschen zum Mitmenschen werden. Der Weg vom ICH zum DU verlangt von uns, dass wir uns dem anderen, dem Fremden, dem DU öffnen, dass wir uns mit ihm einlassen und mit ihm in einen harmonischen Austausch treten. Dabei darf man weder sein ICH verlieren noch zu stark auf ihm beharren. Hier beginnen wir uns mit anderen zu vergleichen. Auf der Horizontalen sind wir nicht besser als die anderen und dürfen uns nicht in Konkurrenzkämpfe einlassen, sondern wir müssen eine richtige menschliche Beziehung anstreben. Es geht um einen Ausgleich zwischen Abhängigkeit und persönlicher Freiheit. Die geforderte Anpassung soll immer noch Spielraum lassen für das Eigensein und die individuelle Entfaltung.

Die Integration dieser Polspannungen erfolgt meistens über den »dritten Weg«, das heisst über die andere Achse (wie in Band II der Reihe Astrologische Psychologie »Die astrologischen Häuser«, S. 93 ff beschrieben wurde). Im Fadenkreuz geht es um die beiden Achsen ICH-

DU und KOLLEKTIV-INDIVIDUUM. Individuation verlangt eine ständige Ausbalancierung der polaren Kräfte, sowohl der von innen nach aussen wie der von unten nach oben, von Extraversion und Introversion auf allen Ebenen, in jeder Achsenpolarität, in jeder Stufe. Eine in sich ruhende, harmonische Persönlichkeit steht immer in der Mitte der ständig wechselnden inneren und äusseren Bedingungen.

Ganzwerdung - Zentrum in der Mitte

Im Mittelpunkt des Fadenkreuzes fliessen alle Kräfte zusammen. Hier im Zentrum des Horoskopes findet die eigentliche Integration aller Strömungen statt. Wenn wir uns diesem Sog nach innen öffnen, dann leben wir aus unserer Mitte, aus dem Zentrum allen Lebens heraus, und sind getragen von den vereinenden Kräften unseres Selbst. Hier im Zentrum überwinden wir die Polspannungen von oben und unten, links und rechts. Es kreuzen sich die Kräfte der zeitlichen und der räumlichen Dimension und finden ihre Verschmelzung. Selbstwerdung (Individuation oder Ganzwerdung) bedeutet nichts anderes, als die eigene Mitte zu finden, das richtige Mass, das innere Gleichgewicht oder die Abrundung unserer Persönlichkeit.

Der Alterspunkt:
Fokus unseres Bewusstseins

Die folgende Betrachtung soll uns die innere Qualität des AP näherbringen. Wenn wir ihn als den durch die Zeit wandernden Brennpunkt unseres gegenwartsbezogenen Tagbewusstseins definieren, können wir uns auf diese Weise leicht mit ihm identifizieren, weil er Teil unseres Selbst ist.

Die Altersprogression betrifft unsere eigene Wesensstruktur sehr stark. Sie ist für den Menschen, der bewusst leben will, das am tiefsten gehende Element aller Progressionsbetrachtungen und stimuliert vorwiegend unser geistiges und psychisches Bewusstsein. Der AP verbindet uns im zyklischen Lebensablauf mit allen Wesenswinkeln in uns und auch mit unserem innersten Wesenszentrum.

Wir können in diesem Zusammenhang den AP auch als unser Bewusstsein ansehen, oder als das Auge unseres innersten Selbst, mit dem wir die Welt wahrnehmen und auf sie reagieren. Er gibt uns eine Möglichkeit, das »Hier 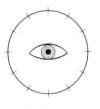 und Jetzt« zu erleben, weil eine direkte Verbindungslinie vom innersten Selbst bis zur Lebenswirklichkeit in diesem Augenblick besteht. Es gilt für uns nur, diese Gelegenheit der Verbindung von Bewusstsein und Lebensrealität wie auch diesen Augenblick, in dem Raum und Zeit verschmelzen, wahrzunehmen und dafür offen zu sein. Deshalb erfordert die psychologische und geistige Auswertung der Altersprogression ein erhöhtes Wachsein, ein Gegenwartsbewusstsein, ein psychologisches Verständnis und ein elastisches Reagieren auf die Lebensströme, die von innen nach aussen fliessen.

Der AP ist identisch mit der allem innewohnenden Entwicklungsdynamik, die beim Menschen im Zentrum seines Wesens wirksam ist. Das Verständnis dieses Faktors ist für die richtige Beurteilung äusserst wichtig. Deshalb wollen wir ihn anhand einer bildlichen Vorstellung erlebbar machen.

Die Vierteilung in den Quadranten

Die vier Quadranten des Häusersystems entsprechen vier Hauptperioden des Lebens von jeweils achtzehn Jahren, in denen wir eine über die ganze Zeitdauer gleichbleibende »Aufgabenstellung« gegenüber dem Leben feststellen. Diese vier Lebensphasen lassen sich unter folgenden Begriffen zusammenfassen:

1. Ich-Formung	0-18 Jahre	1. 2. 3. Haus
2. Soziale Entwicklung	18-36 Jahre	4. 5. 6. Haus
3. Kontakt-Phase	36-54 Jahre	7. 8. 9. Haus
4. Selbstwerdung	54-72 Jahre	10. 11. 12. Haus

Ich-Formung

Lebensphase von 0-18 Jahren

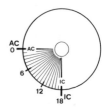

Triebquadrant - Feuer
unbewusste Ich-Beharrung
unbewusste Ich-Verwirklichung
Fremderziehung
Anpassung an äussere Bedingungen

AC: An der Spitze des ersten Hauses erfolgt der erste Gross-Impuls des menschlichen Lebens: die Geburt. Mit der Geburt beginnt der Zeiger auf der Lebensuhr zu laufen und wandert während des Lebens durch die zwölf Häuser.

Im ersten Quadranten, in den ersten drei Häusern, erfährt das ICH seine Ausformung. Die bei der Geburt vorhandene innere Potenz muss zum Ausdruck und zur Entfaltung kommen. Das neugeborene Kind ist noch ungeformt, es ist auf die Umwelt angewiesen, von ihr abhängig. Es ist leicht verletzlich, unsicher, beeinflussbar und braucht Schutz und Hilfe von aussen und von innen. Es wächst heran und bildet nach den vorhandenen Möglichkeiten im ersten Quadranten seine Persönlichkeit, sein ICH - allerdings vorwiegend in einer trieb- und reflexhaften Weise. Im ersten, dem Triebquadranten, ist es mehr auf Selbsterhaltung und Selbstverteidigung ausgerichtet.

In dieser Zeit wird das Kind von der Umwelt geformt; es ist zu ihr passiv eingestellt, nimmt alles auf, was auf es eindringt. Eltern, Erzieher und Geschwister dienen ihm als Vorbilder. Die Prägungen im Elternhaus sind massgebend für sein späteres Verhalten im Leben.

Soziale Formung

Lebensphase von 18-36 Jahren

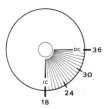

Instinktquadrant - Erde
unbewusste Umweltbeherrschung
unbewusste DU-Beziehung
Selbsterprobung und
Selbsterziehung

IC: An der Spitze des vierten Hauses erfolgt der zweite Gross-Impuls. Hier steht das, was wir im Verlauf der ersten achtzehn Lebensjahre durch Fremderziehung geworden sind, in Opposition zu dem, was wir werden und sein möchten (MC). Hier setzt nun die Selbstverwirklichung, die Individuation ein. Hierzu ist die Ablösung von Erbe und Tradition, von Heim und Elternhaus notwendig. Der junge Mensch versucht nun auf dem Weg der Selbsterprobung und der Selbsterziehung eigene Wege zu gehen und neue mitmenschliche Verankerungen zu finden.

Der zweite Quadrant dient der sozialen Selbstmanifestation. Hier sind wir immer noch im unbewussten, unteren Raum des Horoskopes, befinden uns aber schon auf der DU-Seite, weshalb wir hier stark der Umwelt zugewandt sind. Ein instinkthaftes und deshalb noch stark egozentrisches Drängen nach sozialem Erfolg, nach Beliebtheit, Berühmtheit oder Macht tritt in den Vordergrund. Wir müssen aber in diesem Quadranten auch erkennen, dass wir nicht allein in der Welt leben. Obwohl wir glauben mögen, derjenige zu sein, der am Hebel sitzt und die Welt bewegt, müssen wir lernen, uns der Wirklichkeit anzupassen, den Bedingungen, die die Umwelt bereithält und die auch für uns Gültigkeit haben.

229

Kontakt-Kultivierung

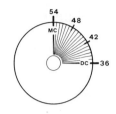

Lebensphase von 36-54 Jahren

Denkquadrant - Luft
bewusste DU-Erkenntnis
bewusste Anpassung und
Lebenseinstellung
Selbstverwirklichung

DC: Hier an diesem Punkt wird im sechsunddreissigsten Lebensjahr die Lebensmitte erreicht (2 x 36 = 72). Es erfolgt der dritte Gross-Impuls im Ablauf des menschlichen Lebens. Nun beginnt der Lebens-Herbst, die eigentliche Hoch- und Blütezeit des Lebens mit der bewussten Ausrichtung auf die wesentlichen Lebensaufgaben und damit die bewusste Erkenntnis und Wahrnehmung der Um- und Mitwelt und ihrer Probleme.

Im dritten Quadranten befinden wir uns über dem Horizont im sogenannten Denkquadranten. Im Gegensatz zum Instinktquadranten setzen wir uns hier nun bewusst mit der Umwelt auseinander.

Obwohl wir uns auch hier in enger Beziehung zum Mitmenschen befinden, erleben wir uns selbst und den anderen immer klarer. Im Denkquadranten reagieren wir weniger instinktmässig auf andere Menschen, sondern wir überlegen uns, wie wir am besten miteinander auskommen können. Indem wir immer bewusster gemäss unserer eigenen individuellen Wesensart leben können, tolerieren wir dadurch auch die der anderen.

Selbstwerdung

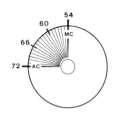

Lebensphase von 54-72 Jahren

Seinsquadrant - Wasser
bewusste Ich-Verwirklichung
bewusste Ich-Gestaltung
Selbst-Wahrnehmung

MC: Der vierte Gross-Impuls wird ausgelöst, wenn der Alterspunkt die Himmelsmitte (MC) erreicht. Diese drängt den Menschen zur inneren Freiheit und Selbstverwirklichung hin. Der Mensch soll sich im vierten Quadranten seiner selbst und seiner wahren Bestimmung bewusst werden.

Am MC kann man unter Umständen zu grossen weltlichen Erfolgen und Ehren aufsteigen, dennoch wird jetzt ein Loslösen von der äusseren Welt gefordert. Mit dem Überschreiten des MC wendet sich das Leben von der rechten Horoskophälfte (Aussenwelt/DU-Zuwendung) wieder ab, und es beginnt die Zeit der Verinnerlichung und der bewussten ICH-Zuwendung.

Im vierten Quadranten geht es um das wirkliche Sein, nicht um Schein. Es ist der Quadrant, der uns immer mehr von der Teilnahme am bunten Treiben des Lebens entfernt und uns zum eigenen Selbst zurückführen will. Hier können wir uns mit der bewussten Erfassung unseres eigenen Wesens auseinandersetzen. Wir sollten uns in dieser Lebensphase mit den grossen Lebensfragen beschäftigen, uns bewusst um eine Selbst-Identifikation bemühen und von den Reizen einer extravertierten Leistungswelt immer freier werden.

Die Dreiteilung des Horoskopes

Bei der Dreiteilung, der Aufteilung des vorhandenen Raumes in drei zeitlich aufeinanderfolgende Entwicklungsphasen, können wir diese mit den drei Persönlichkeitsplaneten Mond, Sonne und Saturn, den drei Kreuzen veränderlich, kardinal und fix und den drei Grundfarben Rot, Gelb und Blau in Verbindung bringen.

	Haus	Jahre		körperlich	seelisch-geistig	Farbe
1. Lebens-drittel	1.-4.	0-24	☽	Wachstum	Wachwerden Ich-Expansion persönlich	rot
2. Lebens-drittel	5.-8.	24-48	☉	Wirkungs-kraft	Umweltstabilisierung kontaktfixiert sozial	gelb
3. Lebens-drittel	9.-12.	48-72	♄	Kristalli-sation	Loslösung, Freiheit Transzendenz universal	blau

Wir betrachten bei der Dreiteilung im Horoskop jeweils drei Blöcke mit je vier Häusern, wobei das erste Drittel, die Häuser 1-4 (analog den Zeichen: Widder, Stier, Zwillinge, Krebs), den Lebensjahren 0-24 entspricht. Der zweite Block vom fünften bis inklusive dem achten Haus (analog Löwe, Jungfrau, Waage, Skorpion) entspricht dem Alter von 24-48 Jahren. Die dritte Phase von 48-72 Jahren umfasst die Häuser 9-12 (analog Schütze, Steinbock, Wassermann, Fische).

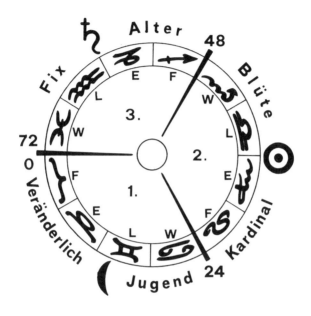

Ich-Entwicklung und Reifung

In Begriffen der Reifung können wir die drei Lebensphasen folgendermassen benennen:

1. Phase: Reifung der Persönlichkeit (Jugend)
2. Phase: weltlich-soziale Reifung (Blütezeit)
3. Phase: geistige Reifung (Alter)

Diese drei Phasen dienen vorwiegend der Ich-Entwicklung. Markant ist die Tatsache, dass jeder dieser drei

Bereiche mit einem Feuerhaus anfängt und mit einem Wasserhaus aufhört.

Die erste Phase beginnt mit dem ersten Haus, das dem Zeichen Widder entspricht, die zweite Phase mit dem fünften, dem Löwehaus, und die dritte Phase mit dem neunten, dem Schützehaus. Alle drei Feuerhäuser und Feuerzeichen hängen mit der Entwicklung des Selbstbewusstseins zusammen. Das Element Feuer, das in der personalen Identität, im Ich, zentriert ist, löst einen Entwicklungsimpuls aus und leitet in den Feuerhäusern jeweils eine neue Phase der Selbstmanifestation ein.

In der ersten Phase, im Alter von null bis vierundzwanzig Jahren, bildet sich das Ich als Persönlichkeit aus. In der zweiten Phase, die mit dem Alter von vierundzwanzig beginnt, setzt die weltlich-soziale Manifestation ein, die mit achtundvierzig Jahren die Integration mit der Gesellschaft erreichen sollte. Danach beginnt mit dem neunten Haus die geistige Selbstverwirklichung.

Die vier Temperamente

Auch bei der Dreiteilung - wie bei den Quadranten - kombinieren wir wieder die Drei mit der Vier als Grundformel astrologischer Deutung. In jedem Drittel finden wir alle vier Temperamente Feuer, Erde, Luft und Wasser. In der Altersprogression durchlaufen wir demnach in jedem dieser Drittel des Gesamtkreises jeweils alle vier Temperamente und machen somit eine ganze Manifestationsreihe der Ich-Bildung durch.

Im Feuerhaus zündet der Impuls zur Ich-Manifestation. Das Erdhaus bringt die Anreicherung und Integration von Substanzen des Ichs, in den Lufthäusern wird jeweils die verstandesmässige Bezogenheit des Ichs entwickelt, und in den Wasserhäusern identifizieren wir uns gefühlsmässig mit der Zugehörigkeit, erleben aber auch den möglichen Ich-Verlust.

Von den Wasserhäusern geht es deshalb wieder zu je einem Feuerhaus (Ich-Behauptung). Die Wasserhäuser vier, acht und zwölf enthalten also einen Samen der Wandlung und der Transformation, um eine Neuorientierung und damit einen Weg der Weiterentwicklung zu gewährleisten. In den Wasserhäusern und den ihnen entsprechenden Lebensperioden destillieren wir die Qualität der vorangegangenen Häusergruppe aus, und es ist immer schmerzlich, von einer Orientierung zur anderen zu gehen. Man muss loslassen, wenn eine Weiterentwicklung zustande kommen soll - und das geht nie ganz ohne Krisen ab.

Die drei Phasen der Persönlichkeitsentfaltung Mond-, Sonne- und Saturnperiode

Wie bereits erwähnt, ist das Hauptthema der Dreierbetrachtung die Entwicklung des Selbstbewusstseins, der Ich-Manifestation und Persönlichkeitsentfaltung auf einer immer höheren Spirale. Es ist Auftrag des Menschen, sich als Ich seiner selbst bewusst zu werden und dieses Ich in dieser Bewusstheit so vollständig wie möglich zum Ausdruck zu bringen. Dabei begegnet er einer Welt von Menschen, die denselben Auftrag haben. Wir müssen stufenweise lernen, unsere Selbstverwirklichung als Beitrag zum gemeinsamen Bemühen zu verstehen. Zur echten Persönlichkeitsentfaltung gehört die positive und bewusste soziale Integration.

Deshalb ist die genaue Erforschung dieser Entwicklungstendenzen und Qualitäten in den entsprechenden Lebensperioden von grosser Bedeutung. Wir können daraus viel lernen und unsere innere Einstellung in Übereinstimmung mit den Naturgesetzen bringen. Wir müssen wissen, dass wir keine natürliche Entwicklungsphase überspringen können und dürfen auch nie mit aller Kraft an einem ereichten Zustand festhalten und zu lange in der entsprechenden Phase verweilen wollen. Wir sollten immer in Bewegung bleiben und uns stets den neuen Bedingungen anpassen. Nur so läuft unsere Entwicklung harmonisch und ohne grössere Störungen ab.

Von den drei Phasen beherrscht der Mond die Jugend, die Sonne die Blüte oder Erfolgsphase und Saturn die Reife oder das Alter, jene letzte Lebensphase, in der alle Erfahrungen voll ausgewertet werden können.

Diese Unterscheidung ist für die Betrachtung der einzelnen Stufen der Persönlichkeitsentfaltung sehr aufschlussreich. Man sollte sich bewusst sein, dass man zum Beispiel mit vierunddreissig Jahren ein »Sonnen-Mensch« ist. Die Sonnenqualitäten kommen zur Geltung, und daher ist das Sinnen und Streben nach aussen gerichtet; Hauptmotiv ist die Selbstverwirklichung. Deshalb ist der Mensch in dieser mittleren Lebensphase ein ausgesprochener Erfolgs- und Verstandesmensch, der alles ganz klar und sachlich anpacken und seinen Willen einsetzen will, so gut er es eben kann. Wenn die Sonne in seinem Horoskop schlecht ausgerüstet ist, dann wird er in diesem zweiten Lebensdrittel vielleicht Mühe haben, und falls er einen gut gestellten Saturn im Horoskop hat, erst in der nächsten Phase so richtig zum Zuge kommen.

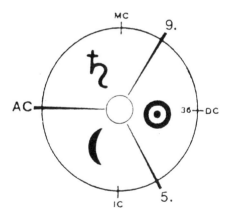

Die Sechsteilung:
Soziale Prozesse

1. Ich-Sein: Phase 0 -12 Jahre
2. Dabei-Sein: Phase 12-24 Jahre
3. Mitmachen: Phase 24-36 Jahre
4. Mitreden: Phase 36-48 Jahre
5. Führen: Phase 48-60 Jahre
6. Beraten: Phase 60-72 Jahre

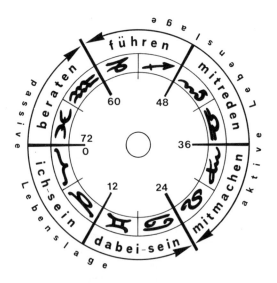

Die heutige Psychologie kennt keine regelmässige Rhythmeneinteilung in bezug auf die Entwicklung des Menschen. Sie kennt wohl kleinere und grössere Phasen, vor allem in der Kindheit, die sie einzeln benennt und beschreibt. Sie weist aber immer darauf hin, dass jede Phase beim einzelnen Individuum verkürzt oder verlängert sein kann, dass sie sich sehr oft über längere Zeiten überschneiden und einzelne Phasen praktisch übersprungen werden können. Einen genauen individuellen Lebensplan kann sie jedoch nicht erkennen.

Im Horoskop hingegen haben wir ein Grundschema, das uns erlaubt, die einzelnen Phasen im Horoskop von verschiedenen Seiten her aufzurollen, so dass wir die verlängerten, verzögerten und sich überschneidenden Phasen individuell erkennen können. Die folgende Sechsteilung ist besonders für die Beurteilung der psychosozialen Prozesse massgebend.

Wenn wir die drei Drittel im Horoskop nochmals teilen, ergeben sich sechs Lebensphasen von je zwölf Jahren oder je zwei Häusern. Diese letzteren sind immer zuerst ein aktiv-männliches und dann ein passiv-weibliches, was weitere interessante qualitative Unterscheidungen ermöglicht.

1. Phase 0-12 Jahre - Ich-Sein

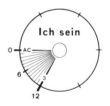

Die Häuser eins und zwei dienen dem ICH-Ausdruck und der ICH-Bildung. Im ersten, einem männlichen Haus, erlebt sich das ICH zuerst an seinen eigenen biologischen und psychologischen Prozessen (monomane Phase). Die zunehmende Anpassungsforderung der Umwelt (Eltern, Geschwister etc.) produziert eine Krise des »absoluten ICHs« (Trotzphase), die dann im zweiten Haus (einem weiblichen) zu einer sozialen Defensive führt. Räumliche Abgrenzung und Besitznahme wie beispielsweise Hütten bauen, Tauschhandel mit Besitzgegenständen sind wesentliche Selbsterfahrungsprozesse der entstehenden sozialen Persönlichkeit (Besitz-, Imponierphase).

2. Phase 12-24 Jahre - Dabei-Sein

In den Häusern drei und vier wollen wir dabeisein. Die soziale Persönlichkeit extravertiert sich. Wir wollen und können nicht allein sein, wir sind von der Familie abhängig; wir wollen uns in einem Kollektiv geborgen fühlen. Wir ordnen uns deshalb in die Gemeinschaft ein, indem wir im dritten Haus mitdenken und im vierten Haus mitfühlen. Im dritten Haus nehmen wir aktiv die Denkweisen des Kollektivs auf (kommunikative und idealbildende Phase), und im vierten, weiblichen Haus passen wir uns gefühlsmässig dem Kollektiv oder der Familie an. Das Aussuchen eines passenden Kollektivs führt zur Identifikation mit einer Mehrheit oder Minderheit, die für das ganze Leben eine Bedeutung haben kann - oder gar zum Schicksal wird.

3. Phase 24-36 Jahre - Mitmachen

Das Mitmachen der beiden Häuser fünf und sechs ist vor allem ein Versuch, irgendwie hineinzukommen in die Welt, unseren Platz zu finden, um etwas bewirken zu können. Die Betonung liegt in beiden Häusern auf dem Machen, auf dem Tun. Im fünften Haus, wieder einem aktiven, versuchen wir, unsere Person durchzudrücken; wir wollen Eindruck machen, damit wir die Welt beeinflussen können (»Ausstrahlungs«-Imponiergehabe). Im sechsten, passiven Haus erfahren wir dann unsere Grenzen. Hier tritt uns das DU mit konkreten Leistungsforderungen entgegen. Diese zweite soziale Krise beginnt um das Alter von achtundzwanzig und fordert von uns existentielle (oder konkret wirtschaftliche) Bewährung. Wer hier nicht die Verantwortung für sein Leben entsprechend seinen wirklichen Fähigkeiten selbst übernimmt, sondern weiterhin anderen zur Last fällt, kann in materielle Engpässe und/oder soziale Isolation hineingeraten. Diese Krise ist in unserer Zeit besonders bei Frauen betont (»grüne Witwen«, Rückkehr verheirateter Frauen in die Arbeitswelt).

4. Phase 36-48 Jahre - Mitreden

Nach dem DC-Übergang befinden wir uns über dem Horizont im bewussten Raum des Horoskopes; hier geht es um das Denken und nicht mehr so sehr um das Tun. Mitreden ist entscheidend für die Selbstverwirklichung.

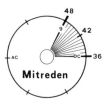

Im aktiven siebten Haus möchten wir dem DU unsere Konzeption präsentieren, mit ihm ins Gespräch kommen. Wir versuchen, durch Abmachung und Kontrakte eine legale Kontaktform zu etablieren, die dem DU und uns selbst zu gleichen Teilen dient. Im achten, passiven Haus müssen wir dann erfahren, wie die Umwelt auf unser Bemühen, in der Welt mitzureden, reagiert. Jetzt redet auch sie wieder mit und teilt uns ein. Wir werden beurteilt, klassifiziert, vielleicht sogar verurteilt, je nach unserem Verhalten und unserer Einordnung in die Gesellschaftsstruktur. Das jetzt plötzliche Stärkerwerden des Freiheitsstrebens und das angesichts des Älter-

241

werdens auftretende Nachholbedürfnis führen hier zu manchmal grotesken Ablösungsversuchen aus den gesellschaftlichen Zwängen (erste Nachholphase).

5. Phase 48-60 Jahre - Führen

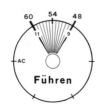

Diese Phase dient der optimalen Selbstausformung im Sinne der Individualisierung. Nachdem wir in der Phase des Mitredens unsere Rechte zugeteilt erhalten haben, gehen wir im neunten Haus daran, uns selbst aktiv einzuordnen und die Welt richtig zu verstehen. Wir versuchen, uns ein eigenes Weltbild zu schaffen und auf irgendeinem Gebiet eine geistige Autorität zu werden. Dies Bemühen kann im zehnten Haus dazu führen, dass wir von der Öffentlichkeit berufen werden, indem wir eine verantwortungsvolle Aufgabe oder eine Führungsfunktion zu übernehmen haben. Überbelastung durch Verantwortung kann schon im Zulauf zum MC (ab 52) - vor allem aber im Durchlauf durch das zehnte Haus - zur Trübung der Freude am Erfolg beitragen (»Regierungs-Stress«). Gegen Ende des zehnten Hauses kann Resignation überhandnehmen.

6. Phase 60-72 Jahre - Beraten

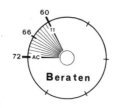

In dieser Phase wird uns bewusst, dass wir eigentlich nicht mehr genügend an der Umwelt interessiert und nicht mehr so aktionstüchtig sind. Es ist im elften Haus aber wichtig, sich geistig frisch zu erhalten, um auch weiterhin gefragt zu sein. Bei einer geistigen Inventaraufnahme erkennen wir, dass äussere Tätigkeit kaum mehr erwünscht, unser Wissen aber um so mehr gebraucht wird, indem wir beispielsweise andere beraten. Die jetzt zunehmende Konfrontation mit dem Tod kann eine »Torschlusspanik« auslösen (zweite Nachholphase). Die auftretenden Reaktionen, zum Beispiel Verliebtheit, Trotzigkeit etc., werden von der Umwelt meistens als »kindisch« oder »senil« bezeichnet. Im zwölften, passiven Haus müssen wir dann lernen, uns selbst zu genügen und innerlich zur Ruhe zu kommen. Wir laufen den Leuten nicht mehr nach, um ihnen Ratschläge zu erteilen, sondern wir sind einfach da, wenn man uns braucht.

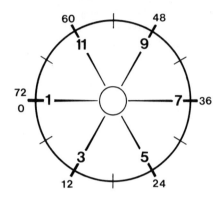

Die sechs Manifestationsimpulse

1. Geburt	1. Spitze
2. Pubertät	3. Spitze
3. Selbstmanifestation	5. Spitze
4. Statusstreben	7. Spitze
5. Geistige Pubertät	9. Spitze
6. Geistige Manifestation	11. Spitze

Die Manifestationsimpulse werden immer am Anfang der aktiven Häuser ausgelöst. An Spitze eins findet die Geburt statt, an Spitze drei, im Alter von zwölf Jahren, beginnt die Pubertät, an Spitze fünf, im Alter von vierundzwanzig, fängt die Phase der Selbstmanifestation an. Hier werden starke Impulse der Selbsterprobung ausgelöst. Mit sechsunddreissig, an der siebten Häuserspitze, am DC, entsteht ein positives und akutes Statusstreben. An der Spitze des neunten Hauses, im Alter von achtundvierzig Jahren, gerät man in eine Art geistige Pubertät im Gegensatz zur Zwölfjahr-Pubertät an der Spitze des dritten Hauses, die mehr physisch und psychisch ist. Im Alter von sechzig kann man auf der elften Häuserspitze eine eigentliche geistige Manifestation im Gegensatz zur Selbstmanifestation im weltlichen Sinne auf der gegenüberliegenden fünften Spitze erleben. Oft werden hier die schöpferischen Impulse verwirklicht, von denen man mit vierundzwanzig geträumt hat. Das kreative Individuum wird diese Spätjahre dazu verwenden, die geistige oder kulturell-gesellschaftliche Ernte seiner Erfahrungen und Reflexionen der Gemeinschaft zur Verfügung zu stellen oder sie aufzuzeichnen.

Passive Häuser

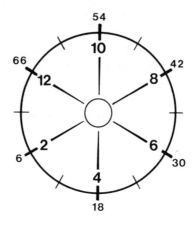

Die sechs Krisenphasen

1. Trotzphase	2. Spitze
2. Idealitätskrise	4. Spitze
3. Berufskrise	6. Spitze
4. Frustrationsphase	8. Spitze
5. Autoritätskrise	10. Spitze
6. Isolation	12. Spitze

Zwischen den sechs aktiven Häusern liegen jeweils in der Mitte dieser Zwölfjahres-Phasen die passiven Achsen des Häusersystems. Dies sind Krisenphasen, und es sind wiederum deren sechs. Die erste Krisenphase im Alter von ungefähr sechs Jahren fällt mit der klassischen **Trotzphase** zusammen. Mit ca. achtzehn Jahren gerät der junge Mensch in eine **Idealitätskrise,** er hat hohe Ideale und muss erkennen, dass die Welt stärker ist als er und sich nicht so einfach umstülpen lässt.

In der **Berufskrise** mit etwa dreissig Jahren erkennen wir, dass wir gar nicht so können, wie wir wollen, dass wir uns einordnen müssen, um zu überleben. Wir sollen fähig werden, die Verantwortung für uns selbst zu tragen und unseren persönlichen Beitrag an die Gemeinschaft freudig zu leisten.

Mit etwa zweiundvierzig Jahren beginnt die **Frustrationsphase.** Hier erleben wir oft, dass das Streben nach Status und Stellung in der Welt nicht die erhofften Früchte gebracht hat. Oder wenn wir erfolgreich waren, wird uns plötzlich bewusst, dass äusserer Erfolg nicht das war, was uns wirklich glücklich gemacht hat. In Wirklichkeit suchten wir Liebe, Wärme, Verstehen und neigen nun dazu, verdrängte oder unerfüllte Wünsche aus früherer Zeit nachzuholen.

Um vierundfünfzig herum geraten wir schliesslich in die **Autoritätskrise,** die anzeigt, wie gut wir als führende Persönlichkeit wirklich sind. Hier müssen wir klar unsere Aufgabe und unsere Grenzen erkennen und sie annehmen. Unsere Autorität kann Zurückweisungen oder Korrekturen erfahren, oder es erfolgt ein Sturz von der erreichten Höhe, wenn wir uns zuviel Unechtes zugemutet haben.

Die Altersphase um sechsundsechzig Jahre kann man als **Isolationsphase** bezeichnen. Hier gilt es, mit der zunehmenden Einsamkeit fertig zu werden und sich selbst zu genügen. Wenn uns das nicht gelingt, ist die Folge meistens irgendeine Form von Krankheit oder Senilität.

Prognosen des Pythagoras
aus einem Weissagebuch von Matthew Paris

7. Der Lebenslauf durch die zwölf Häuser

Die 36 (bzw. 45) Altersstufen
Stichworte - Überblick

Der erste Durchgang durch die zwölf Häuser
1. Haus: Ich-Bildung
2. Haus: Schaffung eines eigenen Lebensraumes
3. Haus: Lern- und Bildungsphase
4. Haus: Loslösung vom Elternhaus
5. Haus: Experimentier- und Erprobungsphase
6. Haus: Existenzbewältigung
7. Haus: Intensive Nachaussenwendung
8. Haus: Wandlungsphase - Stirb-und-Werdeprozesse
9. Haus: Bildung einer eigenen Lebensphilosophie
10. Haus: Berufung und Selbstverwirklichung
11. Haus: Frei gewählte Beziehungen
12. Haus: Phase der Verinnerlichung

Der zweite Durchgang durch die ersten drei Häuser
1. Haus: Phase der Wiedergeburt
2. Haus: Loslassen, Erinnerungen, Träume
3. Haus: Gedanken, Veränderungen, Rückerstattung

Sechsunddreissig Lebensstationen beim Durchlauf durch die zwölf Häuser

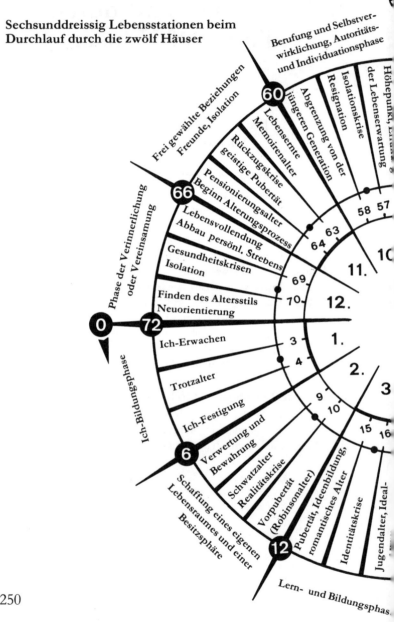

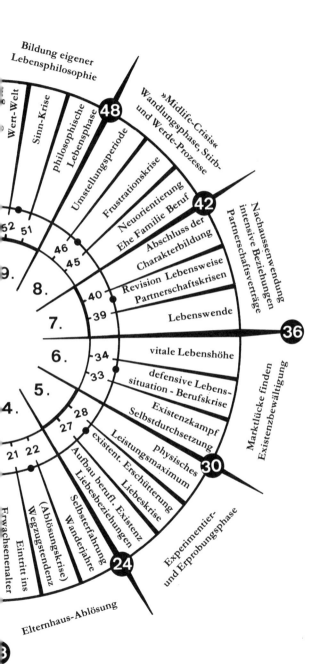

Bildung eigener Lebensphilosophie

Wert-Welt

Sinn-Krise

philosophische Lebensphase

Umstellungsperiode

»Midlife-Crisis« Wandlungsphase Stirb- und Werde-Prozesse

Frustrationskrise

Neuorientierung

Ehe Familie Beruf

Abschluss der Charakterbildung

Nachaussenwendung intensive Beziehungen Partnerschaftsverträge

Revision Lebensweise

Partnerschaftskrisen

Lebenswende

vitale Lebenshöhe

defensive Lebens- situation - Berufskrise

Marktlücke finden Existenzbewältigung

Existenzkampf

Selbstdurchsetzung

physisches Leistungsmaximum

existent. Erschütterung

Aufbau berufl. Existenz

Liebeskrise

Liebesbeziehungen

Selbsterfahrung

Wanderjahre

(Ablösungskrise) Wegzugstendenz

Eintritt ins Erwachsenenalter

Elternhaus-Ablösung

Experimentier- und Erprobungsphase

48

42

36

30

24

52 51

46

45

40

39

34

33

28

27

21 22

9.

8.

7.

6.

5.

4.

Stichworte

1. Haus 0 - 6 Jahre Ich-Bildungsphase

0 - 3   Ich-Erwachen
3 - 4   (TP) Trotzalter
4 - 6   Ich-Festigung

2. Haus 6 - 12 Jahre Schaffung eines eigenen Lebensraumes und einer Besitzsphäre

6 - 9   Verwertung und Bewahrung
9 - 10   (TP) Realitätskrise, Schwatzalter
10 - 12   Vorpubertät (Robinsonalter)

3. Haus 12 - 18 Jahre Lern- und Bildungsphase

12 - 15   Pubertät, Ideenbildung, romantisches Alter
15 - 16   (TP) Identitätskrise
16 - 18   Jugendalter, Ideal- und Willensbildung

4. Haus 18 - 24 Jahre Elternhaus-Ablösung

18 - 21   Eintritt ins Erwachsenenalter
21 - 22   (TP) Aus- und Wegzugstendenz (Ablösungskrise)
22 - 24   Wanderjahre, Selbsterfahrung, Unternehmungslust

5. Haus 24 - 30 Jahre Experimentier- und Erprobungsphase

24 - 27   Aufbau der beruflichen Existenz, Partnerwahl, Liebesbeziehungen
27 - 28   (TP) existentielle Erschütterung, Liebeskrise
28 - 30   physisches Leistungsmaximum

6. Haus 30 - 36 Jahre — Existenzbewältigung, Marktlücke finden

30 - 33 Existenzkampf, Selbstdurchsetzung
33 - 34 (TP) defensive Lebenssituation - Berufskrise
34 - 36 vitale Lebenshöhe

7. Haus 36 - 42 Jahre — Nachaussenwendung, intensive Beziehungen, Partnerschaftsverträge

36 - 39 Lebenswende
39 - 40 (TP) Revision der Lebensweise, Partnerschaftskrisen
40 - 42 Abschluss der Charakterbildung

8. Haus 42 - 48 Jahre — Wandlungsphase, Stirb- und Werde-Prozesse »Midlife-Crisis«

42 - 45 Neuorientierung in Ehe, Familie und Beruf
45 - 46 (TP) Frustrationskrise
46 - 48 Umstellungsperiode

9. Haus 48 - 54 Jahre — Bildung eigener Lebensphilosophie

48 - 51 philosophische Lebensphase
51 - 52 (TP) Sinn-Krise
52 - 54 Aufbau der geistigen Wert-Welt

10. Haus 54 - 60 Jahre — Berufung und Selbstverwirklichung, Autoritäts- und Individuationsphase

54 - 57 Höhepunkt, Erfüllung der Lebenserwartung
57 - 58 (TP) Isolationskrise, Resignation
58 - 60 Abgrenzung von der jüngeren Generation

11. Haus 60 - 66 Jahre

Frei gewählte Beziehungen, Freunde, Isolation

60 - 63 Lebensernte, Memoirenalter
63 - 64 (TP) Rückzugskrise, geistige Pubertät
64 - 66 Pensionierungsalter, Beginn des Alterungsprozesses

12. Haus 66 - 72 Jahre

Phase der Verinnerlichung oder Vereinsamung

66 - 69 Lebensvollendung, Abbau des persönlichen Strebens
69 - 70 (TP) Verfall der Körperkräfte, Gesundheitskrisen, Isolation
70 - 72 Finden des Altersstils - Neuorientierung

1. Haus 72 - 78 Jahre

Phase der Wiedergeburt - neue Lebensquellen

72 - 75 Neuauftreten der Lebensfreude (kindliches Ich)
75 - 76 (TP) Trotzphase gegen eigene Kinder (Enterbungsdrohung etc.)
76 - 78 Neuerwachen des Nesttriebs

2. Haus 78 - 84 Jahre

Loslassen, Erinnerungen, Träume

78 - 81 Aufarbeitung von Kindheitserinnerungen
81 - 82 (TP) Loslösung vom Besitz, Trennungskrisen
82 - 84 Schwinden der Lebenskräfte

3. Haus 84 - 90 Jahre

Veränderungen, Gedanken, Rückerstattung

84 - 87 Ideenbildung
87 - 88 (TP) Identitätskrise
88 - 90 Auflösung des Ich-Standortes

254

Zur Klärung der Zahlen:

Wir unterscheiden **ganze Lebensjahre** und abgeschlossene Jahre, die mit dem **Geburtstag** jeweils voll werden.

Das erste Lebensjahr beginnt mit der Geburt (0. Geburtstag) beim AC. Es schliesst ab mit dem **ersten Geburtstag.** Der Mensch ist dann **ein Jahr alt** (siehe Zeichnung).

Die erste Phase im Haus dauert **drei Jahre,** beginnt mit dem Geburtstag an der Häuserspitze und endet mit dem dritten Geburtstag in diesem Haus.

Dann die **zweite Phase:** Sie dauert vom dritten bis zum vierten Geburtstag **(TP-Jahr).** Der **TP-Übergang** ist exakt 258 Tage – das heisst acht Monate und vierzehn Tage – nach dem dritten Geburtstag.

Die **dritte Phase** dauert vom vierten bis zum sechsten Geburtstag = **zwei Jahre.**

Dieser Zeiten-Rhythmus (3-1-2 Jahre) wiederholt sich gleichbleibend in jedem Haus. (Doppelter ganzzahliger Goldschnitt!)

Zeitangaben
anhand
des
Beispiel-
horoskopes
(siehe Anhang)

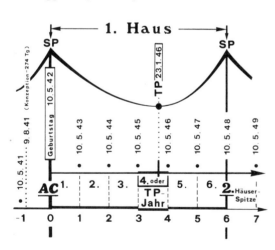

255

Der Alterspunkt durch die zwölf Häuser

Bei der Wanderung des Alterspunktes durch die zwölf Häuser kommt eine spezifische Prägung oder Verhaltensweise, die wir durch unsere Erziehung und das uns beeinflussende Milieu erhalten haben, während unseres Lebens zum Ausdruck. Gehen wir durch ein Haus, dessen Qualität auch in der Erziehung eine starke Rolle gespielt hat, dann wissen wir instinktiv, wie wir uns zu verhalten haben. Wir reagieren in der richtigen Weise, wenn entsprechende Forderungen oder Möglichkeiten an uns herantreten. Es kann aber auch sein, dass wir eine falsche Prägung mit daraus resultierenden negativen Verhaltensweisen erhalten haben. Dann reagieren wir vorwiegend mit Angst und Widerwillen auf die Forderungen, fühlen uns unter einem ständigen Zwang und können uns doch nicht von den auferlegten Fesseln befreien. Das verursacht mit der Zeit psychologische Probleme. Wandert der AP durch ein Haus oder ein Lebensgebiet, mit dem wir weder in der Erziehung noch in unserem Bewusstsein jemals in Berührung gekommen sind, dann wissen wir oft nichts damit anzufangen. Es fehlt uns das »Know-how«, die richtigen Verhaltensweisen mit ihren psychischen Mechaniken, die hier verlangt werden, um erfolgreich wirksam zu sein. Beim Alterspunkt-Durchgang kommt uns das dann schmerzlich ins Bewusstsein. Wir fühlen uns unsicher und oft unfähig, richtige Entscheidungen zu treffen. Wir haben aber bei einer ungenügenden Erziehung (das heisst geringen Prägung) bestimmte individuelle Freiräume.

Bei der nachfolgenden Betrachtung wollen wir jeweils den psychologischen Rhythmus der Altersprogression schildern und dann besonders darauf eingehen, was wir in den einzelnen Lebensphasen lernen müssen, welche Wandlungskrisen auf uns zukommen und welche speziellen Probleme wir zu meistern haben. Anhand von Beispielen werden wir auch auf problematische Planetenstellungen sowie auf spezielle Talpunkterfahrungen hinweisen, um die praktische Anwendung des Alterspunktes zu erleichtern.

Erklärung der Beispiele:
Die Beispiele sind willkürlich gewählt und dienen der Veranschaulichung des Stoffes. Sie dürfen nicht als eine absolute Aussage gewertet werden. Wir haben uns lange überlegt, wie die speziellen Alterspunkteinflüsse am besten darzustellen sind, ohne nur vom prinzipiellen Einfluss eines Hauses oder einer Lebensperiode zu sprechen. Wir haben lange gezögert, weil wir wissen, dass vor allem Anfänger dazu neigen, spezifische Aussagen zu verallgemeinern. Wir möchten Sie deshalb bitten, die angeführten Beispiele lediglich als ein didaktisches Mittel anzusehen.

Auch wenn Sie ähnliche Stellungen in Ihrem Horoskop vorfinden, so werden Sie feststellen, dass die Beschreibung bei Ihnen nicht in allen Teilen zutrifft. Es kommt ja immer noch darauf an, in welchem Tierkreiszeichen und in welchem Haus ein Planet steht und welche Aspekte er hat. Zur richtigen Deutung müssen wir auch immer mit berücksichtigen, in welchem Teil des Hauses er steht: an der Spitze, vor der Spitze, am Tal- oder

Invertpunkt etc. Ebenso, in welcher Weise der Planet mit dem Aspektbild verbunden ist, über Spannungs- oder Entspannungsaspekte (rote, blaue oder grüne, siehe Kapitel »Aspekte des Alterspunktes«), oder ob er nur über einen einzigen Aspekt oder überhaupt nicht angehängt ist.

Um Ihnen das Verfolgen des Alterspunktes durch die verschiedenen Altersstufen zu erleichtern, teilen wir den Lebensverlauf in den einzelnen Häusern jeweils in zwei Abschnitte auf: **Altersstufen** und **Lernprozesse.** Sie finden also am Anfang jedes Hauses zuerst die Kurzbeschreibung der jeweiligen Altersstufen mit aufgerundeten Jahreszahlen. Von der Spitze bis zum Talpunkt sind es 3 Jahre und 8 Monate, aufgerundet 4 Jahre. Sodann kommt jeweils ein ganzes »Talpunktjahr«, weil sich die Talpunkterfahrung in der Regel über ein Jahr erstreckt; zuweilen beginnt sie bereits am Invertpunkt. Der dritte Abschnitt (vom Talpunkt bis zur nächsten Spitze) dauert in Wirklichkeit 2 Jahre und 4 Monate, abgerundet 2 Jahre. Die Arbeit über die Altersstufen ist ein Beitrag des Psychologen Dr. Beat Imhof aus Zug.

Der Abschnitt über die Lernprozesse enthält neben einer lebensnahen Beschreibung der Entwicklungsverläufe auch praktische Beispiele mit Problemstellungen. Die geistige Entwicklung in den einzelnen Altersstufen und speziell die Wandlungsprozesse an den Talpunkten beschreiben wir im nächsten Band der Lebensuhr: »Die geistige Bedeutung der Altersprogression«.

1. Haus
Ich-Bildung

Geburt bis 4. Lebensjahr   ICH-Erwachen
Hausspitze 1 bis TP 1

Dieser Bereich umfasst die Zeit des unbewussten und
vorbewussten kindlichen Daseins. Es ist die Periode des
langsamen Ich-Erwachens. Die psychomotorische Entwicklung steht im Vordergrund: Lernen von Sitzen, Stehen und Gehen, Sprechen und Sauberkeitsgewöhnung.
Die ererbte, konstitutionelle Bauart des Menschen
beginnt sich auszuprägen. Das Kind hebt sich aber noch
kaum ab von der Umwelt.

4. Lebensjahr   Trotzalter
TP 1 im kardinalen Feuerhaus

Um das vierte Lebensjahr wird sich das Kind seiner
Eigenart bewusst, und es beginnt, sich von der Umwelt
abzuheben. Das Ichbewusstsein erwacht und mit diesem der Eigenwille. Es ist die Krisenzeit des ersten
Trotzalters.

Der TP 1 stellt den ersten Krisenpunkt dar. Das Kind
erkennt, dass es in seiner bisherigen Umwelt und aufgrund seiner bisherigen Lebensart nicht absolut sicher
ist. Es sieht, dass die Umwelt nicht immer so will, wie es
will. Es fängt nun an, dem Fremdwillen seinen Eigenwil-
len entgegenzusetzen. So kommt es zu den ersten Trotz-
reaktionen.

5. und 6. Lebensjahr Ich-Festigung
TP 1 bis 2. Häuserspitze

In dieser Zeit des fünften und sechsten Lebensjahres beginnt die Qualität des zweiten Hauses bereits vorzuwirken - als Richtqualität. Es kommt zu den ersten Wahrnehmungen der »anderen« und damit zum Erwachen des Umweltbewusstseins. Unbewusst werden die ersten mitmenschlichen Beziehungen triebhafter Art eingegangen (Ödipus- und Elektra-Phase, Identifizierungsprozess, Ablösungsprozess vom andersgeschlechtlichen Elternteil um das sechste Lebensjahr und Beginn der Über-Ich-Bildung).

Lernprozesse im 1. Haus (Widderhaus)
Alter 0 - 6

Entwicklung körperlicher Funktionen. Vollständige Abhängigkeit von den Eltern. Erwachen der Ich-Bewusstheit. Trotzphase.

Während der ersten Lebensmonate und -jahre ist der Mensch noch nicht im egozentrischen Sinne eigenbewusst. Er ist noch kaum in der Lage, zwischen ICH und Umwelt zu unterscheiden. In dieser Phase ist das Kind ganz einfach da und verlangt nach Liebe, Nahrung, Wärme und Schutz. Es ist mit seiner Umgebung völlig identifiziert und daher extrem offen für Eindrücke aus der Umwelt. Alle Ereignisse, die dem Kind in dieser Zeit widerfahren, aber auch alle Dinge, die es vermissen musste, wie Zärtlichkeit, Geborgenheit etc., wirken sich als stark prägende Faktoren auf seinen Charakter aus. Sie bilden die Grundsteine zu seiner künftigen Persönlichkeit. Erst zwischen dem zweiten und dem vierten

Lebensjahr (Talpunkt des ersten Hauses) beginnt das Kind, sich als eigenständiges Wesen wahrzunehmen. Es spürt zum ersten Mal seine Umwelt bewusst. In dieser Zeit fängt es an, den Ausdruck »ICH« zu benützen. Bedingt durch diesen ersten Schub von Ichhaftigkeit, kommt das Kind in das sogenannte Trotzalter, eine Periode, die normalerweise nicht länger als ein bis zwei Jahre dauern sollte. Sie mag aber auch kürzer ausfallen und nur die Zeitspanne um den Talpunkt umfassen (Alter 4. Lebensjahr).

Wenn die Trotzphase bis in das zweite Haus hineinreicht (Alter von 6 Jahren), finden wir häufig Planetenballungen vor und nach der zweiten Häuserspitze mit Spannungsaspekten, wie im nebenstehenden Beispiel. In diesem Falle ist 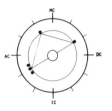 es für die Eltern bzw. Erzieher nützlich zu wissen, dass sich das Kind bei jedem zu harten Widerstand mit ebendieser Planetenstellung zur Wehr setzt. Es will sein ICH gegenüber der Umwelt behaupten und ihr auf diese Weise mitteilen: »Ich bin da. Ich möchte nicht ständig herumgezerrt und herumkommandiert werden. Ich habe ein Lebensrecht an meinem Standort!« Vor allem, wenn die Sonne oder ein anderer ICH-Planet nach dem Aszendenten steht, ist das immer ein Zeichen starker ICH-Durchsetzungskräfte, die mit der Umwelt kollidieren.

Es gibt Eltern, die in einem solchen Fall darauf hinarbeiten, den Willen des Kindes zu brechen; sie zwingen es mit allen Mitteln zur völligen Unterordnung hinsichtlich ihrer eigenen, oftmals recht egoistischen Wünsche und

Vorstellungen. Sie verlangen von ihm unbedingten Gehorsam, ohne auf seine Eigenarten Rücksicht zu nehmen. Dies zeigt sich häufig in schwierigen Planetenstellungen im Schattenbereich der zweiten Achse, mit denen ein Mensch dann oft zeit seines Lebens zu kämpfen hat. Die richtige Reaktion der Eltern wäre hier Geduld. Der AP zeigt an, wie lange der Übergang dauern kann.

In dieser stärksten ICH-Bildungsphase fängt das Kind normalerweise auch an, sich einen klar abgegrenzten Raum zu schaffen. Nach der dynamischen Häuserbetrachtung beginnt die Zweithausthematik bereits am Talpunkt des ersten Hauses mit dreidreiviertel Jahren. Das Kind versucht, sich einen eigenen Lebensraum abzustecken, den es gegen die Umwelt verteidigen und behaupten kann. Dies ist die erste konstruktive, soziale Reaktion des ICHs. An diesem kritischen Punkt nimmt das Kind wahr, dass die anderen Menschen auch Persönlichkeiten sind, die einen eigenen Lebensraum besitzen.

2. Haus
**Schaffung eines eigenen Lebensraums
und einer Besitzsphäre**

7. bis 10. Lebensjahr Aneignung und
Hausspitze 2 bis TP 2 Verwertung

Um das sechste Lebensjahr findet der erste Gestaltwandel statt (Zahnwechsel, Veränderung der Körperproportionen). Das Kind wird langsam reif für den Eintritt in die Schule und damit auch für die Ablösung von der Familie. Es kommt zur eigentlichen seelischen Entbindung von der Mutter. Das Kind fängt nun an, seinen eigenen Lebensraum abzustecken und diesen gegenüber der Umwelt zu behaupten und zu verteidigen. Eine eigene Besitzsphäre wird geschaffen, eigenes Besitztum wird abgegrenzt.

Das typische Zweithaus-Verhalten (Eigentum, Besitz, ererbte Grundausrüstung, Talente) bestimmt auch im späteren Leben das Besitzverhalten sowie in diesem Zusammenhang das soziale Verhalten schlechthin.

Harte, disharmonische Aspekte in das zweite Haus können komplexhaft wirken, zum Beispiel im Sinne einer überkompensatorischen Sperrhaltung oder Kampfhaltung in der Verteidigung eigenen Besitztums.

10. Lebensjahr Realitätskrise
TP 2 im fixen Erdhaus Schwatzalter

Jetzt beginnt das Kind sich von seiner subjektiven und oft irrealen Anschauungswelt abzuwenden, und damit beginnt die realistische Umweltzuwendung. Die Zeit des magisch-mystischen Denkens (Märchenalter) ist vorbei. Die Krise, welche der TP 2 auslöst und die mit der Vernichtung bisher geglaubter Illusionen zusammenhängt, versetzt das Kind in motorische Unruhe, Betriebsamkeit, Geschwätzigkeit, Affektlabilität sowie Necksucht, und vor allem erwacht nun auch ein ausgesprochener Rede- und Mitteilungsdrang. Deshalb nennt man die Entwicklungsphase um das zehnte Lebensjahr auch das »Schwatzalter«.

Am fixen TP 2 erkennt das Kind, dass materieller Besitz verlierbar und wandelbar ist und dass es sich damit auf die Dauer nicht sichern und behaupten kann. Es sucht nun nach neuen Möglichkeiten der Selbstbehauptung in der kollektiven Umwelt.

11. und 12. Lebensjahr   Vorpubertät
TP 2 bis 3. Häuserspitze   Robinsonalter

Vom zehnten Lebensjahr an wendet sich das Kind immer mehr der Qualität des väterlichen dritten Hauses zu, nämlich dem Bereich des Erkennens, Wahrnehmens, Erlebens und Erfahrens. Das Kind wird von einem mächtigen Erlebnishunger erfasst. Es will entdecken, erforschen und Unbekanntes in Erfahrung bringen. Deshalb nennt man diese Entwicklungsphase auch Robinsonalter.

Dies ist auch die Zeit des Wissenserwerbs, des Lernens. In keinem Lebensabschnitt eignet sich der Mensch soviel Wissen an wie in der Zeit zwischen dem zehnten und zwölften Lebensjahr. Der Wissenstrieb, der Lernei-

264

fer und der Erkenntnisdrang erwachen nun. Das Interesse an der Schule nimmt deutlich zu. Da sich das Kind dem Kollektivraum (3./4. Haus) nähert, will es sich das Wissen des Kollektivs aneignen. Die eigentliche Lernzeit in intellektuell-schulischem Sinne liegt sicher im Bereich des dritten Hauses, in welchem wir geistigen Besitz erwerben und integrieren.

Lernprozesse im 2. Haus (Stierhaus)
Alter 6 - 12

Psychische Entwicklung, Bildung eines eigenen Lebensraumes und Gewohnheiten. Unterscheidung von »Mein und Dein«. Besitzkrisen.

Mit dem Alter von ca. sechs Jahren beginnt das Kind, seine eigenen Sachen im eigentlichen Sinne zu besitzen. Es hütet sie wie einen kostbaren Schatz. Tastet ein anderer die so gehorteten Dinge an, kann es zu scharfen Reaktionen kommen. Es geht dabei gar nicht um den reellen Wert der Gegenstände. Ob es sich um ein kaputtes Auto handelt oder um eine Puppe, die weder Arme noch Beine hat, spielt keine Rolle. Die Puppe oder das Auto gehören dem Kind - das allein ist wichtig. Niemand besitzt das Recht, eine alte Puppe wegzuwerfen, »wenn das **meine** Puppe ist«!

Es ist ein schwerwiegender Fehler, wenn man in dieser stark prägenden Phase die Spielkiste des Kindes aufräumt und die alten Sachen heimlich entfernt oder wegwirft, während es z.B. in der Schule ist. Solches Tun kann sein Grundvertrauen ernsthaft erschüttern.

Ein typisches Beispiel dafür ist eine Opposition auf der Besitzachse 2/8 oder ein Leistungsdreieck. Anhand der Planetenstellung im zweiten Haus (wie auch im 1. und 3. Haus) kann man errechnen, wann genau zwischen sechs

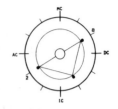

und zwölf Jahren solch ein prägendes Erlebnis stattgefunden hat. (Näheres siehe Kapitel »Frühkindliche Prägungen«).

Jeder schmerzhafte Eingriff in den Lebensraum und die sich bildende Besitzsphäre des Kindes hat auch eine Wirkung auf seine Ich-Entfaltung. Es will mit seinem Besitzverhalten nichts anderes, als seinen eigenen Selbstwert zu erfahren. Dieses typische »Zweithausverhalten« bestimmt auch das spätere Verhältnis zu Besitz und Eigentum im allgemeinen. Das elterliche Verbot, »besitzgierig« zu sein, oder eine ständige Behinderung des Kindes, eigenen Besitz zu haben, führt meistens zu einem kompensativen Besitzverhalten beim Erwachsenen, wie etwa krankhafter Neid, Raffgier, Geiz, Ess-Sucht oder Umkehrungen davon wie Askese oder Anti-Besitz-Philosophien etc.

In dieser Zeit bauen die Kinder gerne Häuser. Dieses Spiel gehört ebenfalls zur Abgrenzung des eigenen, nur vom ICH bestimmten Lebensraumes gegenüber dem eindringenden DU. Das Verhalten, das der Mensch hier entwickelt, ist in sehr hohem Masse ausschlaggebend für sein späteres soziales Verhalten.

Das oben beschriebene, auf die Errichtung und Wahrung eines eigenen Umraumes zielende Verhalten klingt am TP (10. Lebensjahr) deutlich ab. Zwar verschwindet es nicht ganz - denn alles, was man erlebt hat, prägt sich ein und wird Teil des Charakters -, aber das Betonte in der Haltung verliert sich langsam.

Frühestens mit 10 Jahren entsteht aus einem eigenen Impuls heraus Lerninteresse beim Kind. Es wird jetzt in der Schule deutlich Besseres leisten. Es interessiert sich für alles, was es zu wissen und zu entdecken gibt und versucht zu verstehen, was die anderen alles wissen. Das Kind erlebt die Menschen seiner Umgebung als klüger und damit überlegen. Da es mit ihnen auskommen und sich mit ihnen verständigen möchte, versucht es, soviel wie möglich über diese Welt zu erfahren. Hier sitzt die Wurzel seines Lerneifers. Zudem tritt das Kind während dieser Zeit in die Pubertätsphase ein und beginnt, sich dem anderen Geschlecht zuzuwenden. Hierbei handelt es sich um eine spezielle Form desselben Prinzips: Man will mehr wissen, man will verstehen. Die eigentliche klassische Lernzeit im intellektuellen Sinn beginnt dann mit dem dritten Haus.

Die genaue Analyse der Zeichen- und Planetenbesetzungen im Raum TP zwei und Spitze drei ist besonders wichtig, um richtige schulische Entscheidungen zu treffen, die für das Kind berufliche und existentielle Tragweite haben werden.

3. Haus
Lern- und Bildungsphase

13. bis 16. Lebensjahr   Pubertät, Ideenbildung
Hausspitze 3 bis TP 3   romantisches Alter

Um das zwölfte Lebensjahr setzt die Pubertät ein, bei Mädchen in der Regel etwas früher als bei Knaben. Es kommt zum zweiten Gestaltwandel (Wachstumsschub, Ausbildung der sekundären Geschlechtsmerkmale). In der Libidoentwicklung beginnt die genitale Phase. Die ersten Freundschaften und Liebesbeziehungen werden angeknüpft, wodurch die ersten natürlichen Kontakte im Bereich der erweiterten personalen Umwelt zustande kommen. Durch eine enorme Anhäufung des Lern- und Wissensstoffes (Aufnahmeprüfungen für höhere Schulen und berufliche Ausbildung) werden kollektive Denknormen übernommen. Das Kind drängt in dieser Zeit über den Intimraum des Elternhauses hinaus und fühlt sich im Gruppenkollektiv heimisch.

16. Lebensjahr   Identitätskrise
TP 3 im veränderlichen Lufthaus

Die Zeit der Jugendkrise um das sechzehnte Lebensjahr bringt oft erhebliche Erschütterungen, vor allem im Zusammenhang mit Schwierigkeiten in der Schule und der Berufsausbildung. So kommt es vorübergehend gehäuft zu Verleiderstimmung, zu Auseinandersetzungen mit Eltern und Vorgesetzten. Die Suizidgefahr ist deutlich erhöht. Das Positive dieses dritten Wandlungspunktes liegt darin, dass nun grössere Zusammenhänge vom Jugendlichen erfasst und erkannt werden und ihn zu einer Neubesinnung und Neuorientierung veranlassen.

17. und 18. Lebensjahr
TP 3 bis 4. Häuserspitze

Jugendalter, Ideal-
und Willensbildung

Diese Entwicklungsphase bringt meist eine erste, gültige Ausrichtung auf das Berufs- und Lebensziel. Die Berufswahlreife stellt sich in diesen Jahren ein. Als neue Ich-Funktion kommt die Intuition hinzu. Es erwacht das Freiheits- und Unabhängigkeitsbedürfnis des Jugendlichen. Gegen Ende des dritten Hauses beginnt bereits der MC zu wirken. Daher können wir um das achtzehnte Lebensjahr ein Erwachen höherer, geistiger Interessen (Philosophie, Soziologie, Religionswissenschaften, Ethik usw.) und damit den Beginn der eigentlichen, geistigen Selbstverwirklichung beobachten (Idealbildung, Zielnahme).

Lernprozesse im 3. Haus
Alter 12 bis 18

(Zwillingshaus)

Entwicklung der emotionalen und mentalen Funktionen. Pubertätsalter, ambivalente Gefühlsschwankungen. Idealistische Vorstellungen, Willensbildung.

Mit dem Alter von zwölf Jahren - an der Spitze des dritten Hauses - betritt der Jugendliche den Kollektivraum (3. und 4. Haus). Der Hauptdrang in dieser Altersstufe ist es, in die Gemeinschaft aufgenommen zu werden.

Erwachsen werden heisst zuerst einmal, das enge »Familiennest« durch ein grosses »Dazugehören«, das breiteren individuellen Spielraum lässt, zu ersetzen. Das Suchen nach einem grösseren Kollektiv ist im dritten Haus geleitet durch den Idealismus und begleitet von der Kritik an der bestehenden Ordnung (Familie). Je stärker sich die Familie mit der etablierten Welt, ihren

Normen und ihrer Moral identifiziert, um so mehr kann sich der junge Mensch durch seine eigene Verwandtschaft missverstanden, ja gar verraten fühlen. Dann sucht er Gleichgesinnte ausserhalb der Familie. Das ist in der heutigen Zeit die Gemeinschaft Gleichaltriger, in der ideeller Gleichklang viel häufiger und viel einfacher zu finden ist. Manche Eltern verzweifeln somit an der Tatsache, dass sie in der modernen Welt mit ihren engmaschigen Kommunikationsmöglichkeiten (Motorisierung, Massenmedien etc. entsprechen genau der Thematik des dritten Hauses) die heile Welt der Familie nicht mehr erfolgreich gegen den Druck der Strasse abschirmen können, wie das bis vor wenigen Jahrzehnten möglich war. Hier müssen sich zwangsläufig unsere Erziehungsvorstellungen an die völlig veränderten Bedingungen der modernen Zeit anpassen - indem weniger autoritär verboten, dafür aber mehr echtes Verständnis für den erwachenden Geist des idealistischen jungen Menschen entwickelt wird.

Im Alter zwischen zwölf und achtzehn Jahren lernen die Kinder im wesentlichen von der Sachbezeichnung, der Begrifflichkeit her. Sie versuchen, sich möglichst viel Wissen anzueignen bzw. sie werden durch die äussere Situation (Schule, Lehre) dazu gezwungen. Der Lehrstoff wird den Kindern eingedrillt und ihre Gedächtnisleistungen mit Noten bewertet. Die Annäherung an das zu Wissende ist eine sehr theoretische. Bei dem Gelernten handelt es sich um Einzelwissen, das oft nicht zu einem Ganzen zusammengebracht wird. Frühestens beim TP des dritten Hauses (im 16. Lebensjahr), häufiger erst mit achtzehn, fangen die Jugendlichen an, grössere Zusammenhänge zu verstehen. In dieser Zeit wechselt man im allgemeinen auf eine Hochschule über oder beginnt eine Berufslehre. Der zu lernende Stoff wird nun vitaler und zusammenhängender. Durch die Annäherung an das folgende Wasserhaus (4. Haus) kommen zudem Gefühlsqualitäten mit ins Spiel: Das »nur Kopfdenken« wird durch das jetzt erwachende Gefühlsleben wesentlich bereichert. In diesem Alter entwickeln die Jugendlichen oft ein intensives Interesse für Philosophie, Soziologie, für religiöse und politische Fragestellungen. Hier beginnen sie sich das erste Mal zu fragen, ob die Welt überhaupt in Ordnung sei, und sie entwickeln mit Begeisterung neue Ideen, die Welt zu verändern. Der Zweifel und die Kritik an dem Bestehenden kann sogar zu revolutionären Umsturzaktionen führen. Denken wir nur an die Terroristenszene, die Studentenbewegungen etc.

Bei einer Opposition auf der Denkachse, d.h. vom dritten ins neunte Haus, findet immer eine Auseinandersetzung zwischen dem kollektiven, hergebrachten Denken und der eigenen Weltauffassung statt. Dieser Mensch will sich 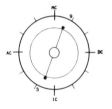 von der Masse abheben und aus ihr herausragen, indem er nein zum Diktat des Kollektivs sagt. Wenn der Alterspunkt diese Opposition berührt, wird er den Widerstand der Umgebung erleben; er fühlt sich unverstanden und im Extremfalle sogar vom Kollektiv bedroht. Umgekehrt wird er als unbequem oder ketzerisch empfunden, denn er bringt Unruhe mit sich. Vor allem in der Schule werden solche Ruhestörer nur zu gerne zum Schweigen gebracht. Ob er diesem Druck standhalten kann, hängt vom Zeichen und von den Planeten im dritten Haus ab.

Bereits auf dieser Altersstufe kann man die Angepassten von solchen unterscheiden, die ein eigenes Denken entwickelt haben. Letztere müssen damit rechnen, immer allein zu bleiben, denn die Interessen dieser beiden Menschentypen divergieren stark. Besonders beim Erreichen des TP zwischen fünfzehn und sechzehn Jahren tritt die Unterscheidung des Andersseins auch im geschlechtlichen Sinne stark ins Bewusstsein. Dabei entsteht meistens ein Konflikt zwischen Intellekt und Gefühl, der in der Pubertätsphase den jungen Menschen stark beunruhigt und oft Stimmungsschwankungen hervorruft.

Die Periode zwischen sechzehn und achtzehn ist auch für die Eltern schwierig. Der junge Mensch nähert sich dem IC, der Individualachse 4/10, an der er sich aufrichtet und sich selbst sein will. Er möchte seinen eigenen Weg finden und auch gehen. Den meisten Eltern ist dies ein Dorn im Auge, denn sie wollen »ihr« Kind behalten und es in die von ihnen gewünschte Bahn lenken. In dieser Zeit empfinden sie das Verhalten ihrer Kinder oftmals als undankbar; die Kinder geben keine Auskünfte mehr über das, was sie tun und lassen und wo sie gewesen sind. Das Kind entgleitet langsam der Kontrolle der Eltern. Der Heranwachsende kommt nur noch zum Essen und Schlafen nach Hause; im übrigen weiss man nicht, wie und wo er lebt. Er muss und will sich selbst erproben und drängt daher zunächst einmal hinaus in die Welt. In dieser Zeit müssen die Eltern viel Verständnis aufbringen. Sie können dem Kind trotz allem nicht zumuten, seine Existenz schon jetzt erfolgreich selbst zu bestreiten, ohne charakterlichen Schaden zu nehmen. Er steckt noch voller Ideale, die sich erst an den Lebensrealitäten bewähren müssen.

4. Haus
Loslösung vom Elternhaus

19. bis 22. Lebensjahr Eintritt ins
Hausspitze 4 bis TP 4 Erwachsenenalter

In diesem Zeitabschnitt wird der junge Mensch ein voll-
ständiges und vollwertiges Mitglied des Kollektivs, und
gleichzeitig löst er sich von diesem Kollektiv ab, um
langsam selbständig zu werden. (Hier oft schon Ehe
oder Wohnkollektiv, um die Familie zu überwinden.)
Dies geschieht unter anderem dadurch, dass er sich eine
eigene Wohnstätte sucht, dass er beginnt, seinen Lebensunterhalt selbst zu verdienen und dass er eine selbständi-
ge Lebensform entwickelt. Dies stärkt in der Regel sein
Selbstwertgefühl ganz erheblich.

22. Lebensjahr Ablösungskrise, Aus- und
TP 4 im kardinalen Wasserhaus Wegzugstendenz

Am TP um das zweiundzwanzigste Lebensjahr finden
die Jugend- und Entwicklungsjahre ihren Abschluss.
Die Berufsausbildung ist in der Regel beendet, und es
erfolgt die notwendige Ablösung von Eltern und Fremd-
erziehern. Die Aus- und Wegzugstendenzen führen den
jungen Menschen in neue und andersartige Lebens- und
Umweltverhältnisse. In dieser vierten Wandlungsphase
kommt es zu einer erneuten Umstellung und Neubesinnung, gilt es doch, das bisher Vertraute und Geglaubte
kritisch auf seinen wahren Gehalt zu prüfen und auf seine Eignung für die eigene Lebensbewältigung zu erproben.

23. und 24. Lebensjahr
TP 4 bis 5. Hausspitze

Wanderjahre
Selbsterfahrung

Dieser Lebensabschnitt steht bereits unter der Wirkung des fünften Hauses. Es ist dies das Haus der Selbsterfahrung. Der junge Mensch verhält sich zunehmend expansiv, will die Welt erobern, offensiv sein in der mitmenschlichen Kontaktnahme und seine Eroberungen im beruflichen und privaten Bereich machen.

Lernprozesse im 4. Haus
Alter 18 - 24

(Krebshaus)

Ablösung vom Elternhaus und von Traditionen. Bevorzugung eigener gefühlsmässiger Bindungen und Zugehörigkeiten. Aus- und Wegzugstendenz.

Mit dem achtzehnten Lebensjahr ist die Reifungskrise der Pubertät meist abgeschlossen. Bei Erwachen der Geschlechtsfunktion sollte auch eine bewusste Abgrenzung gegenüber den Eltern stattgefunden haben. Diese sollten jetzt als erwachsene Menschen, als Mann und als Frau gesehen werden, und nicht mehr als Eltern. Beim Jugendlichen erwacht der individuelle Wachstumsdrang. Er wird sich der Tatsache bewusst, dass er ein Individuum ist und möchte daher Freiheit geniessen. Vorher ist er sich seiner Individualität kaum oder nur unklar bewusst gewesen.

Jede Opposition auf der Individualachse vom vierten ins zehnte Haus weist auf ein starkes Individualstreben hin. Wenn sich diese mit einer Opposition 3/9 kreuzt, verlangt dieser Mensch oft recht stürmisch seine individuelle Frei-

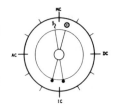

heit; er möchte aus der Masse herausragen, und wenn der Alterspunkt über diese Stelle geht, wird er sich ohne Rücksicht über alle Einschränkungen hinwegsetzen wollen, um das zu tun, was ihm passt. Auch ein plötzliches Streben nach Macht oder Berühmtheit kann sich so ankündigen, vor allem, wenn im zehnten Haus ein ICH-Planet wie Sonne oder Saturn steht.

Im vierten Haus geht es dem Jugendlichen darum, den ihm gemässen Platz in der Gemeinschaft zu finden, um auf diese Weise Stellung zu beziehen und den eigenen Standort zu klären. Als Ausdruck dieser inneren Haltung wählt er sich eine ihm entsprechende Menschengruppe. Dieses, »sein« Kollektiv, mögen ein Fussballklub, die Universität, eine religiöse Gemeinschaft oder seine Arbeitskollegen sein: Immer sind es Menschen, die in einem bestimmten Sinne gleichgerichtete Interessen haben wie er selbst.

Im allgemeinen wendet sich der Jugendliche in dieser Phase mehr und mehr von seiner eigenen Familie ab und wächst aus seinem alten Kollektiv in ein neues, selbstgewähltes - oder zufällig verfügbares - hinein.

Mit dem Erreichen des TP im vierten Haus (im 22. Lebensjahr) fängt der junge Mensch an, definitive Auszugstendenzen zu zeigen. Für ihn wäre es hier gut und wichtig, nicht nur seine eigene Wohnmöglichkeit zu besitzen, sondern sie auch da zu haben, wo er es möchte. Aus verschiedenen Gründen (heute vor allem durch längere Ausbildungszeiten) ist dieses Anliegen oft nicht so einfach zu verwirklichen. Das mindeste aber, was man dem Jugendlichen zugestehen sollte, wäre, dass er sich seinen Lebensraum (zum Beispiel sein Zimmer) nach eigenem Gutdünken einrichten und gestalten darf. Sein Freiheitsdrang und seine schöpferische Gestaltungskraft sollten sich wenigstens im vorhandenen Rahmen im grösstmöglichen Umfang betätigen und entfalten können.

5. Haus
**Experimentier- und
Erprobungsphase**

25. bis 28. Lebensjahr   Aufbau der beruflichen Existenz
Hausspitze 5 bis TP 5   Liebesbeziehungen, Partnerwahl

Wir haben es hier mit einer grossen Erlebnis- und Erfahrungsphase im Verlauf des menschlichen Lebens zu tun (fixe Häuser sind Erfahrungsräume). Das fünfte Haus ist ein aktives, dominantes Haus. Es löst daher eine offensiv-aggressive Umweltzuwendung aus. Wandert der Alterspunkt durch dieses fünfte Haus, durchlebt der Mensch seine offensivste Zeit, in der er draufgängerisch und wagemutig an den Aufbau seiner beruflichen Existenz und an die Gründung einer eigenen Familie herangeht.

28. Lebensjahr   existentielle Erschütterung
TP im fixen Feuerhaus   Liebeskrise

In einem fixen Haus kommt der Charakter des TP besonders ausgeprägt zur Geltung. Der TP 5 wird drei Monate vor dem achtundzwanzigsten Geburtstag erreicht. Er löst häufig eine markante existentielle Erschütterung aus, der dann eine zurückgezogene Betrachtungsweise folgt, die zu einer weitgehenden Neuorientierung führen kann. *Hellpach (12)* und *Fliess (11)* datieren die erste entscheidende Lebenskrise des erwachsenen Menschen in das achtundzwanzigste Lebensjahr. Erste Enttäuschungen in den beruflichen und privaten Beziehungen stellen sich ein und sind typisch für diesen Krisenpunkt des fünften Hauses. Jetzt gilt es, das eigene Mass zu finden, seine eigene Begrenzung und Beschränkung zu sehen und so das Gleichgewicht zu finden zwischen innerer und äusserer Wirklichkeit. Sein und Schein sollen nun auseinandergehalten werden. Gelingt dies nicht, besteht die Gefahr, dass der Mensch »in seinem dunklen Drange« sich zuviel vornimmt, sich zuviel zutraut und von der Umwelt und der Zukunft zuviel erwartet.

29. und 30. Lebensjahr
TP 5 bis 6. Hausspitze

physisches
Leistungsmaximum

Der Höhepunkt der intellektuellen und der physischen Leistungsfähigkeit wird nun erreicht und überschritten. In diesen Zeitabschnitt fallen die Kraft-, Schnelligkeits- und Geschicklichkeitsrekorde. Die erbrachten Leistungen werden von anderen kritisch gewertet. Es zeigt sich nun, wieweit der Mensch die gestellten Aufgaben bewältigen kann. Die ersten Resultate des eigenen Bemühens im privaten und beruflichen Leben stellen sich ein.

Lernprozesse im 5. Haus
Alter 24 - 30

(Löwehaus)

Selbstbestimmungs- und Durchsetzungsphase. Aufbau der beruflichen Existenz oder eigenen Familie. Liebesbeziehungen. Schöpferische Selbstverwirklichung.

Das fünfte Haus ist wohl das abenteuerlichste aller Häuser. Es ist das Haus der Selbsterprobung in der Welt. Hier geht es um die Kontakte mit den vielen einzelnen, die uns begegnen. Wir geraten ins »Handgemenge« mit ihnen, sind unmittelbar konfrontiert und angesprochen. Auf dem Boden dieser Auseinandersetzung mit dem DU kann bekanntlich viel Fruchtbares entstehen. Der rege Austausch mit der Welt führt zwar oftmals zu hitzigen Gefechten, doch ein- und zurückgesteckt werden muss auf beiden Seiten, was als Lernprozess nicht immer leichtfällt. In dieser Altersphase sind wir ausserordentlich expansiv und glauben, die Welt im Handstreich erobern zu können. Während dieser Phase ist eine solche Haltung allerdings gut und richtig, denn so werden die eigenen Kräfte an der Wirklichkeit gemessen. Wir lernen unsere Grenzen in einem mehr oder weniger bewussten Sinne zu finden.

Planeten im fünften Haus deuten auf besondere Erfahrungen in dieser Lebensperiode hin. Steht Saturn, der Planet der Begrenzung dort, wird man zurückhaltend oder gar ängstlich im Kontakterleben sein. Man kommt nicht so 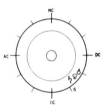 leicht an, wie z.B. mit Sonne oder Mond. Steht hingegen einer der beiden Libidoplaneten Mars oder Venus dort, dann wird der Übergang des Alterspunktes das Liebesleben stark aktivieren.

Die Zeit zwischen dem vierundzwanzigsten und dem dreissigsten Lebensjahr ist eine Phase besonders intensiven Erlebens. Was immer hier im individuellen Horoskop an Planeten und Zeichen wirkt, muss sich in »hautnaher Erfahrung« bestätigen und entfalten oder durch die Realität eingrenzen lassen. Gelangen wir dann an den TP des fünften Hauses (im 28. Lebensjahr), kommt es zu gewissen Niederlagen. In jedem fixen Haus ist der Talpunkt besonders markant, weil das fixierende Prinzip stark zum Zuge kommt. Je nach Besetzung des Hauses, wie auch analoger Prinzipien, etwa des Löwezeichens,

279

ist dieser TP verschieden stark fühlbar. Jedenfalls werden wir durch die Dinge und die Menschen auf das wesenseigene Mass gebracht. Ein wichtiger Prozess der Selbsterfahrung spielt sich ab. Dieser kann im Extremfall zu eigentlichen Niederlagen führen, trägt aber auch die Möglichkeit einer wesentlich neuen Betrachtungsweise in sich, indem wir hier - oft unerwartet - zu tiefen Erkenntnissen kommen, die ganz anders geartet sind, als wir es vom fünften Haus erwarten würden.

6. Haus
Existenzbewältigung

31. bis 34. Lebensjahr   Existenzkampf
Hausspitze 6 bis TP 6   Selbstdurchsetzung

Dieses Haus konfrontiert den Menschen mit einer ernsten Aufgabenstellung. Jetzt kann er nicht mehr ins Spielerische ausweichen, nun wird's ernst. Das sechste Haus ist ein passiv-dienendes Haus. Hier kommt der Mensch in die Defensive. Er muss manches hinnehmen als unabänderliche Tatsache. Es geht nun darum, den eigenen Platz im Leben zu suchen (Marktlücke) und das Gleichgewicht zwischen Wollen (Angebot) und Können (Nachfrage) zu finden, um so zu einer gesicherten Existenz zu gelangen. Es geht also um das richtige Einspuren und Einpendeln in den künftigen Lebensweg. Diese Phase ist demnach eine Zeit des Leistungseinsatzes. Häufig gibt es berufliche Umstellungen.

34. Lebensjahr   defensive Lebenssituation
TP 6 im veränderlichen Erdhaus   Berufskrise

Wer um das vierunddreissigste Lebensjahr seine Lebensform noch nicht gefunden hat, kommt häufig in eine schwere Verstimmungssituation. Er bildet sich ein: »Ich schaffe es nicht«, »Man braucht mich nicht«. Dies kann zu einer defensiven Lebens- und Berufssituation führen. Am Talpunkt sechs sieht man seine eigene Beschränkung und Begrenzung. Man stellt resigniert fest, dass die Welt nicht auf einen gewartet hat. Projekte und Zukunftsträume erweisen sich vielfach als Illusion, entstanden aus einem naiven, irrealen Wunschdenken. Kleinere und grössere Schicksalsschläge, Zurückweisungen, Niederlagen und Rückschläge können nun das Selbstbewusstsein schwer erschüttern. Die Krankheitsanfälligkeit im Angestelltenverhältnis steigt in dieser Krisenzeit enorm an. Man kneift, flüchtet in die Krankheit, macht schlapp. Auch Suizidgefahr ist gegeben. Wer am sechsten Krisenpunkt richtig und vernünftig reagiert, gelangt zur weisen Einsicht: »Man glaubt zu schieben und wird geschoben« und »Wir leben nicht, wir werden gelebt« *(K.H. Waggerl, 35).*

35. und 36. Lebensjahr   vitale Lebenshöhe
TP 6 bis 7. Hausspitze

Nach der Resignation und Neubesinnung, welche der TP oft bringt, rappelt sich der Mensch wieder langsam auf. Unter der Vorauswirkung der Spitze sieben fasst er neuen Lebensmut. Es geht nun darum, dass er in dieser Phase seine Entscheidungen richtig trifft, dass er auf die rechte Karte setzt, dass er in den rechten Zug einsteigt und seine wahren Lebenschancen wahrnimmt. Dieser Lebensabschnitt, der sich bis zu zwei Jahre ins siebente Haus hinein auswirken kann, ist in der Regel nicht so problemlos und erfolgreich wie der des fünften Hauses. Es ist daher kaum zu erwarten, dass man im Bereich des sechsten Hauses zu spektakulären Erfolgen und Triumphen gelangt. Dennoch kann man diesen zeitlichen Abschnitt mit *Hellpach (12)* als »vitale Lebenshöhe« bezeichnen.

Lernprozesse im 6. Haus (Jungfrauhaus)
Alter 30 - 36

Anpassungsphase. Defensive Lebenssituation - Berufskrisen. Existenzbewältigung, Einordnen in die Gemeinschaft.

Wie das fünfte ein aktives, dominantes Haus ist, so kann man das sechste als passives, dienendes Haus bezeichnen. Es entspricht ja auch dem dienenden Zeichen »Jungfrau«, im Gegensatz zum Löwen, dem Zeichen der Herrschenden. Dieser Unterschied tritt beim Übergang des Alterspunktes vom fünften in das sechste Haus deutlich hervor: Von dem positiven, vielleicht sogar aggressiven »Sich-der-Welt-Zuwenden« geraten wir in eine eher leidende Phase, in der wir manches hinnehmen müssen. Wir befinden uns hier - zumeist schon ab TP fünftes Haus (Alter 28) - nicht mehr in der Offensive, sondern in der Defensive.

Existentiell gesehen geht es im sechsten Haus darum, seine eigene »Marktlücke« in dieser Welt zu finden. Jeder einzelne von uns stellt - von der Gesellschaft aus gesehen - ein Angebot an Leistung und Fähigkeit, an persönlicher Potenz und Kraft, an schöpferischem Vermögen dar. Wir alle besitzen eine bestimmte individuelle Qualität, die wir in der Lebenssituation, in die wir hineingeboren wurden, verwirklichen wollen. Dabei geht es darum, den Platz im Leben zu finden, an dem unsere speziellen Fähigkeiten gebraucht werden. Das ist eine wesentliche Aufgabenstellung dieser Lebensperiode. Manchmal müssen wir auch berufliche Umschulungen oder Veränderungen vornehmen, um unsere Existenzfähigkeit durch eine Arbeit, die unserem Wesen entspricht und Befriedigung gibt, zu garantieren. Die richtige berufliche Lebensaufgabe zu finden, erfordert ein sehr subtiles Spiel zwischen Können und Wollen, zwischen Wunschvorstellungen und realen Möglichkeiten. Dabei geht es auch darum, sich selbst und seine Fähigkeiten richtig einzuschätzen und auch richtig anzubieten. Nicht zuviel und nicht zuwenig zu verlangen, ist hier die Losung, sowohl von sich selbst wie auch von der Umwelt. Das richtige Mass in allen Dingen zu finden ist die Forderung des sechsten Hauses.

Je nachdem, welche Planeten wir im sechsten Haus haben, müssen wir uns besonders anstrengen, um den an uns gestellten Anforderungen zu genügen. Mit der Sonne oder mit Pluto beispielsweise haben wir den nötigen Vitalfundus, um schwierige Aufgaben zu bewältigen. Wir suchen diese sogar, um an ihnen zu wachsen, weil wir sie zu unserer Selbstbestätigung benötigen. Mit Venus, Jupiter oder Mond sind wir viel zaghafter und lassen uns häufig durch die Umwelt und die angebotenen Möglichkeiten bestimmen oder verunsichern.

In dieser Lebensperiode müssen wir uns bemühen, gangbare Wege zu finden, um den eigenen Fundus auszuschöpfen, die vorhandenen Möglichkeiten auszukundschaften und sie in Übereinstimmung mit dem eigenen Können zu bringen. Dies ist sehr wichtig, weil dadurch nicht nur die äussere, sondern auch die innere Existenz garantiert, bestätigt und gesichert wird. Gelingt uns das nicht, können in dieser Lebensphase deutliche Krisen auftreten, insbesondere bei »Spätzündern«, bei Menschen also, die ihren richtigen Weg noch gar nicht gefunden haben, die immer noch am Probieren und Suchen sind und eventuell schon die eine oder andere Karriere

aufgegeben haben. Vielleicht weil sie sich zuviel vorgestellt oder vorgenommen hatten. Nun müssen alle nicht
der Persönlichkeit entsprechenden Projektionen abge-
baut werden. Dadurch können Menschen, die sich bis
zu diesem Zeitpunkt noch keine Existenzgrundlage errungen haben, in grosse Unsicherheit geraten.

Vor allem bei Spannungen (Oppositionen) auf der Existenzachse 6/12, am
stärksten, wenn sich zwei Oppositionen kreuzen, wird man wiederholt mit
Existenzproblemen zu tun haben.
Beim Alterspunkt-Übergang über solch

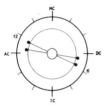

eine Stelle kann eine verzweifelte Existenzkrise auftreten, die bis ins tiefste Innere geht. Es kann zu Minder-
wertigkeitsgefühlen und ständigem Zweifel an der eigenen Existenzfähigkeit kommen: »Ich schaffe es nicht«
oder »Mich will niemand haben, man braucht mich
nicht«. In solchen Stimmungen schwankt ein Mensch
zwischen Selbstanklage und bitterem Vorwurf an die
Welt. Das kann depressive Verstimmungen verursachen, in denen leicht das Falsche getan wird oder psy-
chosomatische Prozesse ausgelöst werden.

In derartigen Krisen besteht immer die Gefahr, in die
Krankheit auszuweichen. Wenn wir nicht zum Zuge
kommen und nicht durchbrechen können, geraten wir
leicht in innere Verzweiflung, die eine Art »Katapultie-
rung« ins zwölfte Haus bewirkt. Wir fragen uns dann,
ob wir eigentlich existenzfähig sind und ob das Leben
überhaupt einen Sinn habe. Auch hier ist wiederum der
Talpunkt (im 34. Lebensjahr) ein wesentlicher Faktor
der Neuorientierung. Wir erkennen vielleicht, dass wir

den falschen Beruf gewählt haben und beginnen mit einer Umschulung. Das sechste Haus ist sehr geeignet für die Weiterbildung. In diesem Jungfrauhaus haben wir die Möglichkeit, Fehler wiedergutzumachen, sei es in der Arbeit, an unserer Seele oder am eigenen Körper. Es ist das Haus, in dem wir uns auch für die Gesundheit und das Heilen von Krankheiten interessieren und uns nach einem sozialen Aufgabenkreis umschauen.

Wir lösen unser Existenzproblem am besten, wenn wir uns um andere Mitmenschen kümmern. »Indem wir anderen helfen, helfen wir uns selbst«, ist ein Schlüsselwort für die richtige Einstellung in diesem Haus und in dieser Altersstufe.

Es geht im sechsten Haus also darum, den richtigen Beruf zu finden, eine Arbeit, die nicht nur unseren Lebensunterhalt sichert, sondern uns auch Freude bereitet.

7. Haus:
Du-Zuwendung,
Partnerschaftsverträge

37. bis 40. Lebensjahr   Lebenswende
Hausspitze 7 bis TP 7

Die Wirkung des siebten Hauses stellt sich in vielen Fällen erst um das siebenunddreissigste Lebensjahr, in vereinzelten Fällen aber schon im fünfunddreissigsten Lebensjahr ein. Das sechsunddreissigste Lebensjahr nennt *C.G. Jung (21)* das entscheidende Jahr der Lebenswende. In dieser Zeit kommt der Mensch plötzlich zum Zuge, indem er Möglichkeiten zur Selbstverwirklichung findet, die seinem Wesen entsprechen und die für seinen weiteren Lebensweg eine entscheidende Wendung herbeiführen können. In dieser Lebensphase kommt man beim DU an (DC). Es kommt zu mitmenschlichen Bindungen und Verbindungen, die sich vielfach als bedeutsam erweisen. Ihre Konsequenzen zeigen sich dann im nachfolgenden achten Haus. Die neuen Beziehungen lösen sowohl im beruflichen wie auch im privaten Bereich Erfolgsphasen aus. Deshalb zählen die Jahre vom sechsunddreissigsten bis vierzigsten im Leben eines Menschen häufig zu den erfolgreichsten des ganzen Lebens. Wer auf dem Stuhl sitzt, wird im siebten Haus kaum vom Stuhle fallen.

40. Lebensjahr   Revision der Lebensweise
TP 7 im kardinalen Lufthaus   Partnerschaftskrise

Der TP sieben stellt einen neuen Punkt der Selbstbesinnung dar. Mit vierzig Jahren melden sich die ersten Zweifel an, ob der bisherige Lebensverlauf wohl optimal war.

Bisherige Aufgaben können auf einmal lästig werden, Bindungen erweisen sich als Hemmnisse, und man wird gewisser Verpflichtungen überdrüssig. Die ersten Anzeichen des Alterns stellen sich ein, und chronische Krankheiten oder Schwächen können sich schon leicht ankündigen. An diesem siebten Krisenpunkt zieht man eine erste Bilanz, richtet sich vielfach nach neuen Zielen aus und beginnt oft eine neue, vernünftigere und gesündere Lebensweise. Mit Recht sagte Henry Ford: »Das Leben beginnt mit vierzig«.

41. und 42. Lebensjahr
TP 7 bis 8. Hausspitze

Abschluss der
Charakterbildung

Des Lebens Mitte ist nun eindeutig überschritten, die Schatten werden länger. Jetzt befasst sich der Mensch im geheimen erstmals mit den Problemen des Alters und des Todes. Zunächst neigt man noch dazu, diesen Tatsachen auszuweichen. Mit allerhand hektischen Aktivitäten und Beschönigungen versucht man, sich dem Unvermeidlichen zu entziehen. Das gilt auch im Hinblick auf gewisse Verpflichtungen, die man früher eingegangen ist. Mit der Vorauswirkung des achten Hauses mehren sich nun Krisen im privaten, familiären, gesellschaftlichen und beruflichen Bereich, deren Bemeisterung viel Charakterfestigkeit verlangen. Nach *W. Hellpach (21)* findet um das zweiundvierzigste Lebensjahr die Charakterbildung ihren Abschluss.

Lernprozesse im 7. Haus (Waagehaus)
Alter 36 - 42

Eingehen neuer Bindungen, Revision der Lebensweise, Partner-
schaftsprobleme, Lebenswende, Höhepunkt persönlicher Entfaltung.

Mit dem Erreichen der siebten Spitze beginnt meistens
eine insgesamt erfolgreiche Zeit. Zwar bleibt das sechste
Haus sehr oft noch bis zu einem Jahr über die Spitze hinaus wirksam, doch im allgemeinen macht sich der Einfluss des siebten Hauses schon vor der Spitze bemerkbar.

Bei allen Häuserspitzen kommen wir kurz vor dem
Übergang in eine Art Stress-Situation. Wir haben das
Gefühl, einen »steilen Berg« hinauf zu müssen. Vor
allem bei den kardinalen Achsen 1, 4, 7 und 10 empfinden wir den Aufstieg als besonders anstrengend. Wir
erleben hier eine Intensivierung innerer und äusserer
Kräfte, die uns vorantreiben. Manchmal überstürzen
sich die Ereignisse, oder wir werden in Geschehnisse
hineingezogen, die uns über den Kopf wachsen.

Nach der siebten Spitze kann es geschehen, dass wir
plötzlich auf eine eigene Art Erfolg haben. Oft finden
wir bessere Möglichkeiten, uns unserem Wesen gemäss
zu betätigen, kommen beim DU besser an und werden
akzeptiert, so wie wir sind. Das ist das Thema des siebten Hauses. Jetzt können wir mit Menschen in Verbindung kommen, die für unsere eigene Entwicklung nützlich sind: vor allem, wenn Jupiter, Merkur, Venus oder
Mond in diesem Haus stehen. Oder es tun sich Wege
auf, ohne dass wir spezifisch nach ihnen gesucht hätten.
Plötzlich wird uns klar: Diese Strasse ist für mich
bestimmt, in diese Richtung kann ich gehen. Das betrifft

im siebten Haus auch noch recht oft die berufliche Laufbahn. Doch meistens werden die persönlichen Beziehungen aktiviert, verändern sich auf eine neue Art und Weise, denn das siebte Haus ist das Haus der Partnerschaft,
der DU-Zuwendung.

Beim Überschreiten der siebten Häuserspitze (DC) mit
sechsunddreissig Jahren kommen wir in den bewussten
Raum des Horoskopes. Wir treten gewissermassen ins
Tageslicht ein und sehen viele Dinge in einem neuen,
klareren Licht. Das, was uns vorher belastet, beunruhigt
oder geängstigt hat, kann schlagartig verschwinden. Das,
was wir bis dahin nicht wahrgenommen, unterdrückt
oder beschönigt haben, kann plötzlich als äusseres
Geschehnis oder als innere Erkenntnis hereinbrechen
und uns aus unserem »Dornröschenschlaf« erwecken.
Es ist ein Bewusstwerdungsprozess, bei dem wir sowohl
uns selbst wie auch das DU, den Partner, neu erkennen.
Manchmal kann die Bewusstwerdung schmerzlich sein,
vor allem dann, wenn wir zu grosse Illusionen in bezug
auf Partnerschaft, Ehe oder Kontakt gehabt haben. Fehler bei uns selbst wie auch beim Partner stören uns jetzt
in erhöhtem Masse. Wir können sie nicht länger tolerieren oder übersehen. Es kann auch sein, dass der Partner
plötzlich anfängt, an uns herumzukritisieren und die
gemeinsame Lebensweise, die wir mit so viel Mühe aufgebaut haben, für ihn nichts mehr wert ist. Oft treten
dann ganz akute Ehekrisen auf, die meistens bis zum
Talpunkt (mit 40 Jahren) dauern.

Wenn auf der Begegnungsachse vom ICH zum DU, also vom ersten ins siebte Haus, eine oppositäre Spannung besteht, kann es beim Alterspunkt durch das siebte Haus zu Enttäuschungen kommen. 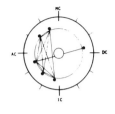 Befinden sich die meisten Planeten auf der Ich-Seite, dann neigen wir dazu, zu stark von persönlichen Wünschen und Vorstellungen auszugehen oder zu wenig anpassungsfähig in der Kontaktnahme zu sein.

Akute Ehe- oder Partnerschaftskrisen können die Situation klären, ausgleichen und uns zu neuen Einsichten bringen. Mit einer Opposition auf der ICH-DU-Achse ist es jedoch schwer, die verschiedenen Elemente auseinanderzuhalten und zu erkennen, was eigentlich die Ursache für eine Krise ist. Wir können nicht klar sehen, was wir ineinander hineinprojizieren und in welchem Umfang jeder daran beteiligt ist.

Meistens schliessen wir von uns auf den anderen und sind erstaunt, wenn wir plötzlich erkennen, dass unser Partner ganz anders denkt, fühlt und handelt, als wir bis dahin geglaubt haben. In dieser ICH-DU-Auseinandersetzung kommt es darauf an, eine auf Gegenseitigkeit beruhende, erwachsenere Beziehung herzustellen, in der das Gemeinsame und das Trennende ein Gleichgewicht finden. Beide Partner - und dessen müssen wir uns immer bewusst sein - trugen dazu bei, dass die Beziehung entstand, und beide werden bestimmen, was aus ihr wird. Es kann zu Trennung und Scheidung kommen. Wenn wir uns zur Scheidung entschliessen, werden wir mehrere Jahre brauchen, bis der Trennungsprozess abgeschlossen ist, meistens bis zum Talpunkt (40) oder sogar bis zur achten Häuserspitze (42).

Fast bei allen Menschen melden sich frühestens mit dem Erreichen des TP (im 40. Lebensjahr) erste Zweifel, kommen Bedenken auf, ob die eigene Handlungsweise oder die Partnerschaft die richtige ist. Für diese aufkeimende Unsicherheit kann es die verschiedensten Gründe geben.

Ein anderer Grund zur Krise ist das Auftreten von ersten Alterserscheinungen in Form gewisser kleiner »Gebrechen«, die sich nun nicht mehr wegreden lassen. Das sind erste Anzeichen von Stress oder Abnützung, die wir aber noch nicht zugeben wollen oder gar verdrängen.

8. Haus:
Wandlungsphase -
Stirb-und-Werde-Prozesse

43. bis 46. Lebensjahr   Neuorientierung in Ehe,
Hausspitze 8 bis TP 8   Familie und Beruf

Dieser Lebensabschnitt bringt häufig einschneidende
Veränderungen im privaten und beruflichen Bereich.
Die eigenen Kinder werden langsam selbständig. Die
Mutter wird nicht mehr gebraucht als »Bedienerin einer
Tankstelle für leibliche Bedürfnisse«, der Vater ist den
Söhnen und Töchtern vielfach nicht mehr richtungwei-
send und massgebend - die Eltern werden ihrer Verant-
wortung den Kindern gegenüber entbunden. So werden
plötzlich wieder psychische Energien freigesetzt, die es
erneut zu investieren gilt. Manche Frau nimmt ihre frü-
here Berufsarbeit wieder auf, mancher Mann wird in
Vereinen oder in der Politik aktiv. Es stellt sich auch
hier erstmals und ernsthaft die Frage nach dem Sinn des
Lebens überhaupt.

46. Lebensjahr   Lebenskrise
TP 8 im fixen Wasserhaus   Frustration

Nehmen wir ein Menschenleben von zweiundsiebzig
Jahren als ein Ganzes von zweiundsiebzig Grad Ausdehnung nach dem Schlüssel 1 Grad = 1 Jahr, so liegt der
Talpunkt dieser Spanne zwischen dem vierundvierzig-
sten und fünfundvierzigsten Grad, also um das fünfund-
vierzigste Lebensjahr. Dieser Wandlungspunkt liegt im
achten Haus. Der TP acht ist demnach der TP des ganzen Lebens. Die überlieferte Bezeichnung »Todeshaus«
deutet an, dass dies das schwierigste aller zwölf Häuser

ist. Der TP acht bringt oft die massivsten Krisen und Erschütterungen des ganzen Lebens. An diesem Punkt der Lebensuhr muss manches sterben, was bisher Bestand hatte, was gelegentlich in drastischen Formen zum Ausdruck kommt: zum Beispiel Berufswechsel, Partnerwechsel, Ehescheidung, Wohnortwechsel usw. In vielen Fällen entsteht zwar im Menschen der Wunsch zu diesen und ähnlichen Veränderungen, aber oft ist die Verwirklichung aus inneren oder äusseren Gründen sehr erschwert. Daher kann es zu erheblichen Frustrationen kommen.

47. und 48. Lebensjahr Umstellungsperiode
TP 8 bis 9. Hausspitze

In dieser Phase haben wir die Spitze der Selbstmordquote. Der Mensch wird sich in diesen Jahren seiner Zwangssituation und Ausweglosigkeit, die er sich im Verlauf der Jahre geschaffen hat, schmerzlich bewusst. Viele Menschen fühlen sich nun festgefahren und möchten ausbrechen aus ihrem vermeintlichen Gefängnis. Der Freiheitsdrang wird durch die zunehmende Annäherung an den MC stimuliert. Wer sich auf ein Abstellgleis geschoben sieht und keine Zukunft mehr für sich erkennt, der kann auf die Idee kommen, seinem Leben ein vorzeitiges Ende zu bereiten. In der Zeit des siebenundvierzigsten und achtundvierzigsten Lebensjahres ist dem Menschen die letzte günstige Gelegenheit gegeben, sich auf höhere, überzeitliche geistige und dauerhafte Werte auszurichten. Jetzt muss der Mensch erkennen, dass es im Leben auf wesentlichere Werte ankommt als auf Geld, Besitz und Status. Letztere sind bestenfalls Existenzgaranten, aber nicht Garanten des Glücks.

294

Lernprozesse im 8. Haus (Skorpionhaus)
Alter 42 - 48

Änderung der Lebensweise. Stirb-und-Werde-Prozesse. Gesellschaftliche Stellung, routinemässige Lebenssicherung.

Der Sinn dieser Lebensphase zwischen dem zweiundvierzigsten und achtundvierzigsten Lebensjahr liegt darin, dass wir sowohl unsere gesellschaftliche Stellung, unsere Existenzsituation in der Gesellschaft stabilisieren wie auch gleichzeitig anfangen, uns geistigen Dingen zuzuwenden. Wir müssen uns gewissermassen einen Freiraum schaffen für das, was unserer Seele zugute kommt. Am besten dadurch, indem wir das bisher Geleistete in einen »Schwungrad-Effekt« bringen, der unsere Existenz absichert und eine Stabilisierung unseres Einkommens garantiert. Es ist eine Zeit, in der wir Reserven anlegen können und uns der Rückfluss unserer früheren Leistungen automatisch zugute kommt, so dass wir mehr Zeit und Kraft für kulturelle, geistige oder philosophische Interessen haben.

Das fixe Skorpionhaus hat schon seit jeher mit Erbschaften, Legaten und den »Mitteln des DU« zu tun. Der Durchgang durch das achte Haus ist deshalb eine Periode im Leben, wo wir das empfangen, was wir uns erarbeitet haben. Wir bekommen das, was wir verdienen. Im achten Haus werden uns manchmal Stellungen angeboten von der Gemeinschaft, weil wir uns bisher als vertrauenswürdig und gewissenhaft erwiesen haben. Manchmal verlieren wir Stellung, Geld und Menschen, vielleicht weil wir bis jetzt zu leichtsinnig damit umgegangen sind oder sogar auf Ausbeutung aus waren.

Wegen des starken Drangs zur Lebensabsicherung ist es eine natürliche Reaktion beim Durchgang des Alterspunktes durch das achte Haus, an dem einmal Errungenen festzuhalten. Wir sträuben uns gegen jede Veränderung, weil wir die Sicherheit in unseren routinemässigen Rollenfunktionen suchen. Wenn wir uns jedoch zu sehr an die Vergangenheit, an »tote Rollen« hängen, dann unterliegen wir den Stirb-und-Werde-Prozessen dieses Skorpionhauses. Dies scheint zunächst ein Widerspruch zu sein, er liegt aber in der Natur dieses Transformationsprozesses, den jeder in der einen oder anderen Weise in dieser Lebensperiode durchzustehen hat. Der Durchgang durch das achte Haus verlangt von uns eine Anpassung an die Lebensrealität. Das heisst, dass wir einerseits unsere Existenzgrundlage aus der Vergangenheit absichern sollen, andererseits aber geistig weiterwachsen müssen.

Wenn das letztere nicht gelingt, wird unsere materielle Einstellung, unser Festhalten an toten Formen durch Verluste aller Art geläutert werden. Das, was wir festhalten wollen, wird uns genommen. Eine alte Welt kann plötzlich zusammenbrechen, damit eine neue werden kann.

In diesem Zusammenhang ist die Tatsache interessant, dass der Talpunkt des zodiakalen Systems in das Zeichen Skorpion fällt (12 1/2 Grad). Der so oft verwendete Name für das achte Haus: »Todeshaus«, scheint hier eine Erklärung zu finden. In dieser Lebensphase verlieren wir häufig Dinge, die wir mit viel Liebe und Hingabe aufgebaut haben. Entweder sterben die Eltern in dieser Zeit, die Kinder ziehen aus, oder eine liebgewordene

Aufgabe und Funktion wird uns genommen. Menschen, die sich ihr Leben lang eine Karriere aufgebaut haben, lassen diese plötzlich fallen, oder sie brechen aus ihrem Milieu aus.

Die im achten Haus auftretenden Krisen haben im wesentlichen zwei Gründe: Zum einen suchen wir auf dem Weg hinauf zum MC (dem Individualisierungs-Punkt) immer mehr persönliche Freiheit und Unabhängigkeit, fühlen uns aber durch die Lebenssituation, den Partner oder die gesellschaftliche Stellung eingeengt. Zum anderen müssen wir erkennen, dass wir in jüngeren Jahren so manches falsch gesehen und uns zu sehr von den Kollektiv-Schablonen und Verhaltenszwängen bestimmen und in eine gewisse Richtung drängen liessen. Jetzt verspüren wir den dringenden Wunsch, uns davon zu befreien, sehen uns aber durch hundert Pflichten und Zwänge daran gehindert.

Wenn beispielsweise ein Leistungsdreieck in das 8. Haus hineinreicht, dann verspüren wir beim Alterspunktübergang ein starkes Verlangen, alles hinzuwerfen und irgend etwas Neues anzufangen. Meistens haben wir uns durch 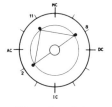 das Leben oder die Umwelt in eine fixierte Situation hineinmanipulieren lassen. Jetzt wird uns bewusst, dass wir das auf die Dauer nicht mehr hinnehmen können und dürfen. Eine der Reaktionsmöglichkeiten auf diese Erkenntnis, besonders am TP (im 46. Lebensjahr), ist die der Resignation. Wir stecken zurück und verlieren unsere letzten schönen Hoffnungen über die Besonderheit der eigenen Person, über uneingeschränkte Freiheit oder freie Liebe. Die letzten Illusionen schwinden - wir geben auf.

Dieses Aufgeben muss aber nicht notwendigerweise in einer Resignation enden, sondern kann zur Geburt des geistigen Menschen führen. Das Aufgeben oder Loslassen ist in Wirklichkeit nur eine Wandlung der Lebensmotivation, ein Neuwerden im geistigen Sinne. Es ist die psychologische Forderung des ewigen Stirb und Werde, die uns im achten Haus, in der sogenannten »Midlifecrisis«, zu einer inneren Neugeburt verhelfen will.

Die Stirb-und-Werde-Prozesse im achten Haus verursachen nicht nur ein »Sterben«, sondern auch ein neues »Werden«. Während der Krise sollten wir das nicht vergessen, denn das führt uns weiter zur neunten Hausspitze.

9. Haus
Bildung einer eigenen Lebensphilosophie

49. bis 52. Lebensjahr Philosophische
Hausspitze 9 bis TP 9 Lebensphase

In diesem Lebensabschnitt muss der Mensch die gültige Wertigkeit seiner Existenz finden, um die wesentlichen Proportionen setzen zu können. Jedermann ist zu diesem Zeitpunkt seines Lebens aufgerufen, sich seine eigene Philosophie, seine Lebens- und Weltanschauung zu formen. Es stellt sich also im veränderlichen neunten Haus die Frage nach dem Sinn des Lebens, nach unserem eigenen Woher und Wohin. Von manch einem wird eine eigene *»Philosophie des Glücks« (Marcuse, 25)* entwickelt. Die eigentliche Thematik des neunten Hauses heisst jedenfalls: Selbstbestimmung und Besinnung auf die eigentliche Bestimmung des Menschen. Wem dies gelingt, der löst sich jetzt von der kleinkarierten Alltagswelt mit ihren kläglichen Problemen und wendet sich den weiten und fernen Horizonten einer befreienden Weltschau zu, welche die tieferen Zusammenhänge allen Geschehens erahnt. Hier beginnt als positive Folge sehr oft die Beschäftigung mit den Wissenschaften, dem Okkulten, Magischen, Esoterischen oder dem Religiösen eigentliche Lebensbedeutung zu gewinnen.

52. Lebensjahr Sinn-Krise
TP 9 im veränderlichen Feuerhaus

Wenn der Mensch in der Zeit zwischen dem neunundvierzigsten und zweiundfünfzigsten Lebensjahr seinen Lebenssinn nicht gefunden hat, kommt es zu einer mehr oder weniger schweren Sinn-Krise um das zweiundfünfzigste Jahr. In dieser Krisenzeit um den neunten Talpunkt sollte man sich auf die Ideale der eigenen Jugendzeit (3. Haus) besinnen, um sie jetzt vielleicht zu verwirklichen. Im Alter kann man dann im Rückblick auf die eigenen Zukunftsvorstellungen in der Jugend vielleicht mit *Szondi (34)* sagen: »Das Kleine, das wir finden, erweist sich als das Grosse, das wir suchten«. Das Unbewusste kann uns oft den richtigen Ausweg aus der Sinnkrise zeigen, zum Beispiel durch wegweisende Träume.

53. und 54. Lebensjahr TP 9 bis 10. Hausspitze

Aufbau einer geistigen Welt der Werte

In dieser letzten Periode vor dem Übergang über den MC hat der Mensch die letzte Gelegenheit, sich um den Aufbau einer geistigen Wertwelt zu kümmern, mit der er dem Rest seines Lebens einen tieferen Sinn verleihen kann. Wer diese Chance verpasst, wird ein trostloses und sinnloses Alter befürchten müssen. Es stellt sich im veränderlichen neunten Haus auch die Sinnfrage: »Was will die Welt, was verlangt die Menschheit von mir?« »Habe ich der Gesellschaft gegenüber Verpflichtungen?«

Lernprozesse im 9. Haus Alter 48 - 54

(Schützehaus)

Übernahme grösserer Aufgaben für die Gemeinschaft. Belehrung anderer, Aufbau der geistigen Wertwelt oder Sinnkrise mit Resignation.

In diesem Haus der Bewusstseinserweiterung (Schütze) haben wir die Möglichkeit, uns neuen, interessanten Dingen zuzuwenden. Häufig befassen wir uns mit Philosophie, Religion oder Esoterik, denken über den Sinn des Lebens nach oder unternehmen eine grössere Reise, je nachdem, welches Zeichen und welche Planeten sich bei uns im neunten Haus befinden. Wenn wir die vorangegangenen Jahre dazu genutzt haben, uns von unnötigen Pflichten zu lösen, haben wir jetzt mehr Zeit, uns dem zuzuwenden, was wir schon immer gerne getan hätten.

Die Zeit zwischen dem achtundvierzigsten und vierundfünfzigsten Lebensjahr ist die sogenannte philosophische Phase im Leben. Hier sollten wir die eigentlichen Wertigkeiten, die wesentlichen Essenzen der Lebenserfahrungen herausarbeiten, um für das heranrückende Alter vorbereitet zu sein.

In dieser Zeit geht es vor allem um die Erkenntnis, dass es auf die äusseren Dinge in letzter Konsequenz nicht ankommt. Denn äussere Resultate und Erfolge, Macht, Reichtum, Berühmtheit und ähnliches mehr können lediglich zur Absicherung der Existenz beitragen; Garanten für ein erfülltes und glückliches Leben sind sie hingegen nicht. Auf diese Einsicht wirkt bereits die Thematik des achten Hauses mit ihren Loslösungsprozessen hin. Im neunten Haus kann sie klar erkannt, für sich selbst formuliert und so zu einer neuen, eigenen Lebensanschauung werden.

Wie in allen veränderlichen Häusern geht es auch hier um Sinnfragen. Sie lauten in etwa: »Wozu bin ich in dieser Welt? Was ist der Sinn und Zweck meines Lebens? Wie kann ich der Menschheit nützlich sein?« Hinter diesen Fragen stehen natürlich Überlegungen über den Sinn des ganzen Schöpfungsgeschehens; Überlegungen also, die deutlich ins Philosophische und Überpersönliche gehen. Nicht mehr nur die eigene Person steht hier im Vordergrund, sondern es werden Themen von grundlegender Bedeutung angeschnitten. Bei dieser »Sinnkrise« im Talpunkt des neunten Hauses mit zweiundfünfzig Jahren geht es darum, alles loszulassen, was wir bisher gedacht oder erkannt haben. Wir geraten in eine sogenannte »Nullsphäre«, in die wir uns hineinfallen lassen sollen, damit alles, was ichhaft ist, aufgelöst wird. Im Loslassen werden wir jedoch von einem höheren Sinn aufgefangen, von wo aus alles in die richtige Proportion rückt. Dies entspricht der Weisheit Sokrates', der sagte: »Die Weisheit beginnt erst dann, wenn man weiss, dass man nichts weiss.«

Wie bei den Talpunkt-Übergängen in jedem Haus wird auch hier eine Neuorientierung verlangt. Deshalb erscheint uns vieles sinnlos, und wir fragen uns ernstlich: »Was nützt mir all mein Wissen, alles angesammelte und erworbene Gut, wenn ich es niemandem weitergeben kann?«

Es kann in dieser Sinnkrise sehr hilfreich sein, in die gegenüberliegende Dritthaus-Periode zurückzugehen und wieder die Ideale auszugraben, die uns in der Altersstufe von zwölf bis sechzehn Jahren beseelt haben. Das Bewusstwerden grosser Lebensleitlinien wird uns wieder neuen Lebensmut geben und uns durch eine neue Motivation beleben und begeistern.

Zu den vorher schon erwähnten Sinnkrisen mit ausgeprägter Resignationsneigung kann es vor allem auch kommen, wenn Saturn mit einer Opposition auf der Denkachse im neunten Haus steht; dann wirkt er wie »der Hüter der Schwelle vor geistigen Toren«. Saturn ist ein Persönlichkeitsplanet und stellt als solcher die auf Sicherheit ausgerichtete ICH-Instanz der Persönlichkeit dar. Aus diesem Grund gibt er nicht so leicht her, was er sicher in den Händen hält. Aber das neunte Haus verlangt Bewusstseinserweiterung und ein Loslassen veralteter Massstäbe, damit wir den Weg weitergehen können.

Mit Saturn im neunten Haus in Opposition zur Sonne im dritten Haus wird es einem nicht leichtfallen, persönliche Ansprüche und Meinungen zugunsten höherer, ethischer Ziele aufzugeben. Am Talpunkt mit ca. zweiundfünfzig 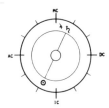 Jahren und kurz vor dem MC mit ca. dreiundfünfzig Jahren, wenn dort beispielsweise Jupiter steht, wird es besonders wichtig, sich auf dem Hintergrund geistiger Betrachtungsweisen in das Ganze einzuordnen und somit auch der eigenen Person gegenüber zu einer überpersönlichen Einstellung zu gelangen. Man wird sich dann selbst nicht mehr so wichtig nehmen und sich bemühen, die heranreifenden jungen Menschen zu verstehen, sie zu fördern, die neue Welt positiv in sich aufzunehmen und sozusagen mit ihr mitzuwachsen. Diese tolerante und verstehende Haltung ist massgebend für den weiteren Lebenslauf.

10. Haus
Berufung und Selbstverwirklichung, Individuationsphase

55. bis 58. Lebensjahr   Erfüllung der Lebenserwartung
Hausspitze 10 bis TP 10   äusserer Lebenserfolg

Dieser Lebensraum hat mit Autorität, mit Machtentfaltung und mit der Stellung des Menschen in der Öffentlichkeit zu tun. Man wird unter Umständen für die anderen zur Autorität, man bekommt vielleicht sogar Macht über andere, und man wird vom Kollektiv gebraucht. Gleichzeitig muss das Privatleben eingeschränkt werden. So ist man nach aussen exponiert und nach innen isoliert. Diese Erlebnisphase sollte die Erfüllung der Erwartungen bringen, die man in das Leben gesetzt hat und somit die Bestätigung der wirklichen Qualitäten eines Menschen. Es ist sehr häufig, dass Menschen in diesem Alter zu bestimmten Aufgaben im Dienst der Öffentlichkeit oder einer Gemeinschaft berufen werden. Den relativ späten Erfolg finden wir bei Menschen, deren Erfolgsplaneten am MC nicht so kräftig stehen. Scheinerfolge und Karrieren, die auf krummen Wegen erschlichen wurden, werden in diesem Lebensabschnitt entlarvt. Das zehnte Feld stellt auf der Lebensuhr gewissermassen die »Stunde der Wahrheit« dar. Um das sechsundfünfzigste Lebensjahr beginnt, gemäss *Hellpach (12)*, das männliche Klimakterium.

58. Lebensjahr   Krise der Isolation
TP 10 im kardinalen Erdhaus

Das Exponiertsein im zehnten Haus, die Verpflichtungen gegenüber der Gemeinschaft und die damit verbundene Verantwortung, die Beschränkung des privaten und familiären Lebens auf das Notwendigste führen häufig zu einer inneren Vereinsamung. Der Mensch fühlt sich isoliert und allein gelassen. Dennoch wird er von anderen beobachtet, so dass er sich schliesslich vorkommt wie einer, der isoliert im Glashaus sitzt. Diese Erfahrung wird ihn veranlassen, seine äusseren Erfolge und Ehren nicht mehr so wichtig und so ernst zu nehmen, um sich vermehrt seinem eigenen Selbst zuzuwenden.

59. und 60. Lebensjahr
TP 10 bis 11. Hausspitze

Abgrenzung von der jüngeren Generation

Gegen das Ende des sechsten Jahrzehnts wird der Mensch von der jüngeren Generation überholt. Die Ablösung im beruflichen Bereich wird in die Wege geleitet. Man spürt, dass man langsam überflüssig wird und ersetzbar ist.

Lernprozesse im 10. Haus
Alter 54 - 60

(Steinbockhaus)

Autoritäts- und Individuationsphase. Identifikation mit der Aufgabe oder Berufung. Erfüllung der Lebenserwartung oder Verhärtungserscheinungen.

Auch hier wieder, wie bei den anderen kardinalen Achsen vier und sieben, erleben wir den Anriss des MC (der 10. Häuserspitze) als eine stark motivierende Kraft zur Eigenständigkeit und zum Selbstsein. Im Alter von vierundfünfzig Jahren haben wir den höchsten Punkt im Horoskop erreicht und stehen auf gleicher Höhe uns selbst und der Welt gegenüber. Wir sehen uns so, wie wir wirklich sind, und so müssen wir uns auch zeigen.

Jetzt gibt es keine Selbsttäuschung mehr, wir müssen Farbe bekennen. Wenn wir etwas vorzuweisen haben, eine spezielle Fähigkeit oder ein besonderes Können, werden wir auch zu grösseren Aufgaben berufen. Wir können uns nicht länger hinter anderen stärkeren Personen verstecken, wir müssen unter Beweis stellen, wer und was wir wirklich sind. Mit anderen Worten, im Raum der Individualität sind wir allein, autonom, auf uns selbst gestellt und selbstverantwortlich. Wenn wir selbst nicht dazu bereit sind, dann erhalten wir meistens durch das Schicksal einen »Stoss in den Rücken«, wir müssen vortreten und uns stellen und fähig sein, grössere Verantwortung zu übernehmen.

Es geht hier im zehnten Haus, dem Haus der individuellen Entfaltung, um eigenständige Autorität und um die Verwirklichung der inneren Berufung. Hier ist der Ort, an dem im bisherigen Leben erworbene Erfahrung und Reife in fruchtbringendem Sinne wirksam werden kann. Ist die Ausreifung, wie sie im neunten Haus gefordert wurde, gelungen, wird man beim Übergang über den MC - vielleicht kurz zuvor oder wenig danach - erleben, dass man vom Kollektiv berufen wird. Das Kollektiv, die Gesellschaft, wird wahrnehmen: Dieser Mensch versteht seine Sache, er überblickt sie, er ist kompetent, ihm können wir Verantwortung übertragen.

So kommt es oft vor, dass Menschen in dieser Altersstufe in öffentliche Ämter gewählt werden, vielleicht sogar erst, nachdem sie schon längere Zeit vergeblich danach gestrebt haben. Das geschieht meistens dann, wenn ein Planet nicht so kraftvoll (Mitte bis Talpunkt) im zehnten Haus steht, nun aber doch noch zum Tragen kommt.

Manchmal ist dies auch bei Planeten der Fall, die noch im Schatten der Achse stehen, beispielsweise wie Jupiter oder ein anderer Planet kurz vor dem MC mit Sonne im zehnten Haus am Talpunkt. 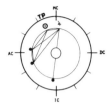 Mit einem Aspektbild vorwiegend auf der Ich-Seite hat man vielleicht niemals eine wirkliche Anerkennung für seinen Einsatz erhalten, aber jetzt, beim Alterspunktübergang, wird die Umwelt plötzlich aufmerksam. Mit dieser Stellung kämpft man auch meistens nicht für seine Berühmtheit, sondern man bemüht sich um die wirkliche Entfaltung der durch Jupiter oder einen anderen Planeten angezeigten Fähigkeit. Das Motiv ist in diesem Bereich Selbsterfüllung und nicht persönliche Machtentfaltung.

Die Erlebnisphase zwischen vierundfünfzig und sechzig sollte eigentlich Erfüllung bringen, indem unsere wirklichen Qualitäten eine Bestätigung finden. Diese kommt oft aus der Umwelt, ohne dass wir sie gesucht oder gar erzwungen hätten. In diesem Fall wird diese Zeit besonders schön und erfüllend; man empfängt sozusagen den Lohn für seine Mühe. Aber auch hier gibt es problematische Stellungen, die unsere Aufmerksamkeit erfordern.

Hat man auf dem Weg zu Macht und Erfolg falsche Mittel benutzt oder unzulässige Abkürzungen eingeschlagen oder mit zu grossem Ehrgeiz oder Machthunger andere mit Gewalt zurückgeschlagen, dann wird man beim Alterspunktübergang das gleiche selbst erleben und häufig durch die Umwelt zurückgewiesen. Jede »falsche Autorität«, die nicht organisch gewachsen ist, wird in Frage gestellt. Das kann auch zum Sturz von der erreichten Höhe führen. Jede Anmassung von Autorität oder Macht muss früher oder später eine Niederlage erleiden, spätestens am Talpunkt des zehnten Hauses.

Um den Talpunkt, im achtundfünfzigsten Lebensjahr, empfinden wir auch oft die nachstossenden jungen Kräfte als Konkurrenz. Wir haben Angst, unseren mit so viel Mühe errungenen Posten zu verlieren und sperren uns für eine gewisse Zeit gegen jede innere und äussere Veränderung. Der Talpunkt im zehnten Haus entspricht einem wichtigen Wendepunkt im Leben. Wir befinden uns an einer Schwelle, an der wir einerseits auf ein aktives, geschäftiges Leben zurückblicken, an der wir aber auch die Zeit nahen sehen, wo wir mehr Ruhe brauchen, weil wir nicht mehr die Energie haben, um begeistert am allgemeinen Treiben teilzunehmen. Wir wissen auch noch nicht, wie wir unsere Verantwortung und verschiedenen Verpflichtungen abbauen können und was wir mit der gewonnenen Freizeit anfangen sollen. Die Frage unserer persönlichen Reife wird jetzt angesprochen - einer Reife, die nicht von äusserem Erfolg abhängt. Unsere Integrität, innere Kraft und schöpferische Phantasie wird in irgendeiner Weise auf die Probe gestellt. Manchmal werden wir angegriffen und müssen uns wehren. Dabei geht es nicht so sehr um die äussere Stellung, um die wir kämpfen sollen, sondern um die Verteidigung geistiger Prinzipien, innerer Werte und Erfahrungen.

Das zehnte Haus ist in gewissem Sinne das letzte Haus der weltlichen Freuden. Bereits beim Übergang über den MC haben wir die rechte Seite des Horoskops verlassen. Alle Kräfte, die einem aus der DU-Zuwendung zuströmten, gehen nun allmählich zurück. Wer im zehnten Haus im Sinne des öffentlichen Ansehens, der Pflichten für die Gemeinschaft tätig oder mit echten Führungsaufgaben betraut ist, kann erleben, dass er dadurch mehr und mehr isoliert und dass auch sein Privatleben davon betroffen wird. Wer in der Öffentlichkeit eine Rolle spielt, ist zumeist im Privatleben eingeschränkt. Man wird beobachtet, und man kann nicht einfach tun, was man will.

11. Haus
Frei gewählte Beziehungen, Freunde

61. bis 64. Lebensjahr Lebensernte
Hausspitze 11 bis TP 11 Memoirenphase

Das elfte Haus bringt eine deutliche Verarmung und
Einschränkung in den mitmenschlichen Beziehungen.
Sogenannte »Freunde« - die nur vom eigenen Erfolg profitieren wollten - verlassen einen hier oft ganz plötzlich.
Der alternde Mensch zieht sich deshalb auf einen eng
begrenzten Freundes- und Bekanntenkreis zurück. Je
besser man seine Auswahl im fünften Haus getroffen
hat (24-30), um so eher wird man im elften Haus (60-66)
wahre Freunde um sich haben.

Diese Phase des elften Hauses ist auch die Zeit der Ernte und des Einbringens der Früchte einer ganzen Lebens-
arbeit, vor allem aber dessen, was man im neunten Haus
im Alter von achtundvierzig bis vierundfünfzig Jahren
gesät hat. Hier beginnen viele mit ihren Memoiren.

In dieser Zeit macht sich der Mensch nicht selten eine
Idealvorstellung von der menschlichen Gesellschaft, wie
sie sein könnte, und er versucht diese im kleinen Kreise
älterer Damen und Herren, in Klubs, auf Parties und der-
gleichen zu pflegen. Doch auch in diesem Kontaktraum
beginnt langsam das altersbedingte Wegsterben bekann-
ter Gesichter, auf deren Gegenwart man sich in Jahrzehnten verlassen konnte. Dadurch ergibt sich eine fortschreitende Vereinsamung, mit der es langsam dringlich
wird fertig zu werden.

64. Lebensjahr
TP 11 im fixen Lufthaus

Rückzugskrise
geistige Pubertät

Das vierundsechzigste Lebensjahr wird in der Medizin häufig als das kritische »Lebensbedrohungsjahr« bezeichnet. Es kommt im Zusammenhang mit der bevorstehenden Pensionierung oft zu Depressionen, Panikstimmung und Angst vor der »Leere der Zukunft«, so dass schwere, gesundheitliche Krisen nicht selten sind. Am elften Krisenpunkt muss der Mensch Inventur machen und das Gültige vom Ungültigen, den Weizen von der Spreu trennen.

Das bewusste Erleben der Isolierung führt beim einen zu Beschaulichkeit, Gelassenheit und Zufriedenheit, beim anderen zu Langeweile, Verzweiflung und Vereinsamung, je nachdem, wie man vorher seinen Acker bestellt hat. Wer früher Raubbau betrieben hat an seinen körperlichen und seelischen Kräften, kann beim Übergang über den TP elf rasch der Senilität verfallen.

65. und 66. Lebensjahr
TP 11 bis 12. Hausspitze

Pensionierungsalter
Beginn des Alterungsprozesses

In diesen Zeitraum fällt heute bei den meisten berufstätigen Menschen die Pensionierung und damit das Ausscheiden aus dem Berufsleben. Das bringt auch eine Ausmusterung aus dem gesellschaftlichen Leben mit sich. Es kommt zu einem enormen Ansteigen der Todesfälle (Pensionierungsschock) um das fünfundsechzigste Lebensjahr.

Lernprozesse im 11. Haus (Wassermannhaus)
Alter 60 - 66

Ausformung der eigenen Lebenserfahrungen. Ethik und Toleranz.
Neue Freundschaften und Beziehungen oder Isolation und Resignation.

Das elfte Haus bringt meistens einen deutlichen Rückgang von Kontakten mit sich, natürlich immer im Vergleich zu der Menge von Kontakten, wie sie am DC, beziehungsweise im fünften bis achten Haus, angezeigt sind.

In dieser Altersstufe ist es das beste, sich auf einen kleinen Freundeskreis zurückzuziehen, sich auf wenige, dafür aber tiefe Beziehungen zu beschränken. Die Lebensperiode im elften Haus von sechzig bis sechsundsechzig ist auch eine günstige Zeit, Bilanz zu ziehen. In der »Höhenluft« des luftigen Wassermannhauses haben wir meistens den notwendigen Abstand zum bunten Treiben der Welt. Jetzt können wir uns distanzieren und einen Überblick gewinnen. Zum Beispiel beginnen hier viele Menschen, ihre Memoiren zu schreiben. Oft mag dies ein später Versuch sein, noch berühmt zu werden. Doch im wesentlichen geht es darum, die Essenz der im Verlaufe des bisherigen Lebens gesammelten Erfahrungen herauszukristallisieren.

Wir blicken auf eine lange Lebenserfahrung zurück. Jahrzehntelang haben wir uns abgemüht, um uns eine gute Position und einen gesicherten Lebensabend zu schaffen. Jetzt können wir uns mehr Musse gönnen und einen gewissen Abstand von unserer Vergangenheit gewinnen. Wir erkennen auch, wie unwichtig unsere Sorgen häufig waren. Wie oft sind wir irgendeiner fixen

Idee nachgejagt und haben unsere Kräfte falsch eingesetzt. Daraus lassen sich Lehren ziehen, die vor zwanzig Jahren nicht möglich waren. Wir entdecken auch, dass es oft nicht die anderen waren, die uns täuschten, sondern wir selbst täuschten uns, weil wir fälschlich davon ausgegangen waren, dass sich die Dinge unseren Vorstellungen gemäss entwickeln sollten.

Aus solchen Überlegungen und Erkenntnissen können wir nun eine gewisse Lebensweisheit entwickeln. Wir sehen klarer, was wir falsch gemacht haben, was zu ändern und zu verbessern wäre. Diese Ideen können uns anregen, einen Freundeskreis aufzubauen, in dem wir unsere Ansichten austauschen. Es geht jetzt vielfach darum, sich für etwas zu entscheiden. Weil wir nicht mehr allen Menschen etwas geben können, suchen wir uns jetzt die Menschen, mit denen wir Gemeinsames haben. Mit ihnen können wir unsere Gedanken und Erfahrungen austauschen, unsere Philosophie vertiefen. Dann verbessert sich auch unser Kontakt zur Jugend, weil wir nicht mehr so kämpferisch im Leben engagiert sind und weil wir auch nicht mehr so stur an alten verstaubten Dogmen festhalten. Wir verstehen die Probleme der jungen Menschen, die unseren Rat gerne annehmen, wenn wir toleranter geworden sind.

Mit einem der sensitiven Planeten, Neptun, Jupiter, Venus oder Mond an der elften Häuserspitze, werden wir meistens geistig beweglich bleiben und auch die Menschen leichter erkennen, die unsere Freunde sind, mit denen wir 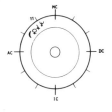 uns auch über Wesenhaftes unterhalten können. Es ist ja im elften Haus, dem Haus der Freunde, wichtig, sich wirkliche Freunde zu schaffen, nicht Menschen, die nur da sind, wenn es uns gutgeht, sondern solche, die auch bereit sind, mit durch eine Krise zu gehen. Mit den sensitiven Planeten im elften Haus haben wir uns wahrscheinlich selbst schon immer so zu Freunden verhalten, so dass wir jetzt auch nicht allein sind und treue Freunde haben. Im elften Haus wird eine gewisse Ethik verlangt, Fairness und Menschlichkeit, und wenn wir diese besitzen, dann sind auch immer Freunde da.

In der Lebensphase des elften Hauses möchten wir im allgemeinen unsere Lebenserfahrung und Lebensweisheit anderen zur Verfügung stellen, und sofern wir dies mit dem richtigen Helfer-Motiv und in richtiger Weise - also nicht etwa gnädig herablassend - tun, können andere davon profitieren. Eine der wichtigsten Aufgaben dieser Lebensperiode ist es, Abstand von einseitigen Vorstellungen zu nehmen. Sonst stehen wir allein, ohne Freunde da!

Am Talpunkt des elften Hauses, im Alter von vierundsechzig Jahren, erleben wir manchmal, dass sich viele Menschen nicht mehr für uns interessieren und sogar einer Begegnung aus dem Wege gehen. Wir werden von »Freunden« verlassen, besonders von jüngeren, die sehr beschäftigt sind. Auch scheiden vielleicht schon einige nahestehende Menschen aus diesem Leben, was immer ein schmerzliches Erlebnis ist. Um den Talpunkt elf sind auch gesundheitliche Probleme oder Krisen ziemlich häufig. Oft stehen wir kurz vor der Pensionierung, was Depressionen und Ängste auslösen kann. Je weniger wir gelernt haben, mit uns selbst etwas anzufangen, desto mehr fürchten wir uns vor dem Alleinsein und dem Älterwerden. Bemühen wir uns in dieser Altersphase nicht um eine vom »kleinen Ich« losgelöste Haltung, so bleiben fast gar keine Ansatzpunkte mehr zu einem erfüllten Leben. Wenn wir in diesem unpersönlichen elften Haus noch keine Loslösung vom »kleinen Ich« erlangt haben, sind wir überempfindlich. Die kleinste Zurücksetzung kränkt uns tief. Wir ziehen uns schmollend zurück und isolieren uns dadurch selbst von der Umwelt. Dann kann es in diesem fixen Haus zu einer negativen Kristallisationserscheinung der ICH-Geltung und auch schon zu Senilität kommen. Die immer gleichen Geschichten von vorgestern fesseln die Zuhörer nicht mehr. Die Ursachen für diese Entwicklung werden meistens schon in den früheren Perioden in den fixen Häusern zu suchen sein.

In diesem Zusammenhang sind auch die zahlreichen Fälle von »Pensionierungskollaps« zu erwähnen. Menschen, die fast nur ihren Existenzkampf gelebt und sich die Selbstverwirklichung für die Pensionierung aufgehoben haben, sehen sich nun plötzlich ohne Kraft und wissen nichts mehr mit sich anzufangen. Deshalb ist es ja so wichtig, sich schon im fünften oder spätestens im achten Haus bei der grossen inneren Umkehr auf die geistige Weite dieser Lebensperiode auszurichten.

Das elfte Haus kann aber auch sehr erfreulich sein, wenn wir zu uns selbst zurückgefunden haben und die Kraft besitzen, unser Leben auszuwerten und positive Erkenntnisse daraus zu gewinnen. So wird diese Altersphase nicht nur Erfüllung für uns bringen, sondern wir werden durch ein echtes und bewusstes So-Sein eine wohltuende Wirkung auf unsere Umwelt ausüben und ihr einiges an eigener Lebenserfahrung vermitteln können.

12. Haus
Phase der Verinnerlichung

67. bis 70. Lebensjahr   Lebensvollendung
Hausspitze 12 bis TP 12   Abbau des persönlichen Strebens

Nun schliesst sich der Zyklus des Lebens zum Ganzen, zur Vollendung hin. Der Mensch zieht sich aus der äusseren Welt auf sich selbst zurück. Häufig wird er von der Gemeinschaft isoliert (Krankenhaus, Alterswohnung, Altersheim). Der denkende und geistig noch rege Mensch wird sich in diesem Alter vieler Dinge bewusst und hält Rückschau. Man gibt das persönliche Streben auf und wird von der Umwelt nicht mehr gefordert. Nur hervorragende Menschen vollbringen in diesen Jahren noch Höchstleistungen (Staatsmänner, Künstler, Forscher etc.).

70. Lebensjahr   Verfall der Körperkräfte
TP 12 veränderliches Wasserhaus   Gesundheitskrisen

Mit siebzig setzt nach *Remplein (27)* und *Hellpach (12)* die Vergreisung ein. Die physischen Kräfte des alternden Menschen lassen deutlich nach. Am zwölften Krisenpunkt begegnet der Mensch seiner letzten grossen Lebensaufgabe: Er muss zu sich selbst zurückfinden und weise werden. »Weisheit ist ein Stehen über dem Leben, weil man die vergängliche Hülle durchschaut und um das Ewige, zeitlos Gültige weiss« *(Remplein)*.

Das Wesensbild des Menschen tritt nun oft schärfer und wahrer hervor als in früheren Jahren: Wer zuvor schon liebenswert, selbstlos, gütig, gerecht und grosszügig war, wird es jetzt noch deutlicher; wer zuvor unange-

316

nehm, egoistisch, hart, verbittert, kleinlich, misstrauisch und zänkisch war, wird sich auch darin akzentuieren.

71. und 72. Lebensjahr
TP 12 bis 1. Hausspitze (AC)

Altersstil
Selbstfindung

Das Finden des Altersstils ist der Prüfstein für das ganze Leben. In ihm offenbart sich, was der Mensch aus sich gemacht hat oder hätte machen können. Es zeigt sich nun, ob es dem Menschen geglückt ist, zur Reife der Persönlichkeit zu gelangen. Der gute, geistig gesund gebliebene Mensch wird weise. Er strahlt Ruhe und Güte aus, weil er nichts mehr für sich will. Er sieht dem Ende gelassen entgegen, weil er es als notwendige Vollendung zu sehen vermag. Er sucht dem Leben bis zuletzt einen Sinn zu geben, den es für ihn nur vom Geistigen her erhält. Weisheit ist als ideales Ziel des menschlichen Strebens allen gesetzt und wird doch nur von wenigen erreicht.

Lernprozesse im 12. Haus
Alter 66 - 72

(Fischehaus)

Lebensvollendung, Abbau persönlichen Strebens. Bewusste Zurückziehung oder erzwungene durch Krankheit. Selbstfindung.

Das zwölfte Haus ist das letzte in der Runde, was natürlich nicht bedeutet, dass hier das Leben zu Ende ist; das zwölfte Haus beschliesst ganz einfach einen Zyklus. Seiner Natur nach bewirkt es ein endgültiges Sich-Zurückziehen aus der äusseren Welt - hin zu sich selbst. Spätestens am TP des elften Hauses (mit 64) sollten wir dem Sinn dieses Lebensabschnittes ein wenig nähergekommen sein. Wie wir bereits wissen, symbolisiert der Aszendent den ICH-Punkt im Horoskop und wird schon mit dem Überschreiten des MC als Zugkraft wirksam. Dementsprechend liegt das zentrale Thema und die zentrale Aufgabe des zwölften Hauses im Zurückfinden zu sich selbst, zu seinem innersten Wesenskern. Das bringt eine gewisse Isolation mit sich - und sofern sich der Mensch nicht freiwillig danach richtet, besorgt dies die Natur für ihn.

Das Thema des zwölften Hauses heisst, die äussere Welt loszulassen und sich wirklich nach innen zu wenden, die eigenen inneren Dimensionen aufzuspüren. Wer die vorherigen Stationen »richtig« durchlaufen hat, der wird hier eigentlich keine Mühe haben. Es wird ihn ein schönes Alter erwarten, eine Zeit, die ihm Klarheit über sich selbst, über Zusammenhänge zwischen Innen und Aussen bringt. Das bedeutet zugleich eine Zeit der Dankbarkeit für alles, was man erleben durfte und noch darf, Dankbarkeit auch für den Reichtum an Erfahrung und Erkenntnis, den das Leben eingebracht hat.

Da wir im zwölften Haus in der Welt draussen gar nichts mehr oder nur noch wenig zu tun brauchen, wird es tatsächlich möglich, einfach dazusitzen und über die Welt und sich selbst nachzudenken. Wir können uns nun distanzieren; wir werden nicht mehr herausgefordert. So bietet diese Phase ideale Voraussetzungen, sich geistigen Dingen zuzuwenden, die eigenen inneren Werte zu entdecken. Wir lernen, mit uns selbst allein zu sein.

Nach dem TP kommen wir in die Expansionszone des ICH-Bereiches, die Zugkraft des Aszendenten ist bereits zu spüren. In dieser Phase von 70 bis 76 (von TP zu TP) sollten wir unser wahres Selbst finden und uns selbst genügen. Das verlangt ein Loslösen von allen äusseren

318

ICH-Verhaftungen, damit eine höhere Ordnung und ein höherer Sinn aus dem eigenen Wesenszentrum geboren werde. Hier erleben wir den Zwiespalt zwischen dem Gewordenen eines gelebten Lebens, der reifen Frucht, und dem neuen Impuls, alles fahrenzulassen, die Vergangenheit mit all den Leiden und Erfolgen zu vergessen, um wie ein neugeborenes Kind das Leben ganz neu und unbelastet in uns aufnehmen zu können.

Das führt oft zu einer »geistigen Wiedergeburt«, die weit über den Aszendenten hinaus das Leben weiterträgt oder in ein kindliches Bewusstseinsstadium zurückführt. Unangenehme Alterserscheinungen, Senilität und körperliche Beschwerden lassen sich verzögern, ja sogar gänzlich vermeiden durch eine geistig gesunde, vitale Haltung. Lebensbejahung, Daseinsfreude, liebevolle Zuwendung und vernünftige Körperpflege tragen dazu bei, dass wir mit einem intakten, noch gut funktionierenden physischen ICH im zwölften Haus ankommen. Wenn wir zudem frei sind von Trieben, von Existenznöten, von Bindungen und Lasten, können wir zuschauen, beobachten und auf diese Weise am Leben der anderen teilhaben und uns mit ihnen freuen. Es ist viel besser, wenn ältere Menschen nicht in die Einsamkeit gehen, sondern mitten in der Welt bleiben und einen »Fensterplatz« haben, von dem aus sie dem Treiben ringsum in aller Ruhe zuschauen können. So bleibt das Wesen wach und lebendig. Das kann man sehr schön in den Mittelmeerländern beobachten: Die alten Leute sitzen am Fenster oder vor der Türe auf der Strasse; sie sagen nicht viel, fallen meistens gar nicht auf. Aber sie nehmen an allem um sie herum teil, studieren die Welt und haben dabei einen fröhlichen Ausdruck.

Haben wir die Sonne im zwölften Haus gut bestrahlt und unser ganzes Aspektbild im vierten Quadranten gelagert, kommen wir oft erst im Alter richtig zum Zuge. Wir werden noch gebraucht, vielleicht als Grossvater oder Grossmutter. 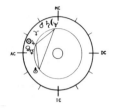 Oft sind Grosseltern bessere Erzieher, denn sie können ihre Lebenserfahrung in der Erziehungsfunktion direkt umsetzen. Sie haben die nötige Distanz zum Leben und können den Kindern Verständnis entgegenbringen, während jüngere Erzieher eher dazu neigen, eigene Vorstellungen und Zwänge auf die Kinder zu projizieren. Auch stehen sich Grosseltern und Enkel näher, weil sich ältere Menschen gemütshaft wieder dem Kindlichen annähern.

Mit dem Überschreiten des AC (Alter 72) werden wir in gewissem Sinne neu geboren; wir erhalten - ähnlich wie bei der Geburt - einen neuen Vitalstoss. Astrologisch gesprochen, erleben wir unsere in den ersten Häusern liegenden Planeten ganz bewusst auf eine neue Art. Wir erkennen Dimensionen, die uns irgendwie vertraut vorkommen, die uns jedoch im Licht einer zweiundsiebzigjährigen Lebenserfahrung neu erscheinen. Als wir nämlich damals in der Kindheit mit dem Alterspunkt diese Planeten überliefen, befanden wir uns in defensiver Haltung zum Leben; wir wurden zu einem hohen Grad von der Umwelt geprägt und konnten noch nicht frei entscheiden. Auch hatten wir bewusstseinsmässig nicht die Möglichkeit, alle Eindrücke zu verkraften und zu verarbeiten. So erhalten wir nun im Alter die Chance, diesen Planeten nochmals zu begegnen und durch neues Erleben zu einem noch tieferen Verständnis unseres Schicksals und unserer selbst zu gelangen.

Der Aszendent
Alter von 72

Im zweiundsiebzigsten Lebensjahr vollendet sich die Wanderung des Alterspunktes durch die zwölf Häuser. Das muss bekanntlich noch nicht das Ende des Lebens bedeuten. Am Aszendenten treffen wir auf eine kardinale Schubkraft, die uns neue Lebensenergie verleiht. Mit dem Überschreiten des AC werden wir in gewissem Sinne neu geboren, wir erhalten - ähnlich wie bei der Geburt - einen Impuls, der uns mit neuer Lebenskraft erfüllt, uns vitalisiert und neu anspornt. Wenn im Alter von zweiundsiebzig Jahren diese Kraft auf einen schon verbrauchten Körper trifft, oder auf einen Menschen, der sich ein Leben lang gegen das **Leben** selbst gewehrt hat, verursacht sie entweder den Ausbruch einer Krankheit, die bis jetzt latent geruht hat, oder es kann Senilität oder der Tod eintreten. Vielleicht gibt es auch einen Schub in noch stärkere, jetzt langsam spürbare Verknöcherung (Verkalkung, Senilität). Der alte Mensch wird dann wieder wie ein Kind von der Umwelt abhängig.

Wer jedoch aufgeschlossen und elastisch auf den neuen Lebensimpuls zu reagieren vermag, dem beschert er neue Lebensfreude und Munterkeit. Es wäre deshalb angezeigt, sich positiv auf dieses Ereignis einzustellen und sich schon Jahre vorher innerlich darauf vorzubereiten. In der heutigen Zeit werden Menschen älter als noch vor fünfzig Jahren. Es gibt genug Möglichkeiten, sich im Alter gesund und körperlich fit zu erhalten. So können viele Menschen frohgemut den neuen Zyklus am Aszendenten beginnen und die ersten drei Häuser (oder mehr) nochmals durchleben.

Der Nullpunkt

Bekanntlich treffen am Aszendenten Anfang und Ende zusammen; es ist der Grenzpunkt, wo Leben und Tod sich berühren (s.a. Lebensuhr im Horoskop: »Die geistige Bedeutung der Altersprogression«, Seite 29). Am AC begann mit der Geburt vor zweiundsiebzig Jahren das Leben. Durch die »Pforte« im Zodiak zwischen Fische und Widder, die dem Aszendenten im Häusersystem entspricht und auch die »kosmische Spalte« genannt wird, ist die Seele in die jetzige Inkarnation getreten. Beim Übergang des Alterspunktes über die gleiche Stelle (Nullpunkt im Zodiak wie auch AC im Häusersystem) entscheidet es sich, ob sie durch dieselbe »Pforte« wieder hinaustreten soll. Es geht also von einer höheren Ebene aus gesehen darum, ob es sinnvoll ist, einen zweiten Kreislauf anzufangen. Am Aszendenten werden wir gleichsam geprüft, ob wir noch entwicklungsfähig sind und auf einer höheren Spirale weiterwachsen können.

Der zweite Durchgang durch die ersten drei Häuser

Beim zweiten Durchgang durch die ersten drei Häuser sollten wir unser kleines Ich nicht mehr so wichtig nehmen. Es geht vielmehr darum, als unsterbliche Seele leben zu lernen. Dabei haben wir die Chance, den tieferen Sinn unseres Lebensablaufes zu ergründen und uns mit dem Höheren Selbst zu verbinden. Wir können innere Fesseln sprengen und uns von falschen Vorstellungen befreien.

Es folgen nun, wenn es gutgeht, jene Lebensjahre, die dem Menschen dazugeschenkt werden, sozusagen als Zugabe. Sie sind nicht mehr von typischer Eigenart, sondern eine Art Wiederholung des schon einmal Durchlebten, jedoch auf einer höheren Ebene. Es kann vieles in der Erinnerung wiederaufleben und ins Bewusstsein gehoben werden, was wir als Kinder erlebt haben. Manches in früher Jugend Erfahrene wird vielen alten Menschen erst jetzt in aller Deutlichkeit bewusst. Und manches in der Kindheit (1. und 2. Haus) entstandene Problem oder Trauma erfährt hier in der gereiften Sicht eine neue Betrachtungsweise und vielleicht eine endgültige Lösung.

Astrologisch gesprochen erleben wir unsere in den ersten Häusern liegenden Planeten auf eine bewusstere Art. Wir spüren Zusammenhänge, die uns irgendwie vertraut und zugleich ungewohnt erscheinen. Als wir damals in der Kindheit mit dem Alterspunkt diese Planeten überschritten, befanden wir uns nämlich in einer defensiven Lebenssituation; wir wurden in hohem Masse von der Umwelt bestimmt und konnten nicht frei entscheiden. Auch hatten wir bewusstseinsmässig nicht die Möglichkeit, alle Eindrücke zu verkraften und zu verarbeiten.

Im Alter erhalten wir indessen die Chance, diesen Planetenkräften nochmals zu begegnen und dadurch zu einem tieferen Verständnis unseres Schicksals und unserer selbst zu gelangen. Ein Beispiel dafür ist das Leben von C.G. Jung, dessen Lebenslauf wir im 8. Kapitel dieses Buches ausführlich beschreiben.

1. Haus
Phase der Wiedergeburt

73. bis 76. Lebensjahr   Neuauftreten der Lebensfreude
Hausspitze 1 bis TP 1   (kindliches Ich)

Im ersten Haus erwachen Lebensfreude und -vertrauen wieder, wenn wir gleichsam wie unschuldige Kinder uns neu dem Leben öffnen. So wie im Frühjahr nach der kalten Jahreszeit die Knospen aufspringen, fegt jetzt die kardinale Widder-Energie Ängste, Trauer, Depression und unnötige Sorgen hinweg. Eine zuversichtliche Lebensbejahung macht viele wieder unternehmungslustig und auch gesünder. Man vermag sich jetzt viel leichter von vergangenen Sorgen zu befreien, Abhängigkeiten zu überwinden und sogar neue Freiräume zu erobern. Man kann sich etwas vornehmen, was einem Freude bereitet, sich langgehegte Wünsche endlich erfüllen. Einige wollen sich nicht mehr in ihre Angelegenheiten dreinreden lassen, weisen die Einmischung Dritter energisch zurück, zeigen einen unberechenbaren Mut und schiessen leicht übers Ziel hinaus. Am Talpunkt kommen sie dann wieder zur Besinnung, weil die Lebensenergie mit der »Bremswirkung« des zweiten Hauses konfrontiert wird.

76. Lebensjahr   Trotzphase
TP 1 im kardinalen Feuerhaus

Das Sichauflehnen gegen Einmischung und Einschränkung ruft einen Zusammenstoss des eigenen Willens mit dem Willen der Umwelt hervor. Manchmal sind die »Alten« in diesem Lebensjahr unvernünftig wie Kinder und keinen sachlichen Argumenten zugänglich. Sie verlangen Selbstbestimmung und setzen sich über körperliche Mängel und Schwächen einfach hinweg. Vielfach richten sich Auflehnung und Eigenmächtigkeit gegen die eigenen Kinder. Um ihre Macht zu demonstrieren, drohen manche mit Enterbung. Ein richtiges »Powerplay« kann sich zwischen ihnen entwickeln. Aber Niederlagen sind unvermeidlich, und man muss einsehen, dass es doch nicht mehr so geht wie einst. Die Sicherheitsmotivation des zweiten Hauses überwiegt allmählich.

77. und 78. Lebensjahr
Neuerwachen des Nesttriebs
TP 1 bis 2. Häuserspitze

In dieser Lebensphase mässigt man sich wieder. Man nimmt seine Grenzen wahr und wendet sich fast reumütig wieder anderen zu. Manche werden sich ihrer Abhängigkeit von der Umwelt schmerzlich bewusst und geben schlussendlich nach. Das zweite Haus wirkt schon herein, man will seine Bequemlichkeiten, seine Sicherheiten und nicht zuletzt die Geborgenheit des »Nestgefühls« geniessen, wodurch man kompromissbereiter und versöhnlicher wird. Manche müssen in dieser Phase auf ihre eigene Substanz zurückgreifen, auch in finanzieller Hinsicht kommt es vor, dass man für vorherige Übertreibungen bezahlen muss.

Lernprozesse im 1. Haus
(Widderhaus)
Alter 72 bis 78

Phase der Wiedergeburt und Ich-Manifestation. Erwachen von Lebensfreude und Unternehmungsgeist, Auflehnen gegen Einschränkung, Fehleinschätzen der eigenen Kräfte.

Der Manifestationsdrang, der diesem Haus innewohnt, kann durchaus schöpferisch genutzt werden. Das mutige Vorwärtsschreiten, das Überwinden von Grenzen ist eine positive Kraft, womit Schwächen, Müdigkeit und Mutlosigkeit erfolgreich angegangen werden. Wenn man erkennt, dass auch schmerzliche Erfahrungen, Zurückweisungen, Leerläufe und Ich-Verletzungen genau das brachten, was man zur Entwicklung benötigte, um aus eingefahrenen Geleisen herausgeworfen und zu innerem Wachstum angespornt zu werden, so ist man einen grossen Schritt weitergekommen. Es geht jetzt um die Bewusstwerdung eigener Substanz und des eigenen Selbstwertes, ohne jede Bestätigung von aussen.

Doch viele Menschen neigen in dieser Lebensphase dazu, sich gehenzulassen, auf ihrem Ich zu beharren und nichts ändern zu wollen. Dies führt zu Stagnation und verhindert die weitere Entwicklung. Andere überschätzen ihre Mittel, wollen aus dem vollen schöpfen und müssen doch einsehen, dass sie ihre Mittel einteilen müssen, weil sie nicht mehr die Jüngsten sind. Obwohl beim zweiten Durchgang manche Korrektur des eigenen Ichs möglich ist, ist die Ich-Erfahrung häufig noch egozentrisch. Viele sind trotzig, pochen auf ihre Eigenart, und wer noch kein Konzept hat vom »Höheren Selbst«, der will sich hier noch immer mit anderen messen. Körperlich wird das selbstverständlich nicht möglich sein, weil jüngere Menschen überlegen sind. Aber man kann, etwa in Altersheimen, beobachten, wie störrische alte Leute sich im Streit mit der Umwelt befinden; viele weigern sich, Vorschriften zu akzeptieren oder auf Ratschläge einzugehen.

Der Lernprozess im ersten Haus verlangt - auf der höheren Spirale - eine geistige Selbstmanifestation. Es geht also nicht mehr darum, sein Ego durchzusetzen, andere zu übertrumpfen und als Bester dazustehen, sondern vielmehr um eine tiefere Selbsterfahrung, nämlich um die Manifestation des Höheren Selbstes. Man sollte sich also fragen: »Wer bin ich im tiefsten Innern, und wie kann ich dieses Leben noch nutzbar machen?« Vielleicht wird dann eine höhere Instanz erfahrbar, die als geistige Willensenergie wirksam ist. Obschon der Wille zum Leben neu erwacht ist, gilt es zu wissen, dass dieser Wille nicht aus dem kleinen, vergänglichen Ich, sondern aus der Seele stammt. Wir können nichts anderes tun, als uns diesem inneren Willen zu beugen. Diese Erfahrung läuft auf die ergebene Bitte hinaus: »Dein Wille, nicht meiner, geschehe«. Man wird erkennen, dass uns der freie Wille gegeben ist, zum Höheren Selbst und zum Höheren Willen ja zu sagen. Das kann am leichtesten religiös-philosophisch ausgedrückt werden. Besonders deutlich wird dies bei C.G. Jung in dem aus seiner Gottsuche entstandenen Buch »Antwort auf Hiob« sichtbar, das er im 76. Lebensjahr geschrieben hat (siehe Kapitel 8).

2. Haus
Loslassen, Erinnerungen, Träume

79. bis 82. Lebensjahr — Aufarbeitung von
Hausspitze 2 bis TP 2 — Kindheitserinnerungen

In dieser Altersphase kann erstaunlicherweise der Besitztrieb nochmals aufleben. Materiell eingestellte Menschen raffen ihre Habe zusammen, zeigen sich geizig, wollen nichts hergeben und benehmen sich wie Kinder. Sie haben Angst, zu kurz zu kommen, wollen das ihre nicht teilen, streiten gerne um Kleinigkeiten, sind eifersüchtig und sichern sich nach allen Seiten ab, damit ihnen ja niemand etwas wegnehmen kann. Manche Angst in diesem Sinne erwacht in dieser Lebensphase wieder, sei es Angst vor materiellen oder geistigen Einbussen.

82. Lebensjahr — Loslösung vom Besitz
TP 2 im fixen Erdhaus — Trennungskrisen

Am Talpunkt des zweiten Hauses kommt es häufig zu irgendwelchen Trennungskrisen. Sei es der Verlust von liebgewordenen Personen, sei es das Schwinden von Sicherheiten oder das Verlassen der gewohnten Umgebung. Jetzt gilt es mit der Wahrheit fertig zu werden, dass nichts von Dauer ist, weder Besitz noch Leben. Am TP 2 auf der zweiten Spirale hilft nur eine geistige Neuorientierung. Es geht dabei um das freiwillige Loslassen oder Hergeben von vermeintlichen Sicherheiten. Viele Menschen hängen eisern an alten Gewohnheiten, sie verkrampfen sich in das Bestehende, widersetzen sich jeder Art von Veränderung - dabei würde gerade das Loslassen befreiend wirken. Aber sie haben Angst, weil sie nicht wissen, was dann mit ihnen passiert.

83. und 84. Lebensjahr
TP 2 bis 3. Häuserspitze

Jetzt geht es um das Erlangen einer geistigen Perspektive, die uns weiterträgt. Es ist eine Lern- und Erkenntnisphase, die neue Interessen und damit Lebensinhalte bringen kann. Obwohl die körperlichen Kräfte schwinden und man physisch nicht mehr an allem teilzuhaben vermag, so sollte man seinen Geist weiterhin aktiv betätigen, ihn nicht einschlafen lassen. Die Stress-Zone vor der dritten Häuserspitze kann sogar die intellektuellen Fähigkeiten aufleben lassen. Man ist vielleicht noch hellwach und interessiert sich für viele Dinge, ohne körperlich mitzutun. Das lebendige Teilhaben am Geschehen der Umwelt und die Zuwendung zu anderen sind übrigens die beste Medizin gegen Lethargie und zunehmende Altersschwäche.

Lernprozesse im 2. Haus
Alter 78 bis 84

(Stierhaus)

Beendigung der Expansionsphase mit Anpassung an die Realität, Zurückgreifen auf die eigene Substanz, Aufarbeiten von Kindheitserinnerungen, Loslösung vom psychischen Verhaftetsein an Besitz und Menschen. Schwinden der Lebenskräfte.

Die Lernprozesse im zweiten Haus verlangen ein vernünftiges Handhaben sowohl der eigenen Lebenskräfte wie auch der materiellen Güter. Viele müssen lernen, Einschränkungen auf sich zu nehmen, indem sie vielleicht in ihrem Lebensraum begrenzt werden oder indem sie sich freiwillig von überflüssigem Besitz befreien. Andere sehen sich veranlasst, ihren Besitz zu verkleinern und sich auf das zum Leben Notwendige zu beschränken. Angehäuftes Hab und Gut wird jetzt zum Ballast anstatt zur Freude. Von vielen Dingen, an denen das Herz gehangen hat, muss man sich jetzt trennen. Es spielt keine Rolle, ob es sich dabei um materielle Dinge handelt oder um liebgewordene Menschen. Es ist die Zeit des Abschiednehmens, wo man auf die eigene seelische Substanz zurückgreifen muss. Vielfach erlebt man, wie gute Freunde wegsterben, man trauert um das Vergangene und fühlt sich allein gelassen. Aber gerade das gehört zum Lernprozess des zweiten Hauses, sich der Vergänglichkeit des physischen Daseins bewusst zu werden. Das Materielle verliert seine Wichtigkeit; wenn der Tod an die Tür klopft, kann man sowieso nichts mit hinübernehmen. Weise sind jene, die bereits in dieser Altersphase ihre Schmucksachen oder Wertgegenstände unter den Erben verteilen, damit sie sich später nicht darum streiten müssen. Aufgabe ist es, sich leichten Herzens davon zu trennen. Aber es gibt verhärtete Menschen, die mit allen Mitteln an ihrem Besitz hängen und nichts hergeben wollen. Sie halten eisern daran fest, werden geizig und verschanzen sich hinter ihren Rechten. Manche treiben mit ihrem Besitz ein Machtspiel. Haben sie irgendeine Niederlage im Leben erfahren und sie nicht verarbeitet, dann wollen sie jetzt anderen das scheinbare Unrecht heimzahlen.

Das ist auch der Grund, warum Menschen in dieser Altersphase manche unliebsamen Verwandten enterben, um sie zu bestrafen. Solches Verhalten wird sicherlich nicht zum seelischen Frieden beitragen. Im Gegenteil, im zweiten Haus ist das Karmagesetz besonders wirksam. Das Kausalitätsprinzip von Ursache und Wirkung hat eine direkte Beziehung zum ökonomischen Prinzip

der Besitzachse 2/8: »Was Du säst, das wirst Du ern-
ten«, Angebot und Nachfrage oder Nehmen und Geben
sind hier besonders wirksam.

So wird man hier (ebenso wie beim Durchgang durch
das 8. Haus) das bekommen, was man selbst verursacht
oder verdient hat. Deshalb ist für viele diese Periode
von karmischer Natur, alles, was geschieht, steht unter
dem Gesetz des Ausgleichs und hat eine Bumerang-Wir-
kung. Viele kommen erst dann innerlich zur Ruhe, wenn
ein Ausgleich stattgefunden hat. Was für den einen die
Heimzahlung begangenen Unrechts an Widersachern
bedeutet, kann für den anderen die Rückzahlung von
Verdiensten sein. Bei vielen wirkt sich dieses Gesetz im
physischen Körper aus, indem sie z.B. krank werden.

Bei Planetenübergängen im zweiten Haus werden auch
Kindheitserlebnisse wieder geweckt. Diese beunruhigen
und beschäftigen alte Leute oft ununterbrochen; sie
erzählen jedermann davon, wobei sie sich oft wiederholen. Das Verarbeiten von verdrängten Komplexen
durch Wiederholung ist im zweiten Haus eine Möglichkeit, damit fertig zu werden. Aber die Mitmenschen fühlen sich in der Regel belästigt, nur wenige sind bereit,
sich diese Geschichten immer wieder anzuhören. Vom
Entwicklungsstandpunkt aus betrachtet wäre aber gerade diese Zeit durchaus günstig, um seelische Knoten
oder verdrängte Komplexe aufzuarbeiten. Eine Therapie würde vielleicht helfen, aber wer hat die Möglichkeit
dazu, und welcher Psychologe würde diese Aufgabe
übernehmen?

Es wäre vorteilhaft, wenn man in dieser Altersphase nach solchen Gelegenheiten ausschaut und versucht, dort, wo ein Missverhältnis besteht, einen Ausgleich herzustellen. Angehörige, welche ihre Eltern betreuen, können z.B. manches zur karmischen Auflösung der Eltern/Kind-Beziehung beitragen. Denn hier beginnt auch allmählich die Umkehrung von Werten: Eltern werden zu hilflosen, schwachen Menschen, und die »Kinder« werden zu Eltern ihrer Eltern. Dieses Mitbegleiten in Abhängigkeit und Hilflosigkeit erfordert viel Verständnis und Opferbereitschaft, jedoch auch eine ganz persönliche Abgrenzung vom Schicksal der betagten Eltern, ein Loslassen früherer machtvoller und verehrter Eltern-Bilder.

3. Haus
**Gedanken, Veränderungen,
Rückerstattung**

85. bis 88. Lebensjahr Ideenbildung
Hausspitze 3 bis TP 3

In dieser Altersstufe sind manche Menschen neuen
Ideen gegenüber viel offener als vorher. Einige beginnen sogar mit Weiterbildungskursen. Auch wir hatten
einmal ein Ehepaar in diesem Alter, das regelmässig
unsere Fortbildungskurse in Deutschland besuchte. Die
beiden waren sehr aufnahmefähig und verstanden viel
rascher den tieferen Sinn unserer Methode als die jüngeren Schüler, obwohl sie bereits vierzig Jahre lang klassische Astrologie betrieben hatten. So wie man beim
ersten Durchgang zwischen zwölf und sechzehn Jahren
auf der Schulbank sitzt, so ist jetzt beim zweiten Durchgang eine vergleichbare Möglichkeit gegeben. Es sind
sogar Fälle bekannt, dass alte Leute in dieser Altersphase neue Sprachen erlernt haben.

88. Lebensjahr Identitätskrise
TP 3 im veränderlichen Lufthaus

Das Talpunktjahr in diesem Alter kann eine Identitätskrise hervorrufen, weil der Ich-Standort sich aufzulösen
beginnt. Obwohl das intellektuelle Interesse noch stark
sein kann, ist die Flüchtigkeit dieses Hauses für das eigene Ich eher nachteilig. Viele verlieren das Kurzzeitge-
dächtnis, die Tage scheinen ineinander zu fliessen, die
Unterscheidungsfähigkeit nimmt ab, das Zeitgefühl
schwindet.

89. und 90. Lebensjahr
TP 3 bis 4. Häuserspitze

Auflösung des Ich-Standortes

So wie das relativierende Prinzip des dritten Hauses (Zwillinge) das Raum- und Zeitgefühl bei vielen alten Menschen auflöst, lässt das Näherkommen der vierten Häuserspitze auch das Ichgefühl im Kollektivraum verschwinden. Viele Dinge, die früher einmal wichtig waren, versinken im Brunnen der Erinnerung, sie werden vergessen. Hier ist es nicht mehr wichtig, ob die Dinge auf einen selbst oder auf andere bezogen sind. Die kardinale IC-Achse, bei der der Aufstieg zum eigenständigen Individuum begonnen hat, relativiert die Bedeutung des eigenen Ichs. Manche können alle persönlichen Ansprüche an das Leben fallenlassen und bereiten sich bewusst aufs Sterben vor. (Wer die Reinkarnationslehre als Wahrheit für sich erkannt hat, könnte sich jetzt schon bewusst auf die nächste Inkarnation vorbereiten.)

Lernprozesse im 3. Haus
Alter 84 bis 90

(Zwillingshaus)

Abfinden mit dem Schwinden der Zeit, Auflösen des Identitätsgefühls mit Senilitätserscheinungen, Erkenntnisse über die Vergänglichkeit des Daseins, Relativitätserfahrung, Vorbereiten auf den Rückerstattungsprozess.

Manche Menschen in dieser Altersphase zeigen Lichtpunkte von Intuition und Inspiration. Sie erkennen plötzlich die tiefere Bedeutung einer Sache und überraschen die Umwelt mit ihrer Weisheit. Aber gleichzeitig vergessen sie oft alltägliche Dinge, weil sie sie nicht mehr so wichtig nehmen.

Bei anderen kann das relativierende Prinzip des dritten Hauses auch einen kalten Optimismus hervorrufen, eine Gleichgültigkeit, die vor jeglicher Tiefe zurückschreckt. Sie leben einfach so dahin, ohne sich viele Gedanken zu machen, alles, was vorher wichtig war, verflüchtigt sich. Was früher im ökonomischen Feld des zweiten Hauses sparsam, standhaft und manchmal stur gemacht hat, das löst sich hier auf. Von aussen hat man oft den Eindruck, dass es sich nicht mehr um denselben Menschen handelt. Der Unterschied vom fixen zum veränderlichen Verhalten tritt in diesem Alter viel krasser auf als in der Jugend.

Die Identitätskrise am TP 3 kann entweder das Ich transparent werden lassen für das Höhere Selbst oder es verhärten. Wer ein seelisches Bewusstsein kultiviert hat, wird sich bewusst auf das Sterben vorbereiten. Die meisten Menschen verkraften den TP 3 allerdings nicht gut, weil sie darauf nicht vorbereitet sind.

Wie man mit Würde vom Leben Abschied nimmt, davon ist in unserer Kultur leider wenig bekannt. Anstatt durchlässig zu werden, verhärtet sich das Ich oftmals, weil es in Angst vor dem Sterben befangen ist. So finden denn keine Lernprozesse mehr statt, das Bewusstsein ist bereits verdunkelt, während die Körperfunktionen noch im Gange sind. Je näher man dem IC kommt, desto »gleichgültiger« wird einem alles.

Es sind hier aber auch die heimatlichen Wurzeln, die vielfach ausgerissen werden, wenn etwa alte Leute ins Altersheim umziehen müssen, weil die Kräfte nicht mehr ausreichen, um das eigene Leben selber zu bewältigen. Das bedeutet für manche den Tod, weil die Entwurzelung nicht mehr verkraftet wird.

Das Thema der Transformation ins Höhere Selbst verlangt aber ein hellwaches Bewusstsein. Deshalb sollte man sich im dritten Haus ein Wissen über den Rückerstattungsprozess aneignen, damit man weiss, was einen nach dem Tode erwartet. Dazu sind heute viele Bücher auf dem Markt, beispielsweise von Elisabeth Kübler-Ross oder von Alice A. Bailey.

Von A. Bailey ist in diesem Zusammenhang sehr zu empfehlen: »Esoterisches Heilen« *(6)* (Der Prozess der Rückerstattung, Seite 462-493) und »Weisse Magie« (Erlösung von der Todesfurcht, Seite 526-545).

Jupiter lenkt das Schicksal der Grossen
aus »Astronomie Populaire« 1880.

8. Die Altersprogression im Horoskop von Carl Gustav Jung

Einleitung

Die nachfolgende Arbeit stellt eine Studie zum Thema des Alterspunktablaufs. Sie zeigt, in welcher Weise mit dem AP gearbeitet werden und wie er am praktischen Fall überprüft werden kann. Wir haben für diese Studie als Beispiel den Schweizer Arzt und Psychologen *Carl Gustav Jung* (1875 bis 1961) gewählt.

Werner Stephan, der für uns die Altersprogression im Horoskop von C.G. Jung untersuchte und seine Erkenntnisse im folgenden Kapitel niederschrieb, hat sich viele Jahre mit der Jungschen Tiefenpsychologie beschäftigt und ist deshalb mit seinem Lebenswerk bestens vertraut. Er hat in seiner Studie die wichtigsten Lebensperioden aus Jungs Leben herausgegriffen und mit möglichst verifizierten Daten gearbeitet. Einige Lebensperioden wurden nur kurz gestreift und hätten eigentlich umfassender behandelt werden sollen. Der Freudschen Periode und der anschliessenden »Interims-Periode« wurde jedoch das Hauptgewicht beigemessen, da sie die Gedankenwelt Jungs am aufschlussreichsten wiedergeben und dem Leser einen tiefen Einblick in das Menschenverständnis von C.G. Jung und seiner analytischen Psychologie vermitteln.

Um eine möglichst objektive Darstellung vom Leben C.G. Jungs zu erhalten, war es unumgänglich, häufig Zitate anzuführen. Sie werden beim Lesen selbst erleben, wie die Ausführungen von Jung mit der spezifischen Problematik des Alterspunktes zusammenklingen. Ohne die Alterspunktübergänge überzuinterpretieren oder gar etwas hineinzudeuten, lassen sich erstaunliche Übereinstimmungen aufzeigen.

Lebensbeschreibung von C.G. Jung

Beitrag von Lic.Phil. Werner Stephan

Ein wichtiger Grund dafür, dass ich das Leben von C.G.
Jung als Beispiel für die Altersprogression gewählt habe,
ist der, dass wir bei C.G.Jung einen Menschen vor uns
haben, der sich als Psychologe und Psychiater vorwiegend
dem *inneren Leben* zuwandte und durch sein Lebenswerk
diese reiche Innenwelt offenbart. Bekanntlich zeigt die
Wanderung des Alterspunktes den inneren, psychologischen Lebenslauf an, der sich - erst in zweiter Linie - auch
in äusseren Ereignissen manifestieren kann. Jung betont
ausdrücklich die Bedeutung seiner inneren Erlebnisse und
kommt daher unserem Anliegen sehr entgegen, da der
Alterspunkt ja ebenfalls auf diese inneren Themen Bezug
nimmt. Er schreibt darüber selbst (Jung 1, S. 4)*:

*»Das Schicksal will es nun - wie es immer gewollt hat - dass in mei-
nem Leben alles Äussere akzidentell ist, und nur das Innere als sub-
stanzhaft und bestimmend gilt. Infolgedessen ist auch alle Erinnerung an äussere Geschehnisse blass geworden, und vielleicht waren
die* äusseren *Erlebnisse auch nie ganz das Eigentliche oder waren
es nur insofern, als sie mit inneren Entwicklungsphasen zusammen-
fielen. Von diesen* äusseren *Manifestationen meines Daseins ist
mir unendlich vieles entschwunden, eben darum, weil ich, wie mir
schien, mit allen Kräften daran teilgenommen hatte.«*

Bevor wir näher auf die Altersprogression eingehen,
möchte ich kurz das Grundhoroskop von C.G. Jung
beleuchten, da dieses für die richtige Deutung des Alterspunktes den Schlüssel liefert. Dabei wird die Aspektstruktur besonders hervorgehoben, weil diese eine wesentliche
Motivationsschicht des Menschen betrifft, die für die
Alterspunktmethode sehr wichtig ist.

* Siehe spezielles Literaturverzeichnis am Ende dieses Kapitels

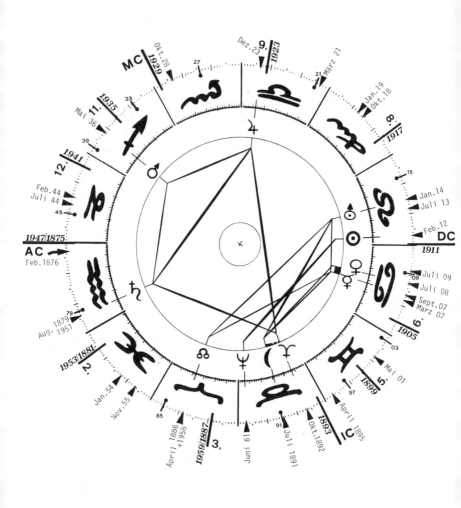

Carl Gustav Jung

26.7.1875 19.20 h Kesswil/CH

342

Das Horoskop von C.G. Jung: Deutung der Aspektstruktur

Im Geburtshoroskop von Jung fällt das **dreigeteilte Aspektbild** auf:

Figur I bildet das weit ausgreifende Trapez mit den Planeten Pluto - Jupiter - Mars - Saturn. Die Neigung des Trapezes gegen den Aszendenten hin weist auf die introvertierte Seite Jungs, wie sie vor allem in der Jugend sowie den späten Lebensjahren zum Ausdruck kommt. Pluto dient in seiner Konjunktion zum Mond als Nahtstelle zur

Figur II: Eine Scherenfigur von Mond - Uranus - Mondknoten - Venus/Merkur. Sie zeigt einen ganz anderen Persönlichkeitsteil Jungs, nämlich die weltoffene und diesseitsbezogene Löwe-Natur.

Figur III schliesslich bildet die in die Scherenfigur eingelegte, aber losgelöste Sonne-Neptun-Quadratur. Sie unterstützt wohl die weltoffene Natur, machte aber auch von ebendieser Welt abhängig: Anerkennung und Feedback waren für Jung lebenswichtig; gegenüber Kritik aber reagierte er im höchsten Masse schroff und unzugänglich. Neptun weist auf das offene Gespür für die Transzendenz: die schillernde Erscheinung seiner Persönlichkeit, die sich weder festlegen noch ganz fassen liess. In der Sonne liegt die zeitlebens problematische Vaterbeziehung begründet. Die Quadratur weist auf die spannungsgeladene Situation zwischen ihm und seinem Vater.

Wohl sind es diese verschiedenen Persönlichkeitsteile, die den »Pseudobiographen« P.J. Stern veranlassten, bei Jung eine (durch den eigenen Individuationsprozess allerdings geheilte) Schizophrenie zu diagnostizieren. Die einzelnen Persönlichkeitsteile waren bei Jung jedoch nicht voneinander getrennt, sondern der grössere und umfassendere Teil (den er die Nr. 2 nannte) umschloss die kleinere Nr. 1. Die Nr. 2 war gleichsam die im Kinde noch nicht inkarnierte grössere Wesenheit - traumhaft und weisheitsvoll, die Ahnung des gegen Ende seines Lebens inkarnierten vollständigen und individuierten Gesamtselbst.

Jung weist ausdrücklich auf das im Prinzip bei allen Menschen angelegte Wechselspiel zwischen zwei derartigen Persönlichkeitsteilen hin. Im Horoskop von C.G. Jung machen es die klar getrennten Aspektfiguren aus, die in ihren Bewegungsrichtungen divergieren, dass er die beiden Persönlichkeitsteile (im Gegensatz zu anderen Menschen) so sehr bewusst erlebte (Jung 1, S. 51):

»*Spiel und Gegenspiel zwischen den Persönlichkeiten Nr. 1 und Nr. 2, die sich durch mein ganzes Leben zogen, haben nichts mit einer* Spaltung *im üblichen medizinischen Sinne zu tun. Im Gegenteil, sie werden bei jedem Menschen gespielt. Vor allem sind es die Religionen, die seit jeher zu Nr. 2 des Menschen, zum* inneren Menschen, *gesprochen haben. In meinem Leben hat Nr. 2 die Hauptrolle gespielt, und ich habe immer versucht, dem freien Lauf zu lassen, was von Innen her an mich heranwollte.*«

Die Integration dieser beiden Persönlichkeitsteile war also ein Teil seines inneren Wachstumsprozesses, der ihn zu einem «Bürger zweier Welten» werden liess.

Die Löwe-Sonne

Die kraftvolle Löwe-Sonne von C.G. Jung beschreibt A. Portmann sehr schön (Zitat nach Jung 2, S. 487):

»Jung kennenzulernen, das unablässige Arbeiten seines Geistes im täglichen Gespräch zu erfahren, die Wucht zu erleben, mit der er sich neuer Einsichten bemächtigte, mit dabeizusein, wenn er die einzelnen Redner, die mit neuen Themata in unseren Kreis eintraten, an sich zog und befragte - das waren Eindrücke von bleibender Grösse. Den Mann erleben, der von den einen aufs höchste gepriesen, von den anderen mit ebenso grosser Skepsis beurteilt wird, das war die glückliche Möglichkeit, sich mit einem so reichen Geist auseinanderzusetzen und sein Wollen tiefer zu verstehen. Mir erschien er im Laufe von zehn Jahren eines regelmässigen sommerlichen Zusammenseins wie eine ganz besondere Naturkraft, der es in ungewöhnlichem Masse gegeben war, uns allen innewohnende seelische Wirkweisen ins Bewusstsein zu heben.« (Portmann,6, S. 226

Nichtsdestoweniger zeigt aber Jungs Persönlichkeit auch eine düstere Seite. Unzweifelhaft verleitete die Löwe-Sonne zuweilen zu Machtgelüsten und durch den losgelösten Quadrataspekt zum Neptun zu einer allergischen Reaktion gegenüber Kritik, berechtigter wie auch unberechtigter Art. Sein herrisches Wesen duldete keinerlei Widerspruch. Seine Gefühlsnatur, charakterisiert durch den im Talpunkt (TP) stehenden Mond (Quadrat zum Uranus und Konjunktion zum Pluto), war barsch und aufbrausend und drückte sich zuweilen durch ein vernichtendes Donnerwetter über Kinder, Freunde oder auch Patienten aus. Die Stellung im TP machte diese Reaktionen für die Umwelt grösstenteils uneinsehbar und eruptiv. Durch seinen einfühlenden und scharfen Intellekt **(Venus/Merkur-Konjunktion im 6. Haus)** konnte er jedoch solche Ausbrüche in ein »Muss im Dienste der Bewusstwerdung oder Therapie« uminterpretieren. Je mehr jedoch die beiden Persönlichkeitsteile Nr. 1 und Nr. 2 eine Ganzheit bildeten, desto mehr klärte sich diese Wesensseite auf und machte einem starken, sonnenhaften Glühen Platz.

Vaterbeziehung

Kurz sei hier die Vater-Sohn-Beziehung erwähnt, die durch das vom übrigen Aspektbild losgelöste Sonne-Neptun-Quadrat angezeigt wird. Diese Stellung weist darauf hin, dass der Vater im Erleben des Kindes diesem sehr ferne gestanden, ihm seine Zuwendung versagt hat und es oft enttäuscht haben muss. Der Vater erschien Jung mehr der Umwelt zugewandt (**Sonne am Deszendenten**) als der Familie, was durch den Beruf des Vaters als Pfarrer auch objektiv wahrscheinlich erscheint.

In seinen »Erinnerungen« lesen wir, dass er im Alter von 17 bis 19 Jahren mit seinem Vater zahlreiche heftige Diskussionen über religiöse Fragen geführt hat, die jedoch meistens seinen bohrenden Zweifel nicht befrieden konnten (siehe Jung 1, S. 98, sowie Jung 3, Brief vom 13.6.1955).

Dass sein Vater als Pfarrer von inneren Glaubenskonflikten gemartert wurde und die Kirche ihm keine Erlösung bieten konnte, schürte sein zunehmendes Misstrauen gegenüber theologischem Denken und war mit ein Grund, dass Jung später nicht die theologische, sondern die medizinisch-naturwissenschaftliche Laufbahn einschlug. Diese frühen religiösen Fragen und Zweifel aber sollten ihn dennoch sein ganzes Leben hindurch beschäftigen und fan-

den erst in seinen Spätwerken (u.a. »Antwort auf Hiob«)
eine Lösung.

Im Januar 1896 starb sein Vater sehr früh und unerwartet.
Jung war zu diesem Zeitpunkt 21 Jahre alt **(AP im fixen Bereich zwischen IP und TP des 4. Hauses)** und hatte erst ein
Jahr zuvor sein Medizinstudium in Basel begonnen. Der
Tod des Vaters liess eine unabgeschlossene Vaterbeziehung zurück, die erst später in der Beziehung zum 19 Jahre älteren Sigmund Freud wiederbelebt und integriert werden konnte (als der AP die Sonne erreichte, was noch näher ausgeführt werden wird).

Der Tod des Vaters wird alterspunktmässig nicht durch
eine direkte Aspektierung angezeigt. Jedoch hat die Thematik des 4. Hauses, durch das der AP zu jener Zeit gerade lief, mit der Zugehörigkeit zur eigenen Familie und insbesondere zu den Eltern zu tun.

Der Zulauf auf den Talpunkt des 4. Hauses sollte immer
eine Loslösung vom Elternhaus bringen. Der Tod des Vaters brachte diesen Prozess auch tatsächlich in Gang. Da
der Tod des Vaters jedoch ohne eine direkt angezeigte
Aspektierung des Alterspunktes geschieht, deutet dies
auch darauf hin, dass Jung innerlich bereits früher mit
dem Vater abgeschlossen und sich losgelöst hatte.

Mutterbeziehung

Auch die Beziehung zur Mutter, die in ihrer erzieheri-
schen und beschützenden Form durch den Saturn angezeigt wird, war recht problemreich, obwohl doch etwas

konkreter fassbar als die (neptunbeeinflusste) Vaterbeziehung. Mit Jungs eigenen Worten (Jung 1, S. 32f):

»Meine Mutter hatte die unangenehme Gewohnheit, mir alle möglichen guten Mahnungen nachzurufen, wenn ich zu Besuch oder zu einer Einladung ging« **(Saturn Wassermann im 1. Haus).** *»Ich hatte dann nicht nur meine besseren Kleider an und gewichste Schuhe, sondern auch ein Gefühl der Dignität meines Vorhabens und öffentlichen Auftretens und empfand es als Erniedrigung, dass die Leute auf der Strasse es hören sollten, was für ehrenrührige Dinge meine Mutter mir nachzurufen hatte«* **(Saturn im Wassermann, Sonne am DC, zudem Venus in dessen Nähe).** *»Diese Gelegenheiten bedeuteten mir nämlich sehr viel. Auf dem Wege zum Hause, wo die Einladung stattfand, fühlte ich mich wichtig und würdig, wie immer, wenn ich an einem Werktag meine Sonntagskleider trug. Das Bild änderte sich aber beträchtlich, sobald ich in Sichtweite des fremden Hauses kam. Da überschattete mich der Eindruck der Grösse und Macht dieser Leute«* **(Pluto-Quadrat zu Saturn).** *»Ich fürchtete mich vor ihnen und hätte in meiner Kleinheit vierzehn Klafter tief in die Erde versinken mögen, wenn ich die Glocke läutete«* **(Sextil des Schütze-Mars zum Saturn).**

Dieses Zitat bringt den Charakter der Stellung von Saturn im Wassermann und im ersten Haus klar zum Ausdruck und weist auch auf die schwer fassbaren Ängste hin, die hier typisch saturnisch geprägt sind.

Eine andere Art der Angst ist hingegen plutobedingt. Pluto, der kurz vor dem IC steht, gewährt ihm einerseits tiefe Einsichten in das kollektive Denken und Fühlen, führt jedoch auch zu einer Art Bockigkeit gegenüber allen Autoritäten und Führerfiguren. Mit Pluto haben wir die am stärksten wirksame Individual- und Wandlungskraft in Jungs Leben angesprochen, die über die Quadratur zu

348

Saturn diesen immer wieder verunsichert. Mit Saturn im ersten Haus wäre es durchaus möglich gewesen, dass sich Jung mit der Zeit eine Psychologen-Maske zugelegt und eine äussere Autorität aufgebaut hätte. Pluto wirkte über die Quadratur jedoch verunsichernd auf Saturn ein und liess ihn nach tieferen, beziehungsweise höheren Aspekten des Lebens suchen. Jung war es deshalb nicht möglich, sich über längere Zeit einer Autorität unterzuordnen.

Der Mars im Sextil zu Saturn löste hingegen mehr eine Art Rebellentum aus und liess Jung immer wieder eigene und neue Wege **(Mars im Schützen)** bis ins hohe Alter gehen. Dabei werden Traditionen **(Saturn im Wassermann)** zwar berücksichtigt und genau studiert, aber auch immer wieder vehement angegriffen oder gar bekämpft **(Mars im 11. Haus, das dem Wassermann bzw. dessen Herrscher Saturn entspricht)**.

Ähnlich zwiespältig muss auch die Beziehung zur Mutter (und später zum Teil zu seiner Frau Emma) gewesen sein: Einerseits war sie bestimmt eine Quelle der Inspiration **(Pluto)**, andererseits gab es auch heftige Dispute und Auseinandersetzungen **(Mars)**, die jedoch im Gegensatz zu den Gesprächen mit dem Vater Lösungen und Einsichten brachten **(Mars Sextil Saturn)**. Auch weist das Trigon zu Jupiter darauf hin, dass Jung gerade durch diese Auseinandersetzungen neue Sinnzusammenhänge erkennen konnte. Seine intensiven Beschäftigungen mit verschiedenen Kulturen und religiösen Strömungen waren geleitet von Jupiter in Waage an der neunten Hausspitze.

Altersprogressions-Tabelle
(Daten und Aspekte)
für C.G. Jung, geb. 26.7.1875, 19.20 Uhr in Kesswil/TG

1875 Jul	27	SP	1	1886 Jul	28	□	☿☉
1876 Jan	27	□	♆	1886 Sep	17	△	☽☉
1876 Feb	**13**	☍	☉	1886 Okt	19	⌄	☾
1877 Jul	8	✶	☊	1887 Jan	25	□	♀
1877 Nov	9	⊼	☿	1887 Jul	27	SP	3
1877 Nov	10	IP	1	1887 Aug	2	△	♂
1878 Jan	11	☍	☉	1887 Dez	7	⌄	♈
1878 Feb	20	□	☾	1887 Dez	27	☍	♃
1879 Feb	14	✶	♂	1888 Jan	17	✶	♄
1879 Apr	11	TP	1	1888 Dez	27		♆♅
1879 Jun	23	□	♈	1889 Jun	25	☌	♆☉
1879 Jul	11	△	♃	1889 Jul	11	□	☉
1879 Aug	**4**	☌	♄	1889 Nov	10	IP	3
1880 Jul	22		♓	1890 Nov	24	⌄	☊
1881 Jan	22	✶	♆	1891 Mar	25	✶	☿
1881 Feb	8	⊼	☉	1891 Apr	12	TP	3
1881 Jul	27	SP	2	1891 Mai	25	□	☿☉
1882 Apr	26	⌄	☊	**1891 Jul**	**4**	☌	☾
1882 Aug	3	△	☿	1891 Nov	1	✶	♀
1882 Sep	22	⊼	☿☉	1892 Jun	18	⊼	♂
1882 Okt	24	✶	☾	**1892 Okt**	**24**	☌	♈
1883 Jan	31	△	♀	1892 Nov	10	⊼	♃
1883 Aug	7	□	♂	1892 Dez	3	□	♄
1883 Nov	11	IP	2	**1893 Jul**	**27**	SP	4
1883 Nov	13	✶	♈	1894 Mar	17		⚷
1883 Dez	3	⊼	♃	**1895 Apr**	**8**	⌄	♆
1883 Dez	22	⌄	♄	**1895 Mai**	**12**	✶	☉
1884 Sep	28		♎	1895 Nov	11	IP	4
1885 Feb	25	⌄	♆	1897 Apr	11	TP	4
1885 Mar	8	△	☉	1898 Apr	16	✶	☊
1885 Apr	11	TP	2	1898 Dez	31	⌄	☿
1886 Apr	**20**	☌	☊	1899 Mai	12	✶	☿☉

1899 Jul	27	SP	5
1899 Aug	3	⚺	☽
1900 Mar	17	⚺	♀
1901 Mai	**26**	☍	♂
1901 Nov	10	IP	5
1902 Jan	20	⚺	♈
1902 Feb	22	△	♃
1902 Apr	8	△	♄
1903 Apr	**11**	**TP**	5
1904 Jan	18		♋
1904 Dez	24	✶	♆
1905 Jan	23	⚺	☉
1905 Jul	**27**	**SP**	6
1907 Mar	**11**	□	☊
1907 Sep	**5**	☌	☿
1907 Nov	11	IP	6
1907 Dez	5	⚺	⛢
1908 Feb	1	✶	☽
1908 Jul	**27**	☌	♀
1909 Apr	**11**	**TP**	6
1909 Jul	**2**	⚻	♂
1910 Jan	4	✶	♈
1910 Jan	30	□	♃
1910 Mar	5	⚻	♄
1911 Jul	26		♌
1911 Jul	27	SP	7
1912 Jan	27	□	♆
1912 Feb	**27**	☌	☉
1913 Jul	**8**	△	☊
1913 Nov	9	⚺	☿
1913 Nov	10	IP	7
1914 Jan	**11**	☌	⛢
1914 Feb	**20**	□	☽
1914 Jun	23	⚺	♀
1915 Feb	14	△	♂
1915 Apr	11	TP	7
1915 Jun	23	□	♈
1915 Jul	11	✶	♃
1915 Aug	4	☍	♄
1916 Jul	**21**		♍
1917 Jan	22	△	♆
1917 Feb	7	⚺	☉
1917 Jul	**26**	**SP**	8
1918 Apr	26	⚻	☊
1918 Aug	3	✶	☿
1918 Sep	8	⚺	⛢
1918 Okt	**22**	△	☽
1919 Jan	**31**	✶	♀
1919 Aug	7	□	♂
1919 Nov	11	IP	8
1919 Nov	18	△	♈
1919 Nov	30	⚺	♃
1919 Dez	2	⚻	♄
1920 Sep	**28**		♎
1921 Feb	23	⚻	♆
1921 Mar	**8**	✶	☉
1921 Apr	**11**	**TP**	8
1922 Apr	20	☍	☊
1922 Jul	28	□	☿
1922 Sep	16	✶	⛢
1922 Okt	18	⚻	☽
1923 Jan	25	□	♀
1923 Jul	**27**	**SP**	9
1923 Aug	2	✶	♂
1923 Dez	6	⚻	♈
1923 Dez	**24**	☌	♃
1924 Jan	17	△	♄
1924 Dez	26		♏
1925 Jun	25	☍	♆
1925 Jul	11	□	☉
1925 Nov	10	IP	9
1926 Nov	23	⚻	☊
1927 Mar	24	△	☿
1927 Apr	11	TP	9
1927 Mai	25	□	⛢
1927 Jul	3	☍	☽
1927 Nov	1	△	♀
1928 Jun	18	⚺	♂
1928 Okt	**23**	☍	♈
1928 Nov	9	⚺	♃

1928 Dez	3	□	♄
1929 Jul	26	SP	10
1930 Mar	17		♐
1931 Apr	8	⚻	♆
1931 Mai	22	△	☉
1931 Nov	10	IP	10
1933 Apr	11	TP	10
1934 Apr	16	△	☊
1934 Dez	31	⚻	☿
1935 Mai	12	△	⛢
1935 Jul	27	SP	11
1935 Aug	3	⚻	☽
1936 Mar	17	⚻	♀
1936 Mai	**26**	☌	♂
1937 Nov	10	IP	11
1938 Jan	19	⚻	♈
1938 Feb	22	✶	♃
1938 Apr	7	✶	♄
1939 Apr	11	TP	11
1940 Jan	18		♑
1940 Dez	24	△	♆
1941 Jan	23	⚻	☉
1941 Jul	26	SP	12
1943 Mar	11	□	☊
1943 Sep	5	☍	☿
1943 Nov	**10**	**IP**	12
1943 Dez	**5**	⚻	⛢
1944 Feb	**1**	△	☽
1944 Jul	**27**	☍	♀
1945 Apr	11	TP	12
1945 Jul	1	⚺	♂
1946 Jan	3	△	♈
1946 Jan	29	□	♃
1946 Mar	5	⚺	♄
1947 Jul	26		♒
1947 Jul	**27**	**SP**	1
1948 Jan	27	□	♆
1948 Feb	13	☍	☉
1949 Jul	8	✶	☊
1949 Nov	9	⚻	☿
1949 Nov	10	IP	1
1950 Jan	11	☍	⛢
1950 Feb	20	□	☽
1951 Feb	14	✶	♂
1951 Apr	12	TP	1
1951 Jun	23	□	♈
1951 Jul	**11**	△	♃
1951 Aug	**4**	☌	♄
1952 Jul	22		♓
1953 Jan	22	✶	♆
1953 Feb	**8**	⚻	☉
1953 Jul	**27**	**SP**	2
1953 Apr	26	⚺	☊
1953 Aug	3	△	☿
1953 Sep	22	⚻	⛢
1953Okt	24	✶	☽
1954 Jan	**31**	△	♀
1955 Aug	7	□	♂
1955 Nov	**11**	**IP**	2
1955 Nov	**18**	✶	♈
1955 Dez	3	⚻	♃
1955 Dez	22	⚺	♄
1956 Sep	28		♈
1957 Feb	23	✶	♆
1957 Mar	8	△	☉
1957 Apr	**11**	**TP**	2
1958 Apr	**20**	☌	☊
1958 Jul	28	□	☿
1958 Sep	17	△	⛢
1958 Okt	19	⚺	☽
1959 Jan	25	□	♀
1959 Jul	27	SP	3
1959 Aug	2	△	♂
1959 Aug	7	⚺	♈
1959 Dez	24	☍	♃
1960 Jan	17	✶	♄
1960 Dez	27		♉
1961 Jun	**25**	☌	♆
1961 Jul	11	□	☉

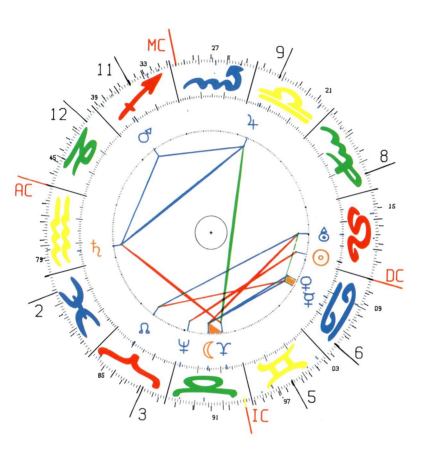

Carl Gustav Jung

26. 7. 1875   19.20 h   Kesswil CH

Altersprogression und Lebenslauf
von C.G. Jung

Anmerkung: *In Klammern und Fettschrift finden sich die vom Computer errechneten exakten Daten der Alterspunkt-Aspekte, während im Text die Daten der »wirklichen« Ereignisse stehen.*

Im Horoskop von C.G. Jung wollen wir jetzt die Altersprogression verfolgen und mit seinen eigenen Worten vergleichen. Wenn Sie bereits über Kenntnisse von Jungs Leben und Werk verfügen, so wird dies bestimmt sehr hilfreich sein. Allen anderen möchten wir das autobiographische Buch »Erinnerungen, Träume, Gedanken« sowie das reich bebilderte Buch »Bild und Wort« empfehlen. Als weiteres Werk möchten wir auf die Biographie von Gerhard Wehr: »Carl Gustav Jung« hinweisen, die auf sehr einfühlsame Weise den Lebenslauf Jungs nachvollzieht. Es wird sich im weiteren auch als sehr hilfreich erweisen, wenn man die jeweils angesprochenen Stellungen beim Lesen in der Horoskopzeichnung kontinuierlich mitverfolgt, um ein Gefühl für die Zeitabläufe im Lebensweg von Jung zu bekommen.

Kindheit und Jugend

Alterspunkt im 1. Quadranten
(0-18 Jahre)

Jung wurde am 26.7.1875 um 19.20 Uhr in Kesswil/TG geboren, und bereits nach sechs Monaten zog die ganze Familie nach Laufen bei Schaffhausen nahe des Rheinfalls **(Feb. 1876)**. Mit ungefähr vier Jahren erfolgte ein erneuter Umzug nach Klein-Hüningen bei Basel (**Aug. 1879**). Die beide Male angezeigten Aspektierungen (**Opposition Sonne und Konjunktion Saturn**) weisen darauf hin, dass diese frühen »Heimwechsel« in das Leben Jungs eine gewisse Unsicherheit bezüglich des Gefühls der Geborgenheit im »Familiennest« brachten.

Im Frühling 1886 kommt Jung auf das Gymnasium in Basel (**April 1886**). Die **Konjunktion mit dem Mondknoten** scheint hier anzuzeigen, dass der Eintritt in diese neue Lebensphase durchaus von ambivalenten Gefühlen begleitet gewesen war, wie man seinen »Erinnerungen« entnehmen kann. Zu gerne hätte er sich in dieser Zeit in die schicksalsschwangere »Nr. 2« geflüchtet.

So war diese ganze Zeit geprägt vom Erwachen der bewussten Ich-Persönlichkeit, begleitet von Träumen, Wachphantasien, Intuitionen und Auseinandersetzungen mit der widerwärtigen Aussenwelt.

Die Nr. 2 hatte vor dem 16. Altersjahr (**Juli 1891**) die sichere Priorität, doch ergab sich dann allmählich ein Umschwung und ein Sich-Durchsetzen der Nr. 1, das vor allem mit der **Konjunktion mit Pluto** (**Okt. 1892**) einhergeht. Zudem befindet sich der Altersprogress in dieser Zeit im Schattenbereich der Häuserspitze 4 (**1891-93**) (nahe der Individualachse 4/10), die bereits die Individuationsthematik mit einer eigenen Denkungsart einleitete. Diese Entwicklung fand vor allem durch das Studium der Philosophie statt. Im **Übergang des Alterspunktes vom Mond zum Pluto** (**1891/92**) wird nun bewusst erkannt, was vorher mehr traumhaft erlebt wurde (Jung 1, S. 73):

»Vom sechzehnten bis neunzehnten Lebensjahr« (TP 3 Mond-übergang bis zum Zeichen Zwillinge) *»hob sich langsam die Wolke meines Dilemmas. Damit besserte sich meine depressive Ge-mütsverfassung, und Nr. 1 trat immer deutlicher hervor. Die Schu-le und das städtische Leben nahmen mich in Anspruch, auch durchdrang oder verdrängte mein vermehrtes Wissen allmählich die Welt der ahnungsvollen Eingebungen. Ich fing an, bewusste Frage-stellungen systematisch zu verfolgen. So las ich eine kleine Einfüh-rung in die Geschichte der Philosophie und gewann dadurch einen gewissen Überblick über all das, was schon gedacht worden war.«* (AP am IC).

Vom Medizinstudent zum Oberarzt

Alterspunkt im 2. Quadranten (18-36 Jahre)

Die Nr. 2 zeigte zwar Interesse für Religion, Philoso-phie, Paläontologie und Geschichte, die Nr. 1 hingegen (die Alltagspersönlichkeit) interessierte sich für die Na-turwissenschaften. Mit dem Durchbruch der Nr. 1 er-griff er deshalb das Studium der Medizin (Jung 1, S. 80):

»Diese Zuspitzung des moralischen Konfliktes in mir brachte es mit sich, dass mir Nr. 2 zunehmend zweifelhafter und unangeneh-mer wurde, eine Tatsache, die ich mir nicht mehr länger verheimli-chen konnte. Ich versuchte, die Persönlichkeit Nr. 2 auszulöschen, aber es wollte mir nicht gelingen. Ich konnte sie zwar in der Schule und in der Gegenwart meiner Kameraden vergessen, auch ent-schwand sie mir beim Studium der Naturwissenschaften, aber so-bald ich allein zu Hause oder in der Natur war, kamen Schopen-hauer und Kant wieder mächtig zurück und mit ihnen die grosse Gotteswelt.«

Im April 1895 **(April 1895)** ergriff Jung nun nàch bestandener Matura das Studium der Medizin **(beim Zeichenwechsel in die Zwillinge)** und wurde bald darauf auch in die Studentenverbindung »Zofingia« aufgenommen, wo er seine Löwe-Natur zu entfalten begann **(AP Sextil Sonne, Mai 1895)**.

AP im 5. Haus (24-30 Jahre)

Ende 1900 **(Mai 1901)** schloss er sein Studium ab und trat am 11.12.1900 als Assistent an der psychiatrischen Universitätsklinik »Burghölzli« in Zürich ein.

Mit dem Übergang des AP über den Talpunkt **(April 1903, TP 5)** geschieht ein wichtiges Ereignis in Jungs Leben: Er heiratet am 14.2.1903 Emma Rauschenbach, die er schon aus seiner Jugendzeit kannte, von der er aber bislang eine Absage auf seine Liebesanträge erhalten hatte. Der TP 5 zeigt an, dass Jung unter starkem inneren Druck gestanden haben muss. Den inneren Auftrag, sich zu diesem Zeitpunkt mit der intimen Seite einer Partnerschaft auseinanderzusetzen, löste Jung nun durch eine schnelle Heirat. Vielleicht ist diese unter zu starkem inneren Druck geschlossene Ehe der tiefere Grund dafür, dass das Verhältnis zu seiner Frau Emma - ausser in den ersten Ehejahren, in denen Emma ihren Mann gleichsam väterlich verehrte - sehr problematisch und von manchen Krisen erschüttert war. Emma wurde denn auch im Laufe der Zeit immer mehr zur mütterlich-gebenden Zufluchtsfigur in ihrem saturnhaften Aspekt, während die andere, erosbetonte weibliche Seite von Toni Wolff verkörpert wurde.

Für C.G. Jung begann nun der lange Weg des beruflichen und sozialen Aufstieges. Im Juli 1905 erreichte der Alterspunkt die 6. Hausspitze. Die zweijährige Phase im Schattenbereich der 6. Spitze wurde abgelöst von einer Periode des Durchbruches **((Juli 1905, Sp 6))**. Bei H.F. Ellenberger (Ellenberger, S. 894) liest man, dass das Jahr 1905/06 für Jung ein Glücksjahr gewesen ist. Er wurde nämlich erstens zum Oberarzt ernannt, zweitens zum Leiter der Ambulanzabteilung, wo vermehrt Psychotherapie eingesetzt wurde und Jung sein Interesse für diesen Sektor der Medizin kultivieren konnte; drittens erhielt er von der Universität Zürich den Titel des Privatdozenten zuerkannt, der ihn berechtigte, Vorlesungen zu halten. Dieses (äusserliche) Glück kann einem eben an der Häuserspitze 6 zuteil werden, wenn man gute Vorarbeit geleistet hat!

Vor Jung schien nun eine sichere Karriere als Arzt und Dozent zu liegen mit einer ebenso sicheren, wenn auch etwas durchschnittlichen finanziellen Zukunft. Dass das Leben Jungs aber eine ganz andere Wendung nahm, daran ist ein anderer Mann schuld, der zu jener Zeit in Wien bereits eigene Wege beschritten hatte und um Anerkennung seiner revolutionären Theorien rang: der neunzehn Jahre ältere Sigmund Freud.

Sigmund Freud, der väterliche Freund

Alterspunkt im 6. Haus

Durch den frühen Abbruch der Vaterbeziehung blieb bei C.G. Jung eine psychische Wunde offen, die nach Heilung verlangte. Bereits in seinem Chef im Burghölzli,

Eugen Bleuler, schien Jung eine Art Vaterersatz gefunden zu haben. Als Jung aber 1906 mit den Schriften Sigmund Freuds bekannt wurde, war er so sehr von deren Gehalt und Aussagekraft begeistert, dass er spontan einen Briefwechsel begann und im Laufe der Zeit das väterliche Vorbild seines Chefarztes E. Bleuler durch das von Sigmund Freud »ersetzte«.

Nach mehreren Briefen kam es 1907 zu einem ersten Treffen in Wien (Jung 1, S. 153f):

»Freud lud mich zu sich ein, und im Februar 1907 fand unsere erste Begegnung in Wien statt. Wir trafen uns um ein Uhr mittags, und dreizehn Stunden lang sprachen wir sozusagen pausenlos. Freud war der erste wirklich bedeutende Mann, dem ich begegnete. Kein anderer Mensch in meiner damaligen Erfahrung konnte sich mit ihm messen. In seiner Einstellung gab es nichts Triviales.«

Dieses erste Treffen fand am 3.3.1907 statt, genau zum Zeitpunkt des **AP-Quadrates zum Mondknoten (März 1907).** Diese Aspektierung weist auf die schicksalhafte Begegnung der beiden Männer hin (mindestens für das Schicksal von Jung), und durch die Quadratur wird die innere Spannung und Dynamik, die im Zusammentreffen und der späteren Beziehung mit S. Freud lag, angezeigt. Die Quadratur forderte Jung gleichsam heraus, sich mit dieser Beziehung für längere Zeit auseinanderzusetzen.

Der Mondknoten im 2. Haus verlangt das Fruchtbarmachen, Ausschöpfen und Einsetzen des eigenen Fundus und aller Fähigkeiten, die einem solchen Menschen von innen und aussen reichlich zufliessen. Die Begegnung mit Freud unter dem Quadrataspekt auf den Mondknoten zeigt, dass Jung von Freud auf ebendiesen eigenen Fundus zurückgeführt wurde: Durch die Methode der Traumanalyse Freuds öffnete sich für Jung ein Zugang zum Verständnis jener ersten Kindheitsträume, die ihm unter anderem Kunde brachten von der »grösseren Nr. 2«.

Die **Konjunktion des AP mit dem Merkur** (Sept. 1907) erscheint zweigeteilt:

1. Offiziell trat Jung am »Internationalen Kongress für Psychiatrie und Neurologie« als Sprecher für Freud an der umstrittenen Hysteriediskussion auf (**September 1907**), zwei Monate später hielt er einen Vortrag über Psychoanalyse vor der »Züricher Ärztevereinigung«. Man muss sich dabei vor Augen halten, dass zu jenem Zeitpunkt die Psychoanalyse mit ihren neuartigen Theorien ein ganz und gar umstrittenes Thema war und jeder, der sich zu diesen Theorien bekannte, gleich in einen Topf geworfen wurde (ähnlich wie es heute mit den Astrologen oder anderen Randgruppen geschieht).

2. Neben diesem offiziellen Eintreten für Freud aber zeichneten sich im Briefwechsel bereits zu diesem Zeitpunkt tiefgreifende Zweifel ab (Freud/Jung, S. 87, Brief vom 19.8.1907):

»Ich möchte Sie nun noch um eine Aufklärung bitten: Fassen Sie die Sexualität als die Mutter aller Gefühle auf? Ist für Sie die Sexualität nicht bloss eine Komponente der Persönlichkeit (die wichtigste allerdings) und darum der Sexualkomplex die

wichtigste und häufigste Komponente des hysterischen Krank-
heitsbildes? Gibt es nicht hysterische Symptome, die zwar vom
Sexualkomplex mitdeterminiert, aber überwiegend durch eine
Sublimation oder durch einen nicht sexuellen Komplex (Beruf,
Stellung etc.) bedingt sind?«

Zweifel auf der einen, überzeugende Redekunst **(vgl.
Merkur Konjunktion Venus)** auf der anderen Seite prägen also diese Zeit, und dass das Thema Sexualität im
Mittelpunkt des »analytischen Denkers« steht, passt
ebenfalls zur Thematik der Venus.

Lebenskrisen

Alterspunkt TP 6. Haus bis Spitze 7 (33-36 Jahre)

Beim **Übergang des AP über die Venus und den TP
6** (Juli 1908) stechen verschiedene Ereignisse ins Auge.
Die Venus im Krebs lässt den Wunsch nach einem eigenen Haus verstehen, und die Stellung im TP das »Sich-
Zurückziehen« und Einbuddeln in einer privaten Sphä-
re. So liess er auch zu diesem Zeitpunkt nach eigenen
Plänen ein Haus am unteren Zürichsee bauen.

Ein Jahr später, **zwei Monate nach dem exakten Talpunkt 6** (April 1909, TP 6), verliess er seine Stellung am
Burghölzli, um nun in Küsnacht als selbständiger Psy-
chotherapeut weiterzuarbeiten. In diese Zeit fällt auch
das **Quincunx zum Mars** (Juli 1909), der im Schützen
eine hochsensitive Stellung mit reichen erotischen Be-
dürfnissen anzeigt, die im elften Haus aber durch die pu-
ritanische Erziehung und Moral (der Vater war Pfarrer!)
streng im Zaum gehalten wurden.

Wieder beginnt also eine Phase im Schattenbereich des nächsten Hauses mit ihren Zweifeln, Ängsten und Drängnissen zur Neuorientierung - und für Jung begann jene Phase praktischer Psychologenerfahrung, durch die auch heute noch jeder angehende Analytiker und Therapeut hindurch muss, will er nicht einer jener kopforientierten Theoretiker bleiben, wie sie heute leider nur allzuhäufig anzutreffen sind. Folgende Passage beleuchtet eine solche typische Erfahrung (Freud/Jung, S. 229, Brief v. 7.3.1909):

»Zu guter Letzt oder vielmehr zu schlimmer Letzt nimmt mich gegenwärtig ein Komplex furchtbar bei den Ohren; nämlich eine Patientin, die ich vor Jahren mit grösster Hingabe aus schwerster Neurose herausgerissen habe, hat mein Vertrauen und meine Freundschaft in denkbarst verletzender Weise enttäuscht. Sie machte mir einen wüsten Skandal ausschliesslich deshalb, weil ich auf das Vergnügen verzichtete, ihr ein Kind zu zeugen. Ich bin immer in den Grenzen des Gentleman ihr gegenüber geblieben, aber vor meinem etwas zu empfindsamen Gewissen fühle ich mich doch nicht sauber, und das schmerzt am meisten, denn meine Absichten waren immer rein gewesen. Ich habe dabei unsäglich viel gelernt in der Weisheit der Eheführung, denn bislang hatte ich von meinen polygamen Komponenten trotz aller Selbstanalyse eine ganz unzulängliche Vorstellung.«

Im gleichen Jahre 1909, im Alter von vierunddreissig Jahren, lernte Jung aber auch die Patientin Toni Wolff kennen, die in seinem späteren Leben eine immer wichtigere Rolle einnahm. T. Wolff war eine scheue und zurückhaltende, zu jenem Zeitpunkt einundzwanzigjährige junge Frau, die eben ihren Vater verloren hatte. Wohl hat sie zu Beginn in Jung eine neue Vaterfigur gesucht, doch verliebte sie sich bald hoffnungslos in C.G. Jung. Zu Beginn (Juli 1908) besann sich Jung sehr wohl des Komplexes, der ihn so gewaltig bei den Ohren nahm, doch die sensible Krebsvenus im Talpunkt, worüber sich der AP gerade hinwegbewegte, zeigt an, dass sich Jung zu jener Zeit in einer starken Existenzkrise (TP 6!) befunden haben muss, die auch eng mit einer erotischen Krise (Juli 1909: Quincunx Mars) verbunden war. Seine polygamen Komponenten brachen dann in den nachfolgenden Jahren insofern durch, als T. Wolff immer mehr in die Familie Jung aufgenommen und seine halboffizielle Geliebte wurde.

Es ist spezifisch für diesen Raum (Durchlauf des Alterspunktes vom TP 6 zur Spitze 7), dass Jung ohne sein Zutun einen Einbruch in seine persönliche Beziehungswelt hinnehmen, verarbeiten und integrieren musste, was gleichzeitig zu einer zeitweiligen Diffusion seiner Existenzbegriffe führte.

Es ist klar, dass eine Zweitbeziehung, wie diese zu T. Wolff, in den nächsten Jahren eine bewusste Auseinandersetzung in Partnerschaftsangelegenheiten mit sich brachte (Zulauf des Alterspunktes auf den DC, den DU-Punkt, und Durchgang durch das siebte Haus, das schon seit jeher den Beziehungen zu Partnern in Ehe und Arbeit zugeordnet wurde). Diese Auseinandersetzungen bildeten jedoch den Nährboden für seine späteren Gedanken und Werke. Seine neuen Sichtweisen, speziell sein Animus-Anima-Konzept, sind ein Versuch, diese Erfahrungen der psychologisch-wissenschaftlichen Erforschung zugänglich zu machen.

Bruch mit Freud

Alterspunkt im 7. Haus
(36-42 Jahre)

Im Februar 1912 **(Feb. 1912)** findet der **AP-Übergang über die Sonne** statt. Zu diesem Zeitpunkt wird die problematische Vaterbeziehung am direktesten angesprochen und verlangt nach einer Lösung, und zwar deshalb, weil die Neptun-Sonne-Quadratur losgelöst gleichsam als Störfaktor in der übrigen Scherenfigur liegt.

Dass der neunzehn Jahre ältere Freud zur Vaterfigur erhoben wurde, war diesem seinerzeit nur recht. Freud unterstützte diese Tendenz insofern, als er zum Beispiel Jung einmal seinen »Kronprinzen« nannte, der dereinst die Psychoanalyse nach seinem, Freuds, Tode weitertragen werde. Für andere Menschen konnte dies eine durchaus ehrenwerte Aufgabe sein, und viele hätten sich um diese Stellung bemüht. Nicht aber Jung. Die nach Ganzheit strebende Psyche Jungs musste das auf Freud projizierte Vaterbild ganz einfach integrieren. Zu diesem Zwecke musste dieses Vaterbild zuerst einmal vom Objekt, d.h. von Freud, losgelöst werden; konkret: Die Beziehung zu Freud musste abgebrochen werden.

In der astrologisch-psychologischen Konzeption stellt die Sonne das Prinzip des Selbstbewusstseins dar. Beim Übergang des AP über die Sonne kann und soll man sich selbst sein; der Mut zum selbständigen Denken und Handeln wird verstärkt, was Jung am 18.12.1912, also sechs Monate nach dem AP-Übergang über die Sonne, zu folgendem Brief veranlasste (Freud/Jung, S. 594):

Lieber Herr Professor!

Darf ich Ihnen einige ernsthafte Worte sagen? Ich möchte Sie darauf aufmerksam machen, dass Ihre Technik, Ihre Schüler wie Ihre Patienten zu behandeln, ein Missgriff ist. Damit erzeugen Sie sklavische Söhne oder freche Schlingel (Adler-Stekel und die ganze freche Bande, die sich in Wien breitmacht). Ich bin objektiv genug, um Ihren Truc zu durchschauen. Sie weisen rund um sich herum alle Symptomhandlungen nach, damit setzen Sie die ganze Umgebung auf das Niveau des Sohnes und der Tochter herunter, die mit Erröten die Existenz fehlerhafter Tendenzen zugeben. Unterdessen bleiben Sie immer schön oben als Vater. Vor lauter Untertänigkeit kommt keiner dazu, den Propheten am Barte zu zupfen und sich einmal zu erkundigen, was Sie denn zu einem Patienten sagen, welcher die Tendenz hat, den Analytiker zu analysieren anstatt sich selber? Sie fragen ihn doch: »Wer hat denn eigentlich die Neurose?«

Dieser Brief ist nur einer von einer ganzen Serie von »Geheimbriefen«, die auf Freud niederregneten. Für den patriarchalisch eingestellten Begründer der Psychoanalyse war dieser marsisch geprägte Brief ein Treffer, der unter die Haut ging (Jung hat den Mars in Schütze!), der Freud nur noch die Möglichkeit offenliess, entweder vom Führungssessel herunterzusteigen und seinem Kollegen auf gleicher Ebene vorbehaltlos und partnerschaftlich gegenüberzutreten - oder aber die »psychoanalytische Bewegung« einer Reinigung zu unterziehen und solche frechen Mäuler auszuscheiden.

Diese Forderung nach Partnerschaftlichkeit ist auch ein wesentlicher Ausdruck von Jungs Altersprogress im 7. Haus, das ja zugleich sein »Sonnenhaus« ist. Es wird so in diesem Lebensbereich eine ganz zentrale Problematik in Jungs Leben angesprochen. Man kann aus dem obigen Brief ersehen, wie Partnerschaft aus der »Sicht« der Löwesonne, die ja doch lieber regieren möchte als sich unterzuordnen, angegangen wird: Du und ich, wir sind gleichwertige Partner, und ich sage, wie sich unsere Beziehung entwickeln soll . . .

Sechs Monate später findet dann das **Trigon zum Mondknoten (Juli 1913)** statt, also wieder ein Aspekt zum Mondknoten, unter dem die Beziehung zwischen den Männern begonnen hat: *Unter der Quadratur hat die Beziehung begonnen, unter dem Trigon wurde sie wieder gelöst.*

Wir können daraus ersehen, dass hier alle traditionellen Wertungen - wie: das Trigon ist »gut« und die Quadratur ist »schlecht« - völlig fehl am Platze sind. Die Quadratur zeigt hier gleichsam Stärke und Schub an und fördert ein aktives Verhalten, während das Trigon zum Mondknoten den ersten Schritt zur Selbstwerdung darstellt. Auf diese Weise wird eine Befreiung und Lösung vom äusseren Objekt der projizierten Vaterfigur möglich.

Man könnte es deshalb auch so ausdrücken: Durch die Quadratur wurde Jung vom Schicksal gezwungen, am alten Fundus anzuknüpfen; er benützte dazu das unerledigt gebliebene Vaterproblem als dynamische Komponente. Der Übergang über die Sonne aktivierte diesen Komplex, und der nahende Trigonaspekt zum Mondknoten befähigte Jung, die reichen Erlebnisse der letzten Jahre selbst auszuschöpfen bzw. fruchtbar zu machen. Dies konnte er nur alleine tun, unabhängig von einem vaterähnlichen Vorbild. Der Bruch mit Freud war demzufolge unvermeidlich, doch waren es nicht die Differenzen in allen äusseren Anschauungen, die den Anlass gaben, sondern die nach Ganzheit und Selbstverwirklichung strebende Psyche Jungs.

Interimsperiode

IP 7. Haus bis Jungfrauzeichen

Dieses eigene Ausschöpfen des Fundus gestaltete sich aber viel schwieriger, als Jung es sich zuvor vorgestellt hatte. So begann für Jung nach seinem Bruch mit Freud eine wahre Unterweltsfahrt, welche H.F. Ellenberger die »Interimsperiode« oder auch »schöpferische Krankheit« nannte. Jung begann, als der AP in den bewussten Raum (also über den Horizont des Horoskopes) lief, eine Selbstanalyse seiner aus dem Unbewussten mit immer grösserer Macht hervorquellenden Bilder und Phantasien. Dass diese Bilder zugleich auch Hinweise auf kollektive Ereignisse waren, nämlich eine Vorwegnahme der Kriegsereignisse des Ersten Weltkrieges, wurde Jung erst sehr viel später klar. Da diese Selbstanalyse den Schlüssel zu Jungs gesamter Psychologie bildete, möchten wir ihn hier mit seinen eigenen Worten sprechen lassen (Jung 1, S. 182) **(Nov. 1913, IP 7. Haus):**

»Es war in der Adventszeit des Jahres 1913, als ich mich zum entscheidenden Schritt entschloss (12. Dez.). Ich sass an meinem Schreibtisch und überdachte noch einmal meine Befürchtungen, dann liess ich mich fallen. Da war es mir, als ob der Boden im wörtlichen Sinne unter mir nachgäbe, und als ob ich in eine dunkle Tiefe sauste. Ich konnte mich eines Gefühls von Panik nicht erwehren. Aber plötzlich und nicht allzutief kam ich in einer weichen,

stickigen Masse auf die Füsse zu stehen - zu meiner grossen Er-
leichterung. Jedoch befand ich mich in einer fast völligen Finsternis.
Nach einiger Zeit gewöhnten sich meine Augen an die Dunkelheit,
die nun einer tiefen Dämmerung glich. Vor mir lag der Eingang
zu einer dunklen Höhle, und dort stand ein Zwerg. Er erschien
mir wie aus Leder, so als ob er mumifiziert wäre. Ich drängte mich
an ihm vorbei durch den engen Eingang und watete durch knietie-
fes eiskaltes Wasser zum anderen Ende der Höhle. Dort befand
sich auf einem Felsband ein roter, leuchtender Kristall. Ich fasste
den Stein, hob ihn auf und entdeckte, dass darunter ein Hohlraum
war. Zunächst konnte ich nichts erkennen, aber schliesslich erblick-
te ich strömendes Wasser in der Tiefe. Eine Leiche schwamm vor-
bei, ein Jüngling mit blondem Haar, am Kopf verwundet. Ihm
folgte ein riesiger schwarzer Skarabäus, und dann erschien, aus der
Wassertiefe auftauchend, eine rote, neugeborene Sonne. Geblendet
vom Licht, wollte ich den Stein wieder auf die Öffnung legen, da
drängte sich jedoch eine Flüssigkeit durch die Öffnung. Es war
Blut! Ein dicker Strahl sprang auf und ich empfand Übelkeit.
Der Blutstrom währte, wie mir schien, unerträglich lange. Endlich
versiegte er, und damit war die Vision zu Ende.«

Dieses Ereignis geschah sechs Monate nach dem Trigon
zum Mondknoten (Jan. 1914) ziemlich genau zum Zeitpunkt, als die **Konjunktion des AP mit dem Uranus**
stattfand. (Zudem befand sich der transitäre Uranus zu
jenem Zeitpunkt in der Nähe des Aszendenten und lief
in dieser Zeit zwischen etwa drei und sieben Grad Wassermann ständig vor und zurück.)

Uranus ist nun der letzte Planet vor einem weiten Freiraum im Horoskop bis hinauf zum Jupiter. Die »Hades-
fahrt« von Jung kann gleichsam als die weite Reise durch
diesen langen Freiraum aufgefasst werden. Der innere

Sinn solcher Leerphasen ist denn auch ganz allgemein, im äusseren Leben zu verwirklichen und zur Blüte zu bringen, was vorangegangene Planetenübergänge aufgebrochen haben.

Nun entspricht es ja der Uranusqualität vorzüglich, Brükken ins Endlose zu bauen, Bekanntes zu verlassen und ins Unerforschte vorzustossen. Metaphorisch gesprochen rutschte er auf dem Radixtrigon Uranus-Mondknoten und dem Quadrat zum Mond in die Tiefe, erfuhr in dieser Tiefe die brutale Gewalt archetypischer Bilder und arbeitete sich über die grosse Trapezfigur wieder hoch zur ganzheitlichen Schau des Jupiter.

Dabei spülte das **Quadrat des AP zum Mond (Feb. 1914)** die eigenen Emotionen hoch, die mit dem uranischen Forschergeist untersucht und interpretiert wurden. Dieser Prozess kommt in den folgenden Zeilen Jungs in seiner ganzen Tiefe und Wucht zum Ausdruck (Jung 1, S. 180):

»Es war ein unaufhörlicher Strom von Phantasien, der ausgelöst wurde, und ich tat mein Möglichstes, um die Orientierung nicht zu verlieren und einen Weg zu finden. Ich stand hilflos in einer fremdartigen Welt, und alles erschien mir schwierig und unverständlich. Ich lebte ständig in einer intensiven Spannung, und es kam mir oft vor, als ob riesige Blöcke auf mich herunterstürzten . . . Aber es war eine dämonische Kraft in mir, und von Anfang an stand es für mich fest, dass ich den Sinn dessen finden musste, was ich in den Phantasien erlebte. Das Gefühl, einem höheren Willen zu gehorchen, wenn ich dem Ansturm des Unbewussten standhielte, war unabweislich und blieb richtunggebend in der Bewältigung der Aufgabe . . .«

Doch Jung liess sich vom Strom der inneren Phantasien nicht einfach forttragen, sondern begann, seine inneren Bilder und Emotionen zu gestalten **(Mond im Stier)**:

»In dem Masse, wie es mir gelang, die Emotionen in Bilder zu übersetzen, d.h. diejenigen Bilder zu finden, die sich in ihnen verbargen, trat innere Beruhigung ein. Wenn ich es bei der Emotion belassen hätte, wäre ich womöglich von den Inhalten des Unbewussten zerrissen worden. Vielleicht hätte ich sie abspalten können, wäre dann aber unweigerlich in eine Neurose geraten, und schliesslich hätten mich die Inhalte doch zerstört. Mein Experiment verschaffte mir die Erkenntnis, wie hilfreich es vom therapeutischen Gesichtspunkt aus ist, die hinter den Emotionen liegenden Bilder bewusst zu machen . . .

Der Gedanke, dass ich die abenteuerliche Unternehmung, in die ich mich verstrickte, schliesslich nicht nur für mich persönlich, sondern auch für meine Patienten wagte, hat mir in mehreren kritischen Phasen mächtig geholfen.«

Gerade dieser letzte Satz ist typisch für Jungs Mondstellung: Der Mond als Gefühls-Ich ist im Grundhoroskop von beiden Seiten flankiert von den sogenannten »geistigen Planeten« Pluto und Neptun, die als »gereinigtes Motiv«, als selbstlose Beweggründe und überpersönliche Ziele dem Mond als Stütze dienen.

Wandlungsprozesse

Alterspunkt vor der 8. Spitze und im 8. Haus (42-48 Jahre)

Seine Reise durch das Unbewusste dauerte bis ungefähr 1919, wobei sich mit dem Eintritt des **AP in die Jung-**

frau (Juli 1916) langsam eine Wandlung abzeichnete (Jung 1, S. 193):

»Ganz allmählich zeichnete sich in mir eine Wandlung ab. Im Jahre 1916 spürte ich einen Drang zur Gestaltung: Ich wurde sozusagen von innen her gezwungen, das zu formulieren und auszusprechen, was gewissermassen von Philemon hätte gesagt werden können. (Jung 1, S. 210): *Diese Zeit dauerte von 1913 bis 1917* **(IP 7 bis Sp 8)**, *dann flaute der Strom der Phantasien ab.«*

Er begann also damit, sich mit den Bildern seines eigenen Unbewussten gestalterisch und analytisch auseinanderzusetzen, während der AP durch den Schattenbereich der achten Häuserspitze lief. Dieser Bereich, der ein Einschwingen auf die Stirb-und-Werde-Prozesse des 8. Hauses erfordert, ist bestimmt als eine der schwierigsten Lebensphasen im Leben eines jeden Menschen anzusehen. Der von einem erheblichen Mass an Aggression gekennzeichnete Lebensabschnitt nach dem Übergang der 7. Spitze und Radixsonne hat nun endgültig innerem Suchen, innerer Neuwerdung Platz gemacht.

Im Dezember 1916, also kurz vor dem Verlassen des Schattenbereiches an der 8. Spitze, hielt er in Paris einen Vortrag mit dem Titel »La structure de l'inconscient«, aus welchem (allerdings erst 12 Jahre später beim Übergang über den MC) die überaus wichtige und grundlegende Schrift »Die Beziehungen zwischen dem Ich und dem Unbewussten« erwuchs. In diesem Vortrag bzw. den nachfolgenden Veröffentlichungen legte er der Öffentlichkeit seine eigenen Konzepte vom Unbewussten vor, wobei er auch seine Gedanken von den kollektiven Bereichen des Unbewussten sowie den Stufen des Individuationsprozesses (Persona - Schatten - Animus/Anima - Selbst bzw. Mana-Persönlichkeit) zu entwickeln begann. Der Schritt über Freud hinaus war damit vollzogen; der Schritt ins 8. Haus (wo es bekanntermassen um das Erkennen von Strukturen und ihren Wandlungen geht) ebenfalls. Mit dem Konzept eines kollektiven, d.h. allen Menschen gemeinsamen Bereiches der Psyche legte er zugleich den Grundstein für eine beginnende transpersonale Ausrichtung seiner Anschauungen, was dem Charakter des 8. Hauses ebenso trefflich entspricht.

AP Talpunkt 8 (45 Jahre)

1921 veröffentlicht er sein Buch »Psychologische Typen«, in welchem er eine neue Sichtweise der Tiefenpsychologie präsentiert. Es ist sein erstes grösseres Werk seit seiner Trennung von Freud. Der Alterspunkt stand im März 1921 in Sextil zur Sonne (März 1921), was auf einen gewissen Erfolg in der Öffentlichkeit schliessen lässt. Gleichzeitig kam der AP 1921 (April 1921, TP 8) auf den TP des achten Hauses, einem besonderen Punkt der psychologischen Wandlung im Sinne des ewigen Stirb und Werde: Etwas Altes, um das er sehr gerungen hatte und das schliesslich im Buch über die psychologischen Typen seinen Abschluss fand, ist beendet worden - etwas Neues, das im Keim bereits vorhanden war, konnte - ja musste - seinen Anfang nehmen.

Interessant ist, dass das Typenbuch auch heute noch relativ unbekannt ist und die darin in Ansätzen vorhandene Bewusstseinspsychologie weitgehend vernachlässigt blieb. Wahrscheinlich deshalb, weil der Alterspunkt über den Talpunkt des achten Hauses ging. Dieser

Punkt bringt eine Zeit der Innenwendung, in der fast immer ein alter Prozess abgeschlossen und eine Neuorientierung erlangt werden sollte.

Das Buch über die »Psychologischen Typen« bildete gleichsam den Durchbruch in die äussere Welt nach seiner rund acht Jahre dauernden »Unterweltsfahrt«. Der Alterspunkt kam im Horoskop von C.G. Jung in den folgenden Jahren immer näher an die andere grössere Trapezfigur heran. Die Nr. 2 begann immer mehr mit der Nr. 1 zu verschmelzen, die Vaterfigur wurde ins Selbst integriert, die grosse Trapezfigur konnte nun ihren ganzen Reichtum entfalten.

Reisen, Bewusstseinserweiterung, Energetik

Alterspunkt im 9. Haus (48-54 Jahre)

Bereits mit dem Eintreten des Alterspunktes in das Zeichen Waage **(Sept. 1920)** folgten verschiedene Reisen nach Tunis und Algier. Hier haben wir den typischen Fall, dass sowohl der Planet Jupiter wie auch die 9. Häuserspitze (die beide mit Reisen zu tun haben und im Zeichen Waage stehen) bereits beim Zeichenwechsel aktuell wurden.

Im Dezember 1923 wurde die **Konjunktion AP Jupiter (Dez. 1923)** exakt. Kurz darauf reiste er auch zu den Pueblo-Indianern nach Arizona und Mexiko (1924/25).

Das Jahr 1928 war ein weiteres schicksalhaftes Jahr im Leben von Jung. Der **AP tritt in Opposition zu Pluto**

(Okt. 1928), der schon bei der Konjunktion (1892) eine tiefgreifende Wandlung bewirkte. Pluto symbolisiert das höhere Selbst mit seinen mächtigen metamorphotischen Wandlungskräften, und in Opposition zu diesem Planeten legte Jung in einer Publikation seine Auffassungen »Über die psychische Energetik« (1928) vor (Jung 1, S. 212):

*»Durch die energetische Auffassung der Libido entsteht eine gewisse Einheitlichkeit der Anschauungen, während die oft kontroversen Fragen nach der Natur der Libido - ob sie Sexualität, Macht, Hunger, oder etwas anderes sei - in den Hintergrund treten. Es lag mir daran, eine Einheitlichkeit, wie sie in den Naturwissenschaften als eine allgemeine Energetik besteht, auch für die Psychologie herzustellen. Dies war das Ziel, das ich in dem Buch »*Über die Energetik der Seele« *(1928) verfolgte.«*

Doch noch ein weiteres Ereignis findet statt: Richard Wilhelm sendet ihm das Manuskript zu einem chinesischen Traktat (»Das Geheimnis der Goldenen Blüte«), und durch dieses Manuskript kam er in Berührung mit der Alchemie und der östlichen Mystik, die ihn von nun an aufs tiefste fesselten. Die geistige Durchdringung und psychologische Neuinterpretation der Alchemie bleibt wohl Jungs grösstes und verdankenswertestes Geschenk, das er der Nachwelt hinterlässt. Er entriss dabei dieses wichtige Erfahrungsmaterial von Generationen von Suchern nach dem »Stein der Weisen« dem Moder der Geschichte. Ganz nebenbei begründete er eine neue Methode der Entschlüsselung sowohl individueller psychischer Inhalte als auch alter Texte durch die Technik der Amplifikation.

Erfolg, Anerkennung und volle Wirksamkeit

Alterspunkt im 10. und 11. Haus (54-66 Jahre)

1929 gibt er zusammen mit R. Wilhelm das Werk »Das Geheimnis der Goldenen Blüte« heraus, gleichsam in der eigenen Blüte seines Lebens stehend **(Juli 1929, Sp 10)**, und so schreibt er zu diesem Ereignis (Jung 1, S. 208):

>*»Damals erreichte ich in meinem Nachdenken und meinen Forschungen den zentralen Punkt meiner Psychologie, nämlich die Idee des Selbst. Erst danach fand ich meinen Weg zurück in die Welt. Ich begann Vorträge zu halten und machte verschiedene kleinere Reisen. Zahlreiche Einzelaufsätze und Vorträge bildeten gewissermassen das Gegengewicht zu der jahrelangen inneren Präokkupation; sie enthielten Antworten auf Fragen, die mir von meinen Lesern und meinen Patienten gestellt worden waren.«*

Der Durchgang durch das zehnte und elfte Haus brachte Jung ein volles öffentliches Wirken. Er fand Anerkennung seiner Arbeit und wurde als Kapazität auf psychologischem Gebiet geehrt. Es ist erstaunlich, wie die Alterspunkt-Thematik des zehnten Hauses sich im Leben von C.G. Jung vollkommen widerspiegelte.

Herzinfarkt und andere Krankheiten

Alterspunkt im 12. Haus (66-72 Jahre)

Wir machen nun einen kleinen Sprung vorwärts bis zum IP des 12. Hauses **(Nov. 1943, IP 12)**. Zu diesem Zeitpunkt

374

finden wir die nächste wichtige Station im Leben Jungs, die wiederum in voller Übereinstimmung mit den Aussagen der klassischen Astrologie steht: Ende 1943 kommt der **AP in Quincunx zu Uranus im Löwen (Dez. 1943)**, was traditionellerweise Probleme mit dem Herzen anzeigt. Und in der Tat erleidet Jung zu Beginn des Jahres 1944 einen schweren Herzinfarkt (nach einem vergleichsweise harmlosen Knöchelbruch) mit anschliessenden Visionen, die ihn mit der transpersonalen Dimension des menschlichen Wesens in Berührung bringen. An der äussersten Grenze des Lebens sah er sich von der Erde wegfliegen, und er erlebte die Erdkugel unter sich, wie sich diese den heutigen Astronauten darbietet. Diese Visionen würden wir heute als echtes transpersonales Gipfelerlebnis einstufen. Seit Abraham Maslow (und nach ihm eine ganze Reihe weiterer Seelenforscher) solche Erfahrungen der psychologischen Forschung zugänglich machte, wissen wir, dass solche Erfahrungen das Leben eines Menschen von Grund auf verändern können.

Die grosse Visionskraft dieser Bilder muss wohl auch mit dem bald darauf stattfindenden **Trigon zum Mond (Feb. 1944)** zusammenhängen. Die Visionen hielten noch längere Zeit an, und es dauert über drei Wochen, bis sich Jung soweit erholte, dass er sich nicht mehr in unmittelbarer Todesgefahr befand.

Erst etwa ein halbes Jahr später, nämlich am 18.7.1944 **(Juli 1944, AP Opposition Venus)**, nimmt Jung seinen regen Briefwechsel wieder auf. So wurde die Zeit zwischen **Invert- und Talpunkt im zwölften Haus** zu einer Zeit des inneren Abschiedes von der Welt. Dies ist oft eine

Zeit, in welcher viele Leute resignieren und sich vom Leben zurückzuziehen beginnen.

Im Schatten des Aszendenten erlitt Jung im November 1946 erneut eine Herzembolie, die ihn wieder ans Bett fesselte. Der exakte Zeitpunkt dieser Herzembolie wie auch des Herzinfarktes Anfang 1944 sind in der Altersprogression nicht angezeigt. Die Ursachen zu dieser Krankheit liegen tiefer und wurden sicherlich zu einem früheren Zeitpunkt gesetzt.

Es ist seiner unbeugsamen Löwe-Natur zu verdanken, dass er auch diesen Schlag überwindet und einen Monat später an seinen nahestehenden Freund Father V. White schreibt (Jung 3, S. 64, Brief vom 18.12.1946):

»Der aspectus mortis ist eine gewaltig einsame Sache, wenn man in Gottes Gegenwart aller Dinge beraubt wird. Die eigene Ganzheit wird gnadenlos erprobt. Gestern hatte ich einen wunderbaren Traum: hoch oben am Himmel ein bläulicher, diamantähnlicher Stern, der sich in einem runden, ruhigen Teich spiegelte - Himmel oben, Himmel unten -. Die imago Dei in der Dunkelheit der Erde, das bin ich. Der Traum brachte grossen Trost. Ich bin nicht mehr ein schwarzes und endloses Meer von Elend und Leiden, sondern ein Teil davon in einem göttlichen Gefäss. Ich glaube, ich bin bereit zu sterben, obwohl es so aussieht, als ob immer noch mächtige Gedanken aufflackerten, wie Blitze in einer Sommernacht. Doch sind es nicht meine Gedanken, sie gehören Gott an, wie alles, das wert ist, erwähnt zu werden.«

Diese Beschreibung seiner Erlebnisse an der Grenze des Todes zeugt von den wunderbaren Erfahrungen, die Menschen im Schatten des AC zufallen können. Er findet den Zugang zu seinem wahren Sein, seinem Ursprung, und erlebt beim AC-Übergang ein neues Werden, bis ihn beim Saturnübergang **(Aug. 1951)**erneut eine Krankheit befällt.

Antwort auf Hiob

Alterspunkt im 1. Haus (72-78 Jahre)

Im Frühsommer 1951 **(Aug. 1951, Konjunktion Saturn)**erkrankte er an der Leber. Diesmal beschäftigt Jung ein anderes Thema als der Tod, nämlich die dringende Frage nach Gott und dem wahren Gehalt der Religion, wie er es in seinem Brief bereits vorwegnimmt. Obwohl er sich verzweifelt bemüht, den empirisch-naturwissenschaftlichen Gesichtspunkt zu bewahren, ist nicht zu übersehen, dass er eigentlich diesen Boden verlässt und den Theologen »ins Handwerk pfuscht«. Dies wurde ihm von vielen sehr übelgenommen, und er musste viele Anfeindungen über sich ergehen lassen. Es war eine harte und einsame Zeit voll inneren Ringens um die wahre Natur des Menschen, was wohl der Thematik der Konjunktion mit Saturn vortrefflich entspricht.

Auch findet beim **Saturnübergang** (wie in seiner Kindheit im Jahre 1879) wieder eine Unsicherheit bezüglich seines »Heimes« statt, doch ist nicht die äussere Situation durch Umzüge unsicher, ist es nicht die Mutterfigur, die bedrückt, sondern die dringende Frage nach der geistigen Heimat, nach Gott in seiner erfahrbaren, konkreten Gestalt. Dies ist wohl ein gutes Beispiel dafür, wie sich dieselbe Thematik auf einer höheren Ebene wiederfindet und nach einer Lösung ruft. Das aus diesem inneren Ringen nach echter Gotteserkenntnis resultierende Buch hiess »Antwort auf Hiob« und kann als eines der Hauptwerke Jungs angesehen werden.

Die nachstehenden Zeilen zeigen jedoch auch eine neu erwachte innere Dynamik, die ihn nach dem AC-Übergang ergriffen hatte (Jung 1, S. 220):

»Die äussere Wurzel zu dieser Schrift lag in meiner Umwelt. Viele Fragen aus dem Publikum und von Patienten hatten mich genötigt, mich deutlicher über die religiösen Probleme des modernen Menschen zu äussern. Ich hatte jahrelang gezögert, weil ich mir wohl bewusst war, was für einen Sturm ich entfesseln würde. Aber schliesslich konnte ich nicht umhin, mich von der Dringlichkeit und Schwierigkeit des Problems ergreifen zu lassen, und sah mich gezwungen, eine Antwort zu geben. Es ist mir nie in den Sinn gekommen, dass jemand meinen könnte, ich wollte eine metaphysische Wahrheit verkünden. Aber das werfen mir die Theologen vor.«

Jung erlebte das grenzsetzende Prinzip des Saturn in Form von harter Kritik und bohrendem Zweifel, und nur schwer konnte er seine Löwenatur bändigen und die freigewordenen psychischen Energien in kreative Bahnen lenken.

Erinnerungen, Träume, Gedanken

Alterspunkt im 2. Haus (78-84 Jahre)

Im Frühjahr 1953 stirbt Toni Wolff sehr plötzlich, beim **Quincunx zur Sonne (Feb. 1953),** kurz vor der Spitze

378

des 2. Hauses: »Besitz« wird genommen, damit sich Jung auf seine eigenen Ressourcen ausrichten kann.

Doch noch sind die Jahre der Prüfung nicht vorbei. Etwa zwei Jahre später, am 27.11.1955, stirbt auch Jungs Gattin Emma, genau zum Zeitpunkt des **Invertpunktes 2 und beim Sextil zu Pluto (Nov. 1955)**. Es beginnt nun eine Zeit der Einsamkeit und Zurückgezogenheit, und die eigene Ganzheit wird erneut bis aufs Äusserste erprobt. Er schreibt an E. Neumann am 15.12.1955 **(Quincunx Jupiter, Halbsextil Saturn)** (Jung 3, S. 525):

». . . die Erschütterung, die ich erlebte, ist so gross, dass ich mich weder konzentrieren noch meine Ausdrucksfähigkeit wiederfinden kann. Ich hätte Ihrem freundschaftlich geöffneten Herzen gerne erzählt, dass ich zwei Tage vor dem Tode meiner Frau eine - man kann schon sagen - grosse Erleuchtung hatte, die mir blitzartig ein in die Jahrhunderte hinabreichendes Geheimnis, das in meiner Frau verkörpert war und mein Leben in unergründlichen Tiefen und in höchstem Masse beeinflusst hatte, erhellte. Aber die Stille und das hörbare Schweigen um mich, die Leere der Luft und eine unendliche Ferne sind schwer zu ertragen.«

In dieser Leere aber bereitete sich ein letztes grosses Werk vor, das als Schlüssel für die Jungsche Gedankenwelt angesehen werden kann: seine mit »Erinnerungen, Träume, Gedanken« betitelte »Autobiographie«. Immer wieder wurde er auf eine solche Biographie angesprochen, doch weigerte er sich stets standhaft. Doch im Frühjahr 1957 lässt er sich nach Jahren des Sträubens endlich zu einem solchen Vorhaben überreden, gerade als der AP den TP 2 erreicht **(April 1957)**.

Es ist interessant, dass das Buch über die Typologie am Talpunkt des achten Hauses veröffentlicht wurde und dieses neue wichtige Abschlusswerk am gegenüberliegenden Talpunkt im zweiten Haus. Wenn man dieses Werk liest, wird dem Leser überdeutlich vor Augen geführt, wie die in den ersten Häusern erlebte Kindheit beim zweiten Durchgang des Alterspunktes wieder lebendig gemacht und neu betrachtet wird:

Im April 1958 beendet Jung die drei Kapitel über Kindheit, Schulzeit und Studienjahre. Und der April 1958 fällt genau mit der **AP-Konjunktion Mondknoten (April 1958)** zusammen, der in Jungs Leben eine so wichtige Rolle gespielt hat.

Die folgenden Jahre, während der AP den Bereich zwischen **Mondknoten und Neptun** durchläuft, widmet Jung sich vor allem dem Briefschreiben und der Vollendung seiner »Erinnerungen«. Auch verfasst er noch einen Beitrag zum Werk »Der Mensch und seine Symbole«, in welchem er sich um grosse Klarheit und Einfachheit in der Darstellung seiner Psychologie bemühte, da er erkannt hatte, dass er in einem viel grösseren Masse die einfacheren Menschen ansprach und nicht, wie er bis dahin glaubte, nur die wissenschaftlich gebildeten Fachleute.

Das Buch »Erinnerungen« hat denn auch fast sämtliche Aggressivität und Impulsivität der frühen Jahre verloren, es ist ein behutsames Werk voll inneren Lebens, in welchem Jung einige ganz persönliche Überzeugungen zum Ausdruck bringt, sich der »Narrenfreiheit« bewusst, die dem Greise zugestanden wird.

Aniela Jaffé beschreibt diese letzte Lebensphase folgendermassen (Jung 1, S. 8):

»Während der Jahre, in denen das Erinnerungsbuch Gestalt annahm, vollzog sich in Jung eine Art Wandlungs- und Objektivierungsprozess. Mit jedem Kapitel distanzierte er sich sozusagen weiter von sich selber und sah sich, sowie die Bedeutung seines Lebens und Werkes, schliesslich wie von ferne.«

Am 6. Juni 1961 starb Jung in aller Ruhe, genau zum Zeitpunkt, als die **Konjunktion mit Neptun (Juni 1961)** stattfand. So entzog er sich gleichsam dieser Welt, um in ein anderes Reich zu wandern. Zurück bleibt ein umfangreiches Werk über die Erforschung der menschlichen Psyche, das die westliche Psychologie noch auf Jahrzehnte hinaus in befruchtender Weise beeinflussen wird.

Literaturverzeichnis

(Aufgeführt ist hier nur die in diesem Kapitel verwendete Literatur!)

1) **Jung 1 = C.G. Jung:** *»Erinnerungen, Träume, Gedanken«,* Walter-Verlag, Olten 1971
2) **Jung 2 = C.G. Jung:** *»Bild und Wort«,* Walter-Verlag, Olten 1977
3) **Jung 3 = C.G. Jung:** *»Briefe 1946-1955«,* Band II, Walter-Verlag, Olten 1972
4) **Ellenberger, H.F.:** *»Die Entdeckung des Unbewussten«,* Band II, Hans Huber, Bern 1973
5) **Freud/Jung = S. Freud/C.G. Jung:** *»Briefwechsel«,* Fischer, Frankfurt a. M. 1974
6) **Portmann, Adolf:** *»An den Grenzen des Wissens«,* Wien-Düsseldorf, 1974
7) **Stern, Paul J.:** *»C.G. Jung - Prophet des Unbewussten«,* Piper, München 1977
8) **Wehr, Gerhard:** *»Carl Gustav Jung«,* Kösel-Verlag, München 1985

Anhang

Holzschnitt von E.Schön,
Deutschland, 1515

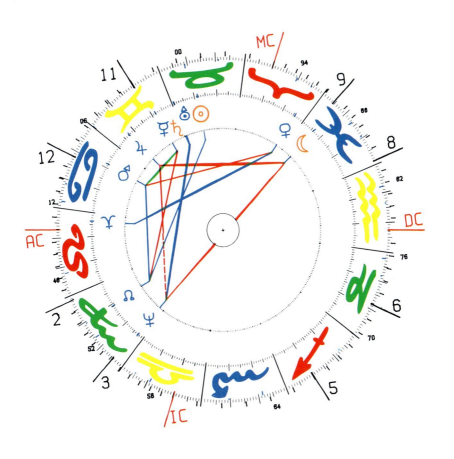

Beispielhoroskop
(fiktives Datum)

10. 5. 1942   11.30 h   Zürich CH

Kurzeinführung in die Astrologische Psychologie

Das Horoskop

Das exakt auf die Geburtsminute berechnete Horoskop ist die Grundlage jeder astrologischen Deutung. Wer die Berechnung und Zeichnung des Horoskopes noch nicht beherrscht, kann sich entweder selbst damit vertraut machen *(14)* oder sich das Horoskop durch den API-Computer-Service CORTEX in Adliswil/Zürich *(4)* ausrechnen und zeichnen lassen. Bei anderen Computer-Servicen müssen Sie darauf achten, dass die Häusersystem-Methode mit Koch oder GOH bezeichnet ist. (Andere Häuser bringen bei der Anwendung der Altersprogression keine brauchbaren Resultate!)

1. Die vier Schichten des Menschen

In der Astrologischen Psychologie unterscheiden wir grundsätzlich vier Schichten im Horoskop, die um das innere Zentrum gelagert sind. Diese heissen von innen nach aussen:

1. Das Aspektbild   = Bewusstseinsstruktur
2. Die Planeten   = Lebens- oder Funktionsorgane
3. Die Tierkreiszeichen = Anlagen
4. Die Häuser   = Verhalten

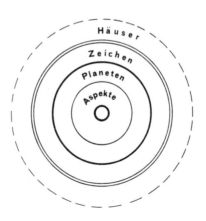

Diese vier Schichten symbolisieren zusammen mit dem Kreis in der Mitte den ganzen Menschen. Sie müssen immer in ihrem Zusammenwirken gedeutet werden.

Die heute weitverbreitete Zeitungsastrologie bezieht sich nur auf ein einziges astrologisches Element, den Sonnenstand in Beziehung zum Tierkreis. Sie kommt deshalb zu einem sehr einseitigen Bild des Menschen. Die neun weiteren Planeten, die zwölf Häuser und die Aspekte werden völlig ausser acht gelassen.

Es ist falsch zu glauben, dass Menschen mit dem gleichen Sonnenstand dasselbe Schicksal hätten. Die Ähnlichkeit ist nur mittelbar und besteht darin, dass eine mehr oder weniger gemeinsame Grundhaltung und Einstellung gegenüber dem Leben vorhanden ist und dass gewisse Denkstrukturen gleich sind. Jeder Mensch hat sein eigenes Horoskop, in dem es zehn Planeten gibt, von denen die Sonne nur einer ist. Ausserdem verändert sich jede Minute die Horizontebene des Geburtsortes (Erddrehung), weshalb jeder entsprechend seiner individuellen Geburtszeit und seines Geburtsortes einen eigenen Aszendenten (AC) hat. (Der AC ist das Zeichen, das am Osthorizont während der Geburtsminute aufsteigt; er bestimmt alle zwölf Hauspositionen und ist sozusagen der Schlüsselpunkt des gesamten Häusersystems.)

2. Die Grundfunktionen der zehn Planeten

Die zehn Planeten stellen ganz bestimmte Lebensfunktionen oder Charakterzüge dar. Jeder ist eine potentielle Wesenskraft, sozusagen ein Organ, mit dem wir im

Leben wirken können. *(Bitte beachten Sie auch die farbige Planetentafel auf Seite 96A)*

Dabei handelt es sich um Grundfunktionen, die sich bei allen Menschen finden. Sie können nicht endgültig definiert oder vollständig mit einem Begriff belegt werden, denn sie erscheinen immer in verschiedenen Kombinationen und Zusammenhängen. Ein Planet ist ein Symbol und kann nur in seinem Zusammenhang richtig gedeutet werden. Eine einzelne der zehn Grundfunktionen des Menschen kann kaum als Fähigkeit sinnvoll eingesetzt werden, wenn sie nicht mit bestimmten anderen Elementen im Horoskop eine Wirkungseinheit eingeht.

Wir werden hier einige wesentliche Unterscheidungen dieser zehn Organe des Menschen geben:

☉ **Sonne** ist die Mentalität des Menschen, die eigene Meinung, das heisst die Qualität und die Grundmotivation des Selbstbewusstseins. Sie ist der Vitalfundus der Lebensenergien und hat eine bestimmende Funktion im Verband der zehn Planeten. Ihre wesentlichste Funktion ist die willensmässige Energiesteuerung.

☽ **Mond** ist das steuernde Ich in der Gefühlsnatur des Menschen - der Wunsch nach Kontakt und das Bedürfnis nach Zärtlichkeit und Verstehen. Als reflektierendes Prinzip ist seine zentrale Funktion die anpassende Sensitivität.

♄ **Saturn** entspricht der Körperlichkeit, der Form, mit dem Bedürfnis nach Ordnung und

Abgrenzung, die das Leben sichern und schützen, aber auch erschweren können. Sein Gesetz ist Sicherheit und der Wunsch nach Ruhe und Wohlbehagen sowie der Aufrechterhaltung eines Zustandes.

☿ **Merkur** befähigt uns zur gedanklichen Kombination unserer Erkenntnisse. Sein Bedürfnis ist Lernen, Informationen und Wissen zu sammeln und in Worte und Begriffe zu fassen (Kommunikation).

♀ **Venus** als ästhetisches Prinzip sucht immer das ihr Gemässe und Harmonische, um einen möglichst perfekten Zustand zu erreichen. Sie entspricht der weiblichen Libido, dem Sinn für Schönheit und dem persönlichen Geschmack.

♂ **Mars** stellt die Leistungskraft dar, die Fähigkeit, Energie in Leistung und Arbeit umzusetzen. Er befähigt zum extravertierten Zupacken und Bewegen und verkörpert die männliche Libido.

♃ **Jupiter** symbolisiert die Sinnesfunktionen, mit denen wir die Welt wahrnehmen können. Sinnesfreude, Wertbewusstsein und Urteilsvermögen resultieren daraus sowie der Sinn für richtige Proportionen und für Gerechtigkeit.

Die drei neuen Planeten Uranus, Neptun und Pluto stellen die höheren geistigen Fähigkeiten des Menschen dar.

Uranus ist die schöpferische Intelligenz, die Neuland in allen Dingen sucht; Forscher- und Erfindergeist, Absicherung durch technische oder geistige Systeme.

 Neptun ist die universelle Menschenliebe, die All-Liebe, die das höchste Liebesideal darstellt - Identifikationsfähigkeit, Idealismus, Helferwille, soziales Engagement.

 Pluto ist das Bild des höheren Selbst, der geistige Wille, die Kern- und Motivationskraft, die wandelnd auf das Ich-Bild, die Masken und Über-Ich-Formen einwirkt; die Kraft der Metamorphose.

3. Die Planeten in den Tierkreiszeichen

Ein Planet steht im Horoskop immer in einem bestimmten Tierkreiszeichen, in einem Haus oder Feld des Horoskopes und ist meist mit anderen Planeten in einer Winkelbeziehung (Aspekt) verbunden.

Die Grundqualität eines Planeten wird durch die Stellung in einem bestimmten Tierkreiszeichen modifiziert. Sie bekommt von dorther eine ganz spezifische Färbung. Steht Jupiter zum Beispiel in der Waage, dann ist die Wahrnehmungsfähigkeit auf das DU ausgerichtet. Sie wird über das DU stimuliert, weil Waage ein DU-Zeichen ist. Wenn Jupiter im ICH-Zeichen Widder steht, dann hat man eine »Ich-Brille« auf, die Wahrnehmungsfähigkeit bezieht sich dann meistens auf das, was man selbst gerne sehen möchte.

Gesamthaft können wir am Stand der Planeten in den Zeichen das sehen, was in der Psychologie als Anlage bezeichnet wird. Die Zeichen stehen für die Natur und ihre Naturgesetzlichkeit und somit auch für alle Strukturen, die uns über den genetischen Weg mitgegeben wurden (Vererbung).

4. Die Stellung der Planeten in den zwölf Häusern

Jeder Planet steht im Horoskop nicht nur in irgendeinem Zeichen, sondern auch in einem Haus, in einem bestimmten Raum des Horoskopes. Die zwölf Häuser stellen die Lebensbereiche im konkreten Leben dar. Sie sind Betätigungsfelder, in denen wir etwas erleben und leisten können. Sie zeigen den gesamten Spannbogen menschlicher Lebensmöglichkeiten auf *(15)*. Da das Häusersystem eine Sensibilisierung für den Lebensraum darstellt, in den wir hineingeboren werden, kann man aus ihm auch die Wirkung von Milieu und Erziehung im Kindheits- und Jugendalter ablesen. Erst diese Prägung befähigt oder hemmt uns, die angeborenen Fähigkeiten im Leben einzusetzen.

Wir möchten dies an einem Beispiel verdeutlichen. Wenn, wie vorher erwähnt, Jupiter im Zeichen Widder steht, dann hilft er uns, das wahrzunehmen, was der Ich-Entwicklung dient; wenn dabei Jupiter aber im dritten Haus steht, das mit dem kollektiven Denken zu tun hat, dann wird das Milieu die

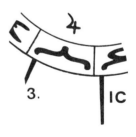

391

eigene Bildung unterstützen. Man wird vom kollektiven Denken das erhalten, was für die Entwicklung förderlich ist und dadurch sein Wissen mit relativer Leichtigkeit vergrössern. Deshalb sind die Häuser für die Beurteilung, wie sich ein Mensch im Leben entfalten kann, von wesentlicher Bedeutung. Erst die Stellungen der Planeten in den Häusern sagen aus, ob die spezielle Fähigkeit, die der Planet charakterisiert, im Leben verwirklicht werden kann oder latent bleibt.

5. Stark- und Schwachstellung der Planeten

Als nächstes ist zu beachten, wie die Zeichen und vor allem die Häuser beschaffen sind; ob ein Planet mit seiner entsprechenden Fähigkeit nach aussen auch durchkommt oder ob er dort auf Widerstände stösst. Dies ist abhängig von Fragen wie: »Steht der Planet schwach oder stark im Zeichen, steht er an der Spitze oder am TP des Hauses?«

Wenn wir feststellen wollen, wie stark ein Planet in einem Horoskop steht, müssen wir drei Faktoren berücksichtigen. Ein Planet steht immer:

1. in einem Tierkreiszeichen,
2. in einem Haus,
3. in Verbindung mit anderen Planeten
   (in einer bestimmten Aspektierung).

In jedem Tierkreiszeichen und in jedem Haus kann ein Planet graduell stark oder schwach stehen. Es existieren in beiden Bezugssystemen verschieden starke Positionen. Dies ist eine relativ neue Feststellung, die sich aus empirischer Forschung in der täglichen Berater-Praxis ergeben hat.

Daraus ergibt sich folgende Einteilung:

 Im Zeichen: stark: Mitte des Zeichens, ca. 7-18 Grad.
am stärksten: 12. Grad.
schwach: Anfang und Ende des Zeichens, 0-2 und 27-30 Grad.

 Im Haus: **stark:** vor und nach einer Häuserspitze.
schwach: in der Mitte des Hauses, am Talpunkt (Goldschnittmass).

 Aspekte: **stark:** sind Planeten mit drei und mehr Aspekten.
schwach: losgelöster Planet, wenn er keinen oder nur einen Aspekt empfängt.

Diese drei Feststellungen sind gegeneinander abzuwägen und psychologisch zu kombinieren. Als Hauptregel gilt aber, dass die Stark- oder Schwachstellung im Haus für die Entfaltung eines Planeten am wesentlichsten ist.

393

6. Die Aspekte

Neben der Stellung eines Planeten im Zeichen und im Haus kommt es noch darauf an, welche Aspekte er hat, das heisst, mit welchen anderen Planetenkräften er zusammengeschaltet ist und so eine spezielle Modifikation erhält. Wenn eine Venus von Jupiter beeinflusst wird, entfaltet sich zum Beispiel ihre Ästhetik zur Sinnenfreude. Wirkt aber ein Saturnaspekt auf sie ein, dann kann die Beschwingtheit der Venus herabgemindert werden. Das zeigt sich entweder in Lebensernst, Pflichtgefühl, Vertiefung oder gar in einer Haltung, die moralisierend alles Lebensfrohe ablehnt. Das kommt dann auf die Aspektart an.

In der astrologisch-psychologischen Deutung eines Horoskopes und des Alterspunktes verwenden wir nur die sieben klassischen Aspektarten, wie sie schon Ptolemäus definiert hat. Das heisst alle Aspekte von 30 Grad oder einem Vielfachen davon, beginnend mit dem Nullgrad-Winkel (0° - 30° - 60° etc.). Die in anderen Schulen verwendeten Halbwinkel wie 45 Grad oder 135 Grad werden nicht ins Aspektbild eingezeichnet, weil diese in ihrer Bedeutung Lücken in der Aspektstruktur darstellen. Sie werden gerade durch das Nichteinzeichnen als Lücken sichtbar. *Thomas Ring* bezeichnet diese Aspekte als »Riss im Gefüge« *(28)*.

Damit das Aspektbild auch mit unseren Sinnen erfasst werden kann, zeichnen wir die verschiedenen Aspektarten in vier Farbtönen, die farbpsychologisch begründet sind:

0° orange		– kontaktintensiv, unmittelbar, bindend
90° + 180° rot		– aktiv, gespannt, leistungsorientiert
60° + 120° blau		– ruhend, entspannt, harmonieorientiert
30° + 150° grün		– beweglich, informativ-suchend, unentschieden

Orange

0° **Konjunktion** ☌
Keim, Talent, Verkettung der Komponenten. Innere Spannung (meist unbewusst).

Rot

90° **Quadrat** □
Spannungs-Entladung, Kraft, Leistung, Reibung, Stress oder Aggressions-Neigung.

180° **Opposition** ☍
Energie-Sperrung, Druck, Starre, Verdrängungs-Neigung (Kompensation über seitliche Aspekte).

Grün

30° **Halbsextil** ⚺
»Kleiner Denkschritt«, informativ (erkennen – vermitteln). Sachlichkeit, Desinteresse.

150° **Quincunx** ⚻
»Grosser Denkschritt«, willensbildend. Herausforderung, Sehnsucht, Projektions-Neigung.

Blau

60° **Sextil** ✳
Wachstum, Assimilation, Harmonie-Streben, Konflikt-Angst, Kompromiss-Neigung.

120° **Trigon** △
Fülle, Frucht (auch Perfektionszwang), sinnliche Freude, Genuss oder Suchtneigung.

7. Aspekt- oder Bewusstseinsstrukturen

Die Planeten mit ihren Aspekten als Gesamtheit ergeben das individuelle, grundlegende Energiebild des Menschen. Dieses sogenannte Aspektbild stellt auch die zentrale Motivations- und Bewusstseinsstruktur dar. Es zeigt den Menschen in seiner Ganzheit und in seinen tiefsten Wesensschichten. Das Aspektbild kann mit einem Blick als Ganzes erfasst werden und enthüllt in seiner Farbigkeit, in seiner Lagerung und Struktur die Lebens-Motivation und -Thematik des betreffenden Menschen. Es kann als ein innerer Schaltplan angesehen werden, als ein Energiemuster, nach dem sich das Bewusstsein des Menschen bewegt und aktiv betätigt.

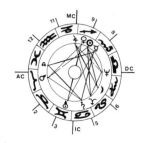

So betrachtet ist das Aspektbild eine dynamische Linienstruktur, ein lebendiges, pulsierendes Ganzes, das von grundlegenden Lebensmotivationen bewegt wird. Motivation ist die bewegungsverursachende Kraft. Und Kraft hat meistens irgendeine Strömungs- oder Bewegungsrichtung, sie strebt auf etwas Bestimmtes zu. Vom Innersten her gesehen, zielt sie immer auf die Entwicklung bestimmter Lebensqualitäten und damit auf die Entfaltung des inneren Menschen zur vollen Selbstverwirklichung. Aus der dynamischen Zielrichtung des Aspektbildes in einen bestimmten Raum des Horoskopes hinein können wir auf die innere Konzentration der Motivationskräfte in diesem Leben schliessen. Zielt beispielsweise das Aspektbild in den dritten, den Denkquadranten hinein, dann befasst sich dieser Mensch vorwie-

396

gend mit der theoretischen, philosophischen Erkenntnis der Welt und der menschlichen Gemeinschaft.

Aus den Energielinien der Aspektstruktur erkennen wir des weiteren auch die kausalen Zusammenhänge, die Ursachen für bestehende Probleme. Wir können uns jederzeit beim Versuch, einzelne Aspekte oder Planetenstellungen zu deuten und zu verstehen, an dieser kausalen Dimension orientieren und die richtige Proportion für die Beurteilung finden. Es kommt also bei der Deutung des Aspektbildes sehr wesentlich auf die Farbigkeit und die Lagerung der Aspektfigur im Raumgefüge des Horoskopes an.

Um Ihnen einige Definitionshilfen zu geben, wollen wir kurz die Bedeutung einzelner Farbkombinationen in der Aspektierung von Planeten erläutern:

rot + blau = ambivalent. Schwarz-weiss-Denken. Schöpferischer Widerspruch. Überkompensationen. Hin- und Herpendeln. Diplomatisch-harmoniestrebig.

rot + grün = sehr unruhig. Widerspruchsgeist. Ausbeutungstendenzen. Leistungsdenken bei oft fruchtlosem Aufwand. Energieverluste (»Fass ohne Boden«), das Höchste herausholend. Der aktivierende Geist.

blau + grün = fluchtgeneigt (Evasiv-Aspektierung). Unbestimmte, labile Haltungen. Schweifende Phantasie. Leistungsunwillig, aber erkenntnisfähig und künstlerisch.

rot-grün-blau = wachstumsbedingend. Starke Entwicklungsmöglichkeit durch kontinuierliche Krisen-Mechanik, dreiphasig: Konflikt, Lösungsstreben, Harmonisierung.

8. Übereinstimmung oder Divergenz von Zeichen und Haus
(Anlage und Verhalten)

Ein weiteres neues astrologisch-psychologisches Deutungselement ist der Vergleich von Zeichen und Haus. Dabei ist abzuklären, in welchem Grade die Funktion des Hauses die Qualität des Zeichens fördert, verändert oder mindert.

Wir gehen davon aus, dass sich in unserem Leben immer zwei Kräfte gegenüberstehen: Anlage und Erziehung. Das Zusammenwirken oder Entgegenwirken von Anlage und Erziehung wird im Vergleich der Planetenstellungen in den Zeichen und in den Häusern sichtbar. Dies ist ein zentral wichtiges, psychologisches Deutungselement, denn die meisten Probleme des Menschen entstehen durch eine Divergenz zwischen innerem Wollen und äusserem Müssen, zwischen Zeichen und Haus. Wir haben eine Auszählmethode entwickelt, die diese Divergenz in Zahlen misst *(19)* und eine sehr differenzierte Deutung zulässt.

Hier genügt es jedoch, wenn wir zunächst feststellen, inwieweit eine Übereinstimmung oder eine Divergenz zwischen Zeichen und Haus in ihrer Kreuz- und Temperamentszugehörigkeit besteht. Wenn zum Beispiel ein fixes Zeichen in einem veränderlichen Haus steht, so wird daraus ersichtlich, dass die Umwelt gewisse Eigenschaften umzuformen versuchte und den Betreffenden anders haben wollte, als er wirklich ist. Wenn hingegen ein kardinales Zeichen in ein kardinales Haus zu liegen kommt, dann wird die Entfaltung dieser Kräfte im Leben gefördert oder wenigstens nicht behindert.

(Eine ausführliche Beschreibung dieses psychologischen Deutungselementes finden Sie im Buch „Transformationen, Astrologie als geistiger Weg" auf den Seiten 149–207).

9. Prognose und psychologische Probleme

Unter Prognose verstehen wir in der Astrologie im allgemeinen alle Methoden, mit denen wir für irgendwelche Zeitpunkte bestimmte Konstellationen feststellen können, die uns in unserem Handeln oder in unserer Haltung beeinflussen sollen. Und zwar sowohl für die Zukunft, die Gegenwart wie auch für die Vergangenheit, also in jeder Zeitdimension.

Viele Menschen glauben, dass die Astrologie nur mit Zukunftsvoraussagen zu tun habe. Sie gehen zum Astrologen, um von ihm zu erfahren, wann sie günstige Zeiten zu erwarten haben oder wann irgend etwas Schreckliches passieren wird. Andere nutzen die Astrologie, um sich Entscheidungen und damit die Selbstverantwortung abnehmen zu lassen; wieder andere wollen ihre Existenzängste loswerden. Es gibt viele Möglichkeiten, astrologisches Wissen anzuwenden.

In Wirklichkeit ist die Frage nach der Zukunft nur ein sehr kleiner Aspekt der astrologischen Konzeption. Die psychologisch orientierte Astrologie lehnt diesen wegen der einseitigen Betrachtung und wegen der determinierenden Beeinflussung ab. Erstens, weil das Voraussagen von Ereignissen die Selbstentfaltung des Menschen hindert und zweitens, weil es vom psychohygienischen Standpunkt aus sogar schädliche Wirkungen haben kann.

Als Prinzip gilt für alle prognostischen Betrachtungen folgende Regel:

> **Das individuelle Horoskop als Abbild unserer inneren psychischen Struktur kann keine Ereignisse anzeigen, sondern lediglich Wirkungen oder Reizungen unserer Psyche.**

Ob ein Mensch auf solche Reize anspricht und in welcher Weise, hängt vom Grade seines freien Willens und seiner persönlichen Lage ab. Jeder Mensch reagiert anders auf dieselben Planeten, Aspekte oder Transite. Seine Reaktionsweise ändert sich auch mit seinem Alter, mit seinem Reiferwerden. Das ist der Hauptgrund, weshalb konkrete astrologische Voraussagen nur zu 20-40% zutreffen.

Wir können aber jederzeit die qualitativen Auswirkungen einer Konstellation beschreiben. Diese kann zum Beispiel anzeigen, dass wir zu Nervosität neigen und deshalb unvorsichtig oder übereilt handeln. Das ist eine psychologische Aussage, und das Wissen darüber befähigt uns, dieser inneren Unruhe entgegenzuwirken und sie zu zügeln. In diesem Sinne können wir uns auf kommende Einflüsse geistig und psychisch vorbereiten, einen Teil der unbewussten Energien erkennen und im voraus entschärfen. Dadurch entwickeln wir nicht nur unsere eigenen Willenskräfte, sondern wir bestimmen selbst, ob wir auf innere oder äussere Reize reagieren wollen oder ob wir sie zurückweisen müssen, weil sie nicht unserem wirklichen Wollen entsprechen.

Das Stufenalter des Menschen.

10 Jahr ein Kind.
20 Jahren Jüngling.
30 Jahren ein Mann.
40 Jahr wohlgethan
50 Jahr Stillstand.
60 Jahr gehts Alter an
70 Jahr ein Greis
80 Jahr weiß
90 Jahr der Kinder Spott
100 Jahr Gnad von Gott.

In ZEHN STUFEN seit langer Zeit schon eingetheilt, zeigen. wenn gern der Blick darauf verweilt.
Es wird das Leben hier in Bildern
Die sich enden!

402

Literaturhinweise

(1)   Addey, John M.: »Harmonics in Astrology«,
        Fowler, London 1976

(2)   AP-TP-IP-Tabelle: Verlag Astrologisch-Psychologi-
        sches Institut/Adliswil

(3)   API-Aspektgerät: Verlag Astrologisch-Psychologi-
        sches Institut/Adliswil

(4)   API-Computer »Cortex«,
        Obertilistr. 4, CH-8134 Adliswil

(5)   Astrolog, Zeitschrift für Astrologische
        Psychologie (API)

(6)   Bailey, Alice A.: »Esoterische Astrologie« sowie
        »Esoterisches Heilen«, Lucis Trust, Genf 1970

(7)   Brunton, Paul: »Das Überselbst«,
        Bauer-Verlag, 1940

(8)   Dürckheim, Graf Karlfried: »Vom doppelten
        Ursprung des Menschen«, Herder-Verlag,
        Freiburg 1973

(9)   Erikson, Erik: »Identität und Lebenszyklus«,
        Suhrkamp, Frankfurt a. M. 1966

(10)   Erikson, Erik: »Kindheit und Gesellschaft«,
        Klett-Verlag, Stuttgart 1976

(11)   Fliess, Wilhelm: »Der Ablauf des Lebens«,
        Wien 1906, zitiert nach: Hellpach

(12)   Hellpach, W: »Das Wellengesetz unseres Lebens«,
        Hamburg 1941, S. 46 ff.

(13)   Huber, Bruno: »Intelligenz im Horoskop«, 1978

(14)   Huber, Bruno und Louise: »Horoskop-Berechnung
        und -Zeichnung«, 1973

(15)   Huber, Bruno und Louise: »Die Astrologischen
        Häuser«, 1975

(16) Huber, Louise: »Entwicklungsprozesse im
      Horoskop«, 1980

(17) Huber, Louise: »Die Tierkreiszeichen,
      Reflexionen, Meditationen«, 1978

(18) Huber, Louise: »Was ist esoterische
      Astrologie«, 1976

(19) Huber, Michael-A.: »Die Dynamische
      Auszählmethode«, 1978

(13-19) erschienen im Verlag Astrologisch-Psychologisches
      Institut/Adliswil

(20) Jones, Ernest: »Das Leben und Werk von Sigmund
      Freud«, Hans Huber Verlag,
      Bern/Stuttgart 1960-1962

(21) Jung, C.G.: »Erinnerungen, Träume,
      Gedanken«, Walter-Verlag, Olten 1971

(22) Keyserling, Wilhelmine: »Anlage als Weg«,
      Verlag der Palme, Wien 1977

(23) Krishnamurti, Jiddu: »Einbruch in die Freiheit«,
      Ullstein-Verlag, Frankfurt a. M. 1973

(24) Levinson, Daniel J.: »Das Leben des Mannes«,
      Kiepenheuer/Witsch, Köln 1979

(25) Marcuse, L.: »Philosophie des Glücks«,
      Diogenes-Verlag, Zürich 1972

(26) Mertz, Bernd A.: »Das Grundwissen der
      Astrologie«, Ariston, Genf 1990

(27) Remplein, Heinz: »Die seelische Entwicklung des
      Menschen im Kinder- und Jugendalter«,
      Ernst Reinhart-Verlag, München/Basel 1958

(28) Ring, Thomas: »Astrologische Menschenkunde«,
      Band 3, Bauer, Freiburg i. Br. 1969

(29) Ruperti, Alexander: »Kosmische Zyklen«,
      Hier & Jetzt-Verlag, Hamburg 1990

(30)   Russell, Bertrand: »Mein Leben«, Autobiographie
1914-1944, Insel-Verlag, Frankfurt a. M. 1970

(31)   Schneider, Carl Camillo: »Astrologische
Zeitschrift«, 1932

(32)   Serrano, M.: »Meine Begegnungen mit C.G. Jung
und Hermann Hesse«,
Rascher-Verlag, Zürich 1968

(33)   Staehelin, Balthasar: »Haben und Sein«,
Ex Libris-Buchklub, Zürich 1969

(34)   Szondi, Leopold: »Neue Zürcher Zeitung«,
Ausgabe vom 12. 3. 1973: Zur Geburtstagsfeier
für Dr. L. Szondi, 12. 3. 1973

(35)   Waggerl, Karl Heinrich: »Die Kunst des
Müssiggangs«, Verlag Die Arche, Zürich 1959

Schlusswort:

Im vorliegenden Band stellten wir vorwiegend die praktische Anwendung der Altersprogression dar. Der Platz reichte nicht aus, auch noch den Bereich der geistigen Entwicklung in Bezug auf den Alterspunkt einzubeziehen. Deshalb haben wir damals einen 3. Band geschrieben. Dieser wurde 1997 verbessert und um die Hälfte erweitert und unter dem Titel „Transformationen" herausgebracht. In diesem neuen Buch stellen wir astrologische Methoden mit verfeinerten Deutungsmöglichkeiten vor, die sowohl der Bewusstwerdung und der Entfaltung der Persönlichkeit, wie auch der geistigen Entwicklung dienen.

Neuerscheinung

Transformationen

Astrologie als geistiger Weg

Bruno und Louise Huber

368 Seiten, 98 Abb. 6 Farbtafeln, geb.
ISBN 3-85523-009-9

Nachfolgend einige Inhaltsangaben aus dem Buch „Transformationen".

Psychologische Anwendung der Huber-Methode.

Das Häuserhoroskop und die Häuseraspekte. Einfluss von
Anlage und Umwelt. Unterschied von Zeichen und Haus.
Kombinationen nach den drei Kreuzprinzipien. Die vier
Temperamente und der Alterspunkt. Der Temperaments-
Alterspunkt (TAP). Der dynamische Quadrant, das dynami-
sche Häusersystem. Diskrepanz von Zeichen und Häusern,
von innerem Wollen und äusserem Müssen (dyn. Auszähl-
methode).

Spirituelle Anwendung der Huber-Methode.

Entwicklung und Evolution. Mikrokosmos und Makrokos-
mos. Östliche Entwicklungslehre. Karma und Wiedergeburt. Kausalitätsprinzip oder das Karma in der Altersspro-
gression. Die karmischen Probleme in den Achsenpaaren.
Das Mondknotensystem. Die Schattenfunktion des Mond-
knotenhoroskops. Das Integrationshoroskop (MKH und
GH). Stressplaneten, Kompensation, Sublimation, Transformation. Der Dreischritt in der Entwicklung.

Die geistige Bedeutung der Altersprogression.

Der Mondknoten-Alterspunkt. Die Kreuzung der beiden
Alterspunkte. Die vier Temperamente und der Alterspunkt.
Der Temperaments-Alterspunkt (TAP). Der initiatische Weg
durch die Talpunktstationen. Zyklus und Zwischenpausen.
Der Kreis in der Mitte. Das Horoskop meditativ erlebbar.
Der Atemrhythmus. Entwicklungs- und Bewusstseinskri-
sen. Die drei Kreuze und die Wandlungen des Ichs. Der
astrologische Farbkreis, das Leben von Rot bis Violett.

API-Verlag
Bücherverzeichnis

Roberto Assagioli

Psychosynthese, Prinzipien + Methoden	Fr. 34.-/DM 37.-/S 280
Typologie der Psychosynthese	Fr. 24.-/DM 26.-/S 200

Bruno und Louise Huber

Horoskop-Berechnung und Zeichnung	Ln Fr. 26.-/DM 31.-/S 220
Die astrologischen Häuser	Ln Fr. 36.-/DM 42.-/S 300
Die Lebensuhr (Neuauflage 1997)	
Alterspunkt und Lebensphasen im Horoskop	Ln Fr. 52.-/DM 58.-/S 550
Mondknoten-Astrologie	Ln Fr. 45.-/DM 48.-/S 380
Transformationen, Astrologie als geistiger Weg	Ln Fr. 54.-/DM 60.-/S 560
Planeten und Aspektfiguren	in Vorbereitung

Bruno Huber

Astro-Glossarium, Band I: A - G	Ln Fr. 75.-/DM 85.-/S 625
Astro-Glossarium, Band II: H - Z	in Vorbereitung
Pluto in den zwölf Häusern	Fr. 16.-/DM 18.-/S 135
Die Persönlichkeit und ihre Integration	Fr. 25.-/DM 28.-/S 210
Intelligenz im Horoskop	Fr. 18.-/DM 22.-/S 150
Liebe und Kontakt im Horoskop (Neuauflage 1998)	Fr. 24.-/DM 26.-/S 200

Louise Huber

Die Tierkreiszeichen, Reflexionen, Meditationen	Ln Fr. 40.-/DM 47.-/S 340
Was ist esoterische Astrologie?	Fr. 14.-/DM 16.-/S 120
Entwicklungsprozesse im Horoskop	Fr. 20.-/DM 24.-/S 170

Michael-A. Huber

Dynamische Auszählung	Fr. 14.-/DM 16.-/S 120

Formulare, Hilfsmittel und API-Software

Horoskopformulare, Rechenblätter, Studienmaterialien usw.

API-Buchversand Michael und Margreth-Perla Huber

Weidstrasse 12, CH-8909 Zwillikon, Tel: 01/761 87 87, Fax: 01/761 87 45

 **Aktivitäten**

API-Fernstudium

Das API-Fernstudium bietet eine individuell abgestimmte Wissensvermittlung auf dem Korrespondenzweg. Es ist bereits in 3 Sprachen übersetzt: In Deutsch seit 1986, in Englisch seit 1984, in Spanisch seit 1988. Es besteht aus einer allgemeinen Einführung, drei Aufbaukursen und drei Wochenend-Seminare mit Anschluss an die API-Beraterausbildung.

Bitte verlangen Sie eine Leseprobe!

API-Fernstudium,
Postfach 252, CH-8153 Rümlang, Tel/Fax: 0041(01) 817 22 47

Astrolog

Zeitschrift für Astrologische Psychologie

Die Zeitschrift informiert, diskutiert und kommentiert astrologische Themen. Sie erscheint alle zwei Monate und bringt Beiträge zu Studien- und Forschungsergebnissen, Psychologie, Wissenschaft, Astronomie, Fallbeispiele aus der Beraterpraxis, u.v.m. Nur im Abonnement erhältlich.

Bitte verlangen Sie eine Probenummer!

Astrolog, CH-8134 Adliswil, Tel: 0041/01/710 37 76, Fax: 710 37 86

API-Computer Cortex

Rechnet und zeichnet Horoskope in Farben. Cortex arbeitet nach den neuesten astronomischen Erkenntnissen und bietet alle Spezialitäten der API-Schule an. Auf Anfrage erhalten Sie Bestellformulare.

Cortex, CH-8134 Adliswil, Tel. 0041/01/710 37 76, Fax: 710 37 86

API-Software: Astro-Sys, Astro-Visa (API-Conform)

ausgestattet mit den Computer-Programmen der Huber-Methode, alle Horoskoparten können farbig auf verschiedenen Druckern gedruckt werden.

Bitte verlangen Sie eine Demoversion!

API-Verlagsauslieferung: M. & M. Huber, Weidstr. 12,
CH-8909 Zwillikon, Tel: 0041/01/761 87 87, Fax: 01/761 87 45

Hohe Schule
der Astrologie

Das Astrologisch-Psychologische Institut (API)
wird in Fachkreisen auch Huber- oder API-Schule genannt. Sie wurde
1968 von Bruno und Louise Huber in Adliswil bei Zürich gegründet.

API ist eine international anerkannte Astrologenschule.
Schon seit 1968 bildet sie Astrologen aus: als Hobby, zur Selbsterfahrung oder als Beruf. Die API-Schule hat Niederlassungen in Deutschland, England, Spanien und Österreich. Das Interesse an einer professio-
nellen gut fundierten Ausbildung hat sich sehr verbreitet.

Professionelle Berufsausbildung.
Seit 1973 bildet API Berater aus, mit dem Ziel, die Astrologische Psychologie einem breiten Publikum als Lebenshilfe zugänglich zu machen.
In diesem neuen Beruf haben bereits viele eine sinnvolle und befriedigende Tätigkeit gefunden. Die Beraterausbildung mit Diplomabschluss
dauert drei Jahre. Sie ist berufsbegleitend und systematisch aufgebaut.

Im API lernen Sie Astrologie von kompetenten LehrerInnen.
Sie unterrichten in Abend- und Tages-Kursen, Wochenend-Seminaren,
Ferienkursen und im Fernstudium. Das Studium wird unterstützt durch
eigene Lehrbücher in Astrologischer Psychologie (bisher 7 Bände), der
Zeitschrift „Astrolog", einem Computerservice „Cortex", individuellem
Beratungsdienst und seit 1989 durch einen Berufsverband „API-Interna-
tional".

Ausbildung in Deutschland, Österreich und in der Schweiz.
Basis- und Aufbaukurse in vielen Städten.

Bitte verlangen Sie ausführliches Informationsmaterial !

API-Sekretariat, Postfach 614, CH-8134 Adliswil
Tel.: 0041/01/710 37 76, Fax: 0041/01/710 37 86
E-mail: Huber-API @ compuserve.com